先辈丛书·回忆录卷

李先念自述

中央党史和文献研究院信息资料馆 编

中共党史出版社

图书在版编目（CIP）数据

李先念自述 / 中央党史和文献研究院信息资料馆编
. -- 北京：中共党史出版社，2024.6（2025.5 重印）
（先辈丛书 . 回忆录卷）
ISBN 978-7-5098-5894-3

Ⅰ. ①李… Ⅱ. ①中… Ⅲ. ①李先念（1909-1992）
-回忆录 Ⅳ. ①K827=7

中国国家版本馆 CIP 数据核字（2024）第 069571 号

书　　名：**李先念自述**
作　　者：中央党史和文献研究院信息资料馆

出版发行：**中共党史出版社**
责任编辑：赵雨
责任校对：申宁
责任印制：段文超
社　　址：北京市海淀区芙蓉里南街 6 号院 1 号楼　邮编：100080
网　　址：www.dscbs.com
经　　销：新华书店
印　　刷：北京中科印刷有限公司
开　　本：710mm×1000mm　1/16
字　　数：170 千字
印　　张：18.25
版　　次：2024 年 6 月第 1 版
印　　次：2025 年 5 月第 2 次印刷
书　　号：ISBN 978-7-5098-5894-3
定　　价：48.00 元

李先念

目　录

第一章 白色恐怖弥漫 红旗下入党

一、苦水中泡大

我小时候家里总是糠菜半年粮，就着干锅菜，有时用块布蘸点油，放在锅里擦一擦，就算改善生活了[①]。

一九〇九年六月二十三日，李先念出生于湖北省黄安（今红安）县高桥区九龙冲乡李家大屋的一个贫苦农民家庭。图为李先念故居。

背景：为生计所迫，李先念少小离家到汉口学木工。

我是给旧社会做棺材的[②]。

（在汉口陈福记寿器店做工期间）每星期要给一顿肉吃，不给吃就斗。办法就是多下料，一次多二三分，一天四立方米多就不见了。这样老板就受不

---

① 选自《李先念传（1909—1949）》，中央文献出版社 2009 年版，第 5 页。

② 选自李先念谈话记录，1985 年 1 月 24 日。参见《李先念传（1909—1949）》，中央文献出版社 2009 年版，第 13 页。

了，就要请大家吃饭①。

在汉口的这段生活，对理解马克思关于资本家剥削工人的理论，很有帮助②。

我是一个贫苦的木匠出身，深受旧社会的痛苦，军阀、地主老财的压迫，所以后来就参加了革命③。

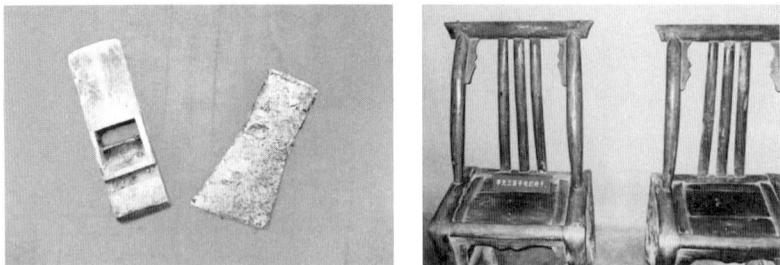

李先念从十二岁起在家乡和汉口学木工。图为李先念当年使用过的木工工具和做的椅子。

附：刘华清、郭述申等人的回忆

先念同志一九〇九年六月二十三日生于湖北省黄安（今红安）县李家大屋。在我们这些大别山区出来的贫苦子弟中，他的年龄是较大的。除郭述申同志外，我们都比他小几岁。我们当中，有的家与先念同志家只一河之隔，儿时就知道先念同志的名字，听过他为穷人打不平的事迹。先念同志十二岁起先后在家乡和汉口学木工，凡是穷苦人家求他做木工活，他都热情相助，而对地主豪绅家，他却不情愿去干，就是干了，也不认真，还要他们多付工钱。他这种爱憎分明的立场和朴素阶级感情，在穷苦人中产生了很大的影响，人们都亲切地称他小李木匠④。

二、站在农民运动前列

背景：一九二六年秋，轰轰烈烈的大革命浪潮席卷武汉三镇，并且向周围

---

① 选自李先念谈话记录，1985 年 1 月 24 日。参见《李先念传（1909—1949）》，中央文献出版社 2009 年版，第 13 页。

② 选自李先念谈话记录。参见《李先念传（1909—1949）》，中央文献出版社 2009 年版，第 13 页。

③ 选自邓力群来信，1996 年 9 月 27 日。参见《李先念传（1909—1949）》，中央文献出版社 2009 年版，第 292 页。

④ 选自刘华清、郭述申：《功德永世 风范长存——深切悼念李先念同志》，《人民日报》1992 年 8 月 2 日。

各县的广大乡镇地区猛烈扩展，受此影响，李先念毅然返回家乡，联络农友，投身到农民运动的洪流中去，从此走上救国救民的革命道路。李先念在从事工农运动过程中接触到马克思主义，并在真理的感召下逐渐确立了人生信仰。一九二六年冬，李先念当选为乡农会执行委员，并秘密加入中国共产主义青年团。

我算什么？那时只不过是一个小卒子。当时主要是董老[①]，他是我们的老祖宗。还有一个陈潭秋，在湖北搞党务。湖北早期革命运动主要靠他们两个人[②]。

王鉴[③]他们都是我的上级。他怎么死的我不知道，但名声很大。有一次李宗仁问我："王鉴是不是共产党？"我说："是。"他说："那个人可厉害了！"[④]

当时[⑤]，我只好硬着头皮上台去讲，东拉西扯，不分主次，差不多讲了两个小时，内容无非是打倒土豪劣绅，穷人要抱团之类的事。好在天黑，人家看不清我的紧张表情。没想到我讲完话后，几位领导同志从桌子底下钻了出来，和群众一起热烈鼓掌，真把我臊得无地自容。这时，我才明白，他们是有意让我经受锻炼。从这件事，可以看到他们爱护和培养年轻人的一番苦心[⑥]。

三、率众参加黄麻起义

鄂豫皖三省交界的大别山区，是红四方面军的发源地。早在大革命时期，鄂豫皖边的人民群众就经受过轰轰烈烈反帝反封建的革命洗礼，许多地方都建立了共产党的组织，领导和推动了农民运动的迅猛发展。仅鄂东地区黄冈、麻

---

①　董老，即董必武。

②　选自新四军研究会等编：《李先念传奇之旅——从乡村木匠到国家主席》，红旗出版社2009年版，第268页。

③　王鉴，1886年出生，1923年冬毕业于武汉中学，在校期间加入中国共产党。曾任湖北省农民运动特派员、黄安县农民协会委员、中共黄安县委委员等职。1928年病逝。在高桥区的农民代表大会上，李先念聆听了王鉴所作的政治报告并结识了他。会后，李先念在王鉴直接领导下工作，对于他的革命坚定性和胆识魄力体会尤深，把他看作是自己的学习榜样。

④　选自李先念与秦基伟等人的谈话，1982年11月9日。参见《李先念传（1909—1949）》，中央文献出版社2009年版，第18页。

⑤　1927年春，黄安县高桥区的工会正式成立，李先念当选为工会主席。夏初，又当选为区农民协会执行委员。高桥区委的领导人颇为赏识李先念，平时放手让他工作，很注意培养锻炼他。有天下午，领导通知他，晚上召开群众大会。到了快开会时，几位领导同志忽然告诉他，他们要去县里开会，会议便由他主持。

⑥　选自《李先念传（1909—1949）》，中央文献出版社2009年版，第20页。

城、黄安、孝感、黄陂等十个县的农民协会会员，即达七十七万之众。那里的数百万不堪忍受残酷压迫剥削的劳苦群众，在中国共产党的指引下，孕育和抚育了自己的革命武装。

一九二七年国民党叛变革命后，中国共产党人没有被征服、被吓倒，举行南昌起义，打响了武装反抗国民党反动派的第一枪。接着，党的八七会议确定了土地革命和武装反抗国民党反动派的总方针……九月，毛泽东同志首先在湖南领导了闻名中外的秋收起义。十一月，由董必武等同志领导的湖北省党组织，发动了黄（安）麻（城）起义，并将起义的农民自卫军正式改编为工农革命军鄂东军，成为红四方面军创建的起点。徐向前同志生前曾多次高度评价黄麻起义的历史意义，认为在当时的严重白色恐怖下，如果没有一批党的领导骨干敢于拿起枪杆子，发动成千上万的贫苦农民揭竿而起，就不会有鄂豫皖红军的成长和武装割据的形成。他说：万事开头难。写红四方面军的历史，首先就要写好黄麻起义[①]。

一九二七年十一月，李先念率领九龙冲乡农民自卫军参加了黄（安）麻（城）起义。图为黄麻起义纪念碑。

黄安为革命做出的贡献大哟！一个四十多万人口的县就牺牲了十三四万人，真是血流成河啊！那时，群众支援革命，什么都拿出来了，把我们当成了

---

① 以上内容选自李先念：《光辉的战斗历程——纪念徐帅诞辰九十周年、红四方面军成立六十周年》，《人民日报》1991年11月9日。

他们的儿子，他们为革命做出的牺牲太大了。如果我们不关心他们的疾苦，不让他们过上好日子，那就对不起他们，就是忘本！①

暴动②失败后，有些人溜了，有些人叛变了。我这时加入了共产党。随后我们就把保长杀掉了。我同我的侄儿李泽信，还有韩爽先，三人组成支部，受七里坪县委领导。民团要找我们，我们就逃到山上去③。

我们反了罗李、鄂豫、徐夏三次"会剿"④。我现在不能吃南瓜，就是因为那时吃不上饭，整天啃生南瓜当饭吃⑤。

附：李先念谈黄麻起义和红四方面军成立的情况

红四方面军的诞生，不是偶然的，有它的历史必然性。首先有其客观条件。旧中国是半殖民地半封建的社会，人民大众遭受帝国主义和封建势力的残酷剥削和压迫，没有吃的，没有穿的，活不下去了，只有革命。农民成年累月地劳动，还挨饿挨冻，而地主阶级不劳动还吃好的，穿好的，所以农民同地主阶级的矛盾非常尖锐，斗争非常坚决。黄麻起义以前，在我们党的领导下，鄂豫皖地区的农民运动就搞得轰轰烈烈了，农民和地主之间的阶级斗争，像急风暴雨一样席卷了这个地区。这是红四方面军诞生和发展的历史条件和阶级基础。

黄麻起义后，在白色恐怖下，经李泽信、韩爽先介绍，李先念于一九二七年十二月十七日正式加入中国共产党，并在黄安南部地区坚持游击斗争。图为李先念为躲避敌人追捕曾经藏身的山洞。

---

① 选自《李先念传（1909—1949）》，中央文献出版社2009年版，第31页。

② 面对大革命失败后的白色恐怖，李先念率领家乡农民参加著名的黄麻起义。

③ 选自李先念谈话记录，1983年7月8日。参见《李先念传（1909—1949）》，中央文献出版社2009年版，第32页。

④ 1929年春，李先念率九龙冲乡游击队编入新扩建的红三十一师第五大队。在第三十一师副师长徐向前的指挥下，他随部队参加了粉碎敌人对鄂豫边根据地发动的"罗（霖）李（克邦）""鄂豫""徐（源泉）夏（斗寅）"三次"会剿"。

⑤ 选自李先念谈话记录，1982年11月9日。参见《李先念传（1909—1949）》，中央文献出版社2009年版，第37—38页。

中国工农红军有三大主力，即第一、第二、第四方面军。红四方面军和红一、红二方面军等兄弟部队一样，是我们党领导下的一支全心全意为人民服务的好部队，对中国革命事业都立下了不可磨灭的功绩。

一九二七年，蒋介石叛变了革命，第一次国内革命战争失败了。在革命处于危机的时候，我们党召开了八七会议，纠正陈独秀的右倾投降主义错误，决定搞土地革命和武装斗争。国民党反动派屠杀我们，我们不得不拿起枪杆子来反抗。不能等着叫人家杀。所以在这前后，党领导发动了南昌起义、秋收起义、广州起义和其他地方的起义，开始创建人民军队。

黄（安）麻（城）起义是秋收起义的重要组成部分，影响是很大的。这是董必武等同志领导的湖北党组织，贯彻八七会议精神发动的一次著名起义。红四方面军的创建就是从这个时候开始的。

黄麻起义以后，又有河南的商（城）南起义，安徽的六（安）霍（山）起义，在这些武装起义的基础上，就产生和形成了几支基干武装力量，即红军三十一师、三十二师、三十三师。一九三〇年，根据中央的指示，这三个师组成了红一军。一九三一年一月，红一军同活动在蕲（春）黄（梅）广（济）地区的红十五军合编为第四军，十一月正式成立了中国工农红军第四方面军。红四方面军主力离开鄂豫皖以后，留在这个地区坚持斗争的部队重新组建了红二十五军，红二十五军长征后又发展起来一支部队红二十八军。主力转战到川陕，川东游击军组成了红三十三军，陕南起义后的武装力量成立了红二十九军。总之，红四方面军的组成和发展有深厚的基础，汇集了各方面的力量。它的诞生和发展，正是处在我们党创建人民军队最艰苦的时期，经历是极其错综复杂的。战斗在各个地区的红四方面军部队，不论是上面提到的，还是没有提到的，都在创建人民军队和发展中国革命事业的斗争中，贡献了自己的力量。

要做到团结一致，共同奋斗，就要处理好许多方面的关系，首先是革命同志之间的关系。参加红四方面军的主要是农民，还有工人、知识分子和其他阶层的劳动群众。这些人来自五湖四海，出身、经历、知识水平、觉悟程度都不同，产生矛盾和分歧是不可避免的。这就要用革命的道理来统一思想，要互相学习，取长补短，结成一个革命的整体。有许多工农出身的干部在知识分子干部的帮助下学习文化知识和革

黄麻起义的中心——黄安（今红安）县七里坪。

命理论，成长为能文能武的优秀指战员；许多知识分子干部严格要求自己，和工农干部和群众结合起来，成长为既会做思想政治工作，又能指挥部队打仗的优秀领导人。革命需要各方面的人才，更需要各方面的人才结合在一起，形成强大的力量。其次，要处理好各支部队之间的关系。红四方面军是由许多支武装力量汇集后发展和壮大起来的，各支部队都有自己的特点，互相间出现这样或那样的一些问题也是自然的。这就要在统一指挥下，互相支援，协同作战。记得一九二九年三十一师和三十二师初次会合时，双方都有些戒心，三十二师不辞而别。当时大家都比较冷静，注意团结，彼此没有伤害感情，所以后来团结得很好。这是一个很好的范例。第三，要处理好军民、军政关系。我军长期处在贫困的农村和频繁的战争环境中，往往又比较分散。如果脱离群众和当地政府就站不住脚。早在鄂豫皖初期就规定了红军的十条纪律，后来又不断地发展和完善。虽然没有"三大纪律八项注意"那样系统和明确，但基本内容和精神都有了。有了这十条，处理军民、军政关系就有了准则。第四，在错误路线下，要坚持真理，保护干部。红四方面军的广大干部，尤其是许多重要负责干部，为了党和革命的事业，不顾个人安危，坚持真理，同错误路线进行了坚持不懈的斗争，有的自觉公开地争论，有的自觉或不自觉地在实际工作中进行抵制，形式多种多样。不过当时我们许多同志对党内斗争的艰巨性和复杂性认识不足，对于如何掌握斗争时机和方法也缺乏经验。我们在力所能及的范围内，尽量保护一些干部。比如三十三团团长吴云山同志，因为他曾在冯玉祥军队里当过下级军官，所以肃反时怀疑他，把他抓起来了。我们认为他没有问题，还让他当团长。这位同志非常好，他顾全大局，没有怨言，仍然积极工作，后来在枣阳新集战斗中英勇牺牲了。这样的人不止他一个，还有很多①。

四、任区、县苏维埃主席

一九三〇年十一月至一九三一年五月的七个月内，国民党军集中十万以上的兵力，连续对鄂豫皖根据地进行了两次大规模的"围剿"。两次反"围剿"中，李先念和高桥区委领导人根据县委的部署，领导和组织高桥区的群众，依托山林，广泛开展游击战争。图为红一军当年画的宣传画，反映一九三一年三月双桥镇战役粉碎敌人"围剿"、活捉敌师长岳维俊的胜利情景。

背景：为了革命斗争的需要，一九二九年秋，李先念转到地方工作，先后任中共高桥区委书记、区苏维埃政府主席，中共陂安南县委书记、县苏维埃政府主席。作为管辖二十几万人口的中共陂安南县苏维埃政府主席，李先念与群众同甘苦，共呼吸，工作有声有色，深得人心。

农民把我们当成神，大小事都找我们决断。离婚说找神，就是找李先念，

① 以上内容选自《李先念同志关于编写红四方面军战史和革命回忆录问题的谈话要点》，《中共党史研究》2009年第四期。

天不下雨也说找李先念①。

　　我的基本经验是两条，一是要坚决执行党的决议和指示；二是要密切联系群众。只有深入到群众中去，和群众打成一片，才能了解到真实情况，把党的决议、指示化为群众的自觉行动，也才能真正学会领导群众斗争的本领。保持密切联系群众的光荣传统，我们党就会永远立于不败之地②。

　　这次参军③，大家自愿报名，我带个头，首先报名，郭述申同志支持我，苏维埃政府的同志们也支持我，我们去前方当兵打仗，后方的同志们和乡亲们要把地种好，多打粮食，支援前方。前方的同志会勇敢杀敌，保卫后方，保卫众乡亲④。

---

　　① 选自李先念谈话记录，1990 年 12 月 6 日。参见《李先念传（1909—1949）》，中央文献出版社 2009 年版，第 49 页。

　　② 选自《李先念传（1909—1949）》，中央文献出版社 2009 年版，第 50 页。

　　③ 九一八事变后，鄂豫皖中央分局发出号召，要求根据地人民坚持反对日本帝国主义的侵略，准备粉碎国民党军的新"围剿"，努力扩大红军，支援红军作战。李先念在征得陂安南县县委书记郭述申的同意后，决定带头率本县的一批青年参加红军，保卫革命果实。

　　④ 选自《李先念传（1909—1949）》，中央文献出版社 2009 年版，第 51 页。

第二章 历尽艰险 迭摧强敌

一、从战争中学习战争

一九三一年秋，我当红军三十三团政委，孙玉清当二营营长。他告诉我一些军事知识，如怎么下达命令，什么是前卫、后卫等。我从地方转到军队，拼命学，钻军事，读日本兵书、苏军战斗条令，还有《三国演义》《水浒传》等[①]。

我和你们[②]是一样的，开始也不懂。当了团政委，后面跟着一群战士，不知道有什么用，又不好说。看到全团集合，一大片人，心想怎么得了呀，行起军来那不把庄稼踩坏了。再看团长，他把部队分成前卫、后卫，命令出发，我才懂得怎样行军。打仗我也没有办法，二营营长孙玉清懂得打仗，我老跟二营，要学呀，学着打仗。有天打个地方，孙玉清说：政委呀，前面的山包上要去一个班。我不懂，就说你叫去就去吧！心想，为什么要去个班呢？到十点多钟，前面枪响，那个班边打边撤，等敌人接近我们时，孙玉清说：现在要出击，叫三营配合，你快去喊传令兵。我一喊，他们答应了，就派人去三营阵地传达命令。这样，我才知道要用传令兵、通信员联络，也懂得了先派少数人去诱敌，然后再组织反击。结果，我们把敌人打垮。打了两仗以后，我就会用兵、会指挥了[③]。

他[④]是我的马克思主义理论和军事学识的启蒙教师。在红四方面军，他经常和我同吃同住。只要有点空闲时间，他就抓起书本，默默耕读。我养成攻读马列和军事著作的兴趣，结合战争实践不断提高作战指挥艺术，是与他的教育和帮助分不开的[⑤]。

---

① 选自李先念谈话记录，1990年12月6日。参见《李先念传（1909—1949）》，中央文献出版社2009年版，第56页。

② 你们，指李先念身边的通信队战士。

③ 选自《李先念传（1909—1949）》，中央文献出版社2009年版，第62页。

④ 他，指徐向前。

⑤ 选自李先念：《沉痛悼念徐向前元帅》，《人民日报》1990年9月24日。

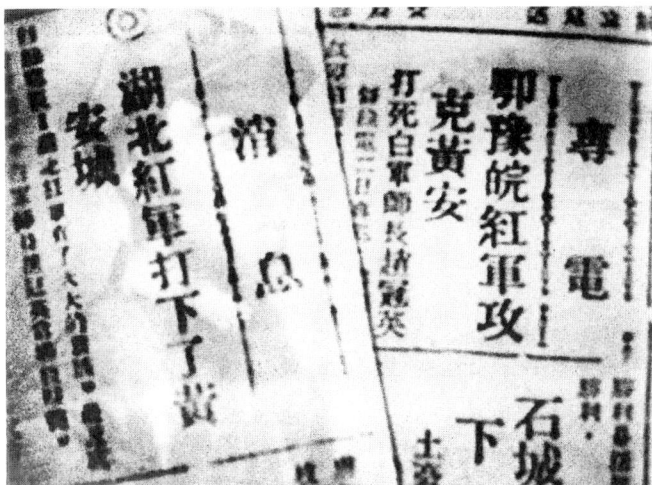

一九三一年十月，李先念率领三百余名青年加入红军，任红三十三团政治委员。十一月，李先念指挥该团参加红四方面军发起的黄安战役。图为当年报纸有关黄安战役取得重大胜利的报道。

附：李先念谈鄂豫皖根据地的建立和发展情况

旧中国是一个半殖民地半封建的社会，就产生了一个特殊现象，就是军阀之间的矛盾和不断战争。从民国元年以来，帝国主义各国为了自己的利益，寻找各自的代理人，这就产生了各派军阀和军阀之间的混战。蒋介石新军阀统治时期也没有改变这种状况。当时进攻鄂豫皖的敌人，有蒋介石的嫡系部队中央军，有西北军，有广西军，还有地方实力派。他们之间矛盾错综复杂，经常发生尖锐的冲突和对立，特别是一九三〇年蒋介石、阎锡山、冯玉祥中原大战，前后经历了半年多，这给处在中原地区的鄂豫皖根据地和红四方面军的发展造成了很有利的机会。这不仅对鄂豫皖，对各个根据地都一样。全国各个革命根据地大都是这个时候发展起来的。

从主观条件来说，是我们党的坚强领导。第一次国内革命战争失败后，党的工作虽然受到了很大损失，有的人叛变了，有的人消极了，但是更多的人经过白色恐怖的考验革命更坚决了，基干力量保存下来了，特别重要的是懂得了掌握枪杆子的极端重要的意义，纷纷搞武装起义，下决心建立人民自己的军队。鄂豫皖革命根据地和红军是在党的直接领导下建立和发展起来的，尤其是一九二九年徐向前同志奉中央之命来到鄂豫皖，坚持了正确的建军原则，逐步地把三个地方武装起义后建立起来的部队，统一起来，形成统一指挥，统一作战的强大武装力量。他制定了正确作战原则，指挥部队打了许多大仗，胜仗，粉碎了敌人的一、二、三次"围剿"，把根据地联成一片。徐向前同志对红四方面军的创建和鄂豫皖根据地的形成作出了巨大贡献。当然其他许多领导同志也作出了很大贡献。到一九三二年上半年，红四方面军已发展到三万多人，连同地方武装共有六万来人。打了许多胜仗，著名的黄安、商潢、苏家埠、潢光四次战役，就消灭敌人六万多人。鄂豫皖根据地的地区约占四万平方公里，拥有人口三百五十万人，建立了二十六个县的革命政权，打开了一个比较大的局面①。

一九三二年五月，李先念所率的红三十三团因在苏家埠等战役中多次出色完成战斗任务，被鄂豫皖中央分局和军委会命名为"共产国际团"。图为苏家埠战役陡拔河战场旧址。

二、铁流五千里

红四方面军第四次反"围剿"，仗没有打好，从主观上看，责任在张国焘。第三次反"围剿"打了几个大胜仗以后，张国焘头脑发涨（胀）了，认为

---

① 选自《李先念同志关于编写红四方面军战史和革命回忆录问题的谈话要点》，《中共党史研究》2009年第四期。

国民党军队已是"偏师"了，要御敌于"国门之外"。第四次反"围剿"开始时，他不听别人的正确意见，主张把红军主力摆在麻城、仓子埠一线，犯了军事冒险主义错误。当陈继承、卫立煌指挥的南线敌军插到了冯寿二地区时，红四方面军主力向冯寿二地区开进，阻击敌人。在倒水河河滩上打了一场大仗，我们几个师同时出击。这一仗打得被动，不应该硬拼，应该让敌人占一些地方，然后再打。结果没能阻止住敌人的进攻，部队又向后撤，撤到光山不行，又撤到麻埠、英山，最后转到陂安南地区，还是站不住脚，于是就越过了京汉路，开始了西征。听说当时开了一次会，决定过京汉路，说打几仗，把敌人打退，再回来。我没有参加这次会议。谁知道出去以后，被敌人围追堵截就回不来了①。

那天②红十二师打得很被动，又退到七里坪一线。倒水河河滩上几个师大出击，那个仗打得很恶，敌人的手榴弹打过来，我就用脚踢出去③。

七里坪那一仗，黄杰第二师基本被消灭，后来卫立煌赶来了。我们转到河南寻找战机，又绕到金家寨，绕到红安家乡门口，我妈妈找到阵地上来了。当时有敌机轰炸，炮火连天，打死她怎么办？我说这里正打仗，你怎么来了？她说是想看看我。我发了火叫她赶快走，派人送她回去。临走时她偷偷把两块银元放在我的口袋里，一走路，口袋里叮当响，我才发现，便又托农民捎回家去了。从那以后，我再也没有见到过妈妈，真后悔当时不该对她发火。现在我是八十岁的人啦，想老娘！④

一九三二年十月，红四方面军主力退出鄂豫皖对不对，看法不一致。我和向前同志交换过意见，认为从阶级斗争全局和主客观条件来看，在这里长期坚持很难。首先鄂豫皖地理位置非常重要，战略意义非常大，是处在国民党统治的咽喉，东面是津浦路，西面是京汉路，北面是陇海路，南面是长江，能够逼近武汉，震动南京，严重地威胁着蒋家王朝的统治。敌人进行大规模的反复"围剿"是不可避免的。中国有句古语："卧榻之下，岂容他人酣睡？"蒋介石怎么会让我们那么多人在他跟前闹革命呢？所以第四次反"围剿"，他亲自到

---

① 选自《李先念同志关于编写红四方面军战史和革命回忆录问题的谈话要点》，《中共党史研究》2009年第四期。

② 那天，指1932年8月15日红四方面军与国民党军在七里坪鏖战。

③ 选自李先念谈话记录，1982年11月9日。参见《李先念传（1909—1949）》，中央文献出版社2009年版，第79页。

④ 选自李先念谈话记录，1990年11月21日和12月6日。参见《李先念传（1909—1949）》，中央文献出版社2009年版，第81—82页。

武汉坐镇，主要是对付鄂豫皖的。其次是蒋介石的中央势力进一步加强了。这个时候，蒋介石和各派军阀的战争暂时告一段落。反动统治得到了进一步的巩固，不只是江苏、浙江，而且在安徽、河南和湖北的统治也大大加强了。江浙是他统治的基地，不用说，河南的刘峙、安徽的陈调元，湖北的何成浚都是蒋介石的势力，听蒋介石的指挥。这种形势，对我们在鄂豫皖转战是很不利的。即使粉碎了第四次"围剿"，还会有第五次、第六次、第七次……再次，由于长期战争，敌人反复烧杀抢掠，鄂豫皖根据地遭到的破坏十分严重。土地荒芜，许多地方田里都长起了碗口粗的大树，人口大量减少，部队给养非常困难，兵源枯竭。红军要生存，要发展，就要扩大根据地，或者开辟新的根据地，或者跳到外线去作战。再者，那时张国焘积极推行王明"左"倾机会主义路线，他把王明的一套"左"倾政策，尤其是肃反政策，搬到鄂豫皖来了，严重地削弱了党和军队的力量。因此，在鄂豫皖长期站住脚不容易。红四方面军主力撤出鄂豫皖是被迫的，不是自觉的有计划有目的的撤退。广大指战员没有思想准备，很仓促，因此受到的损失比较大。过了京汉路，边打边走，在枣阳新集，在南化塘，在漫川关，在子午镇都进行了激烈的战斗。部队越过秦岭新口子，也就是三国时期"暗渡陈仓"的那个地方，又渡过汉水，才摆脱了敌人大部队的追击①。

一九三二年七月，李先念任第十一师政治委员。同年十月，红四方面军在第四次反"围剿"失利后被迫西征。十一月中旬，鄂豫皖革命军事委员会改称西北革命军事委员会，经徐向前提议，增补李先念为委员。图为红四方面军西征途中翻越的秦岭山脉。

① 选自《李先念同志关于编写红四方面军战史和革命回忆录问题的谈话要点》，《中共党史研究》2009 年第四期。

我当时在红十一师当政委，也算是高级干部，多多少少是了解些情况的。依我看不撤出（鄂豫皖）也不行，是被敌人逼着撤的，是张国焘、徐向前、陈昌浩和中央分局的同志集体决定的。……我从新疆回来，和毛主席辩论过一次。主席听进去了，说："看来不撤不行。"①

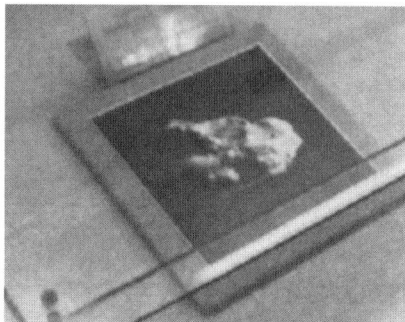

子午镇一战②负了伤，腿上至今还有一颗子弹，夹在骨头里。几十年了，取也难，不管它，留个纪念吧③。

世才④同志，你不能走，现在部队这么困难，营以下干部伤亡那么多，要靠熟悉部队的指挥员掌握。要顾全大局，越是困难越要团结。小不忍则乱大谋、乱大局。师长就是那么个脾气，我也多次说过他，你忍耐一点，我还可以继续做他的工作。总之，大局为重，团结为重，我们才能渡过难关啊！⑤

李先念逝世后，夫人林佳楣从李先念骨灰中找出已熔成花瓣形状的子弹片。

主力转移到汉中时，在小河口开过一次师以上干部会议。这次会议我参加了。会上，曾中生、旷继勋、余笃三、张琴秋⑥等同志同张国焘争论很激烈，批评张国焘的错误。指出张退出鄂豫皖没有报告中央，部队行动方针不明确等。我认为这些批评是对的，但当时不可能纠正张国焘的错误，一则当时党中央还是王明路线占统治地位，张国焘是中央的代表，中央不说话，下面反不动；二则张国焘的错误还没有彻底暴露，大家对他的认识还要有一个过程；再则部队处在危难之中，大家不愿闹僵，更不能分裂。尽管如此，小河口会议的意义还是很大的。一是明确了部队的行动方向，二是对张国焘的错误进行了斗

---

① 选自李先念谈话记录，1990年12月6日。参见《李先念传（1909—1949）》，中央文献出版社2009年版，第290—291页。

② 红四方面军离开鄂豫皖根据地后，不时与堵截之敌激战。1932年11月25日，后卫红十一师在子午镇被敌截断，徐向前、陈昌浩当时跟十一师行动，急令红十师一部返回支援。正当战斗最激烈时，李先念的臀部和臂部两处负伤。

③ 选自胡奇才：《不尽的哀思——深切怀念李先念主席》，《解放军报》1992年8月18日。

④ 世才，指程世才，时任红三十三团团长兼政治委员的程世才看望负伤的红十一师政治委员李先念，说师长倪志亮脾气那么坏，和他实在搞不来，想调到别的师里。经李先念劝说，程世才思想开了窍，不再提离开三十三团的要求了。

⑤ 选自访问程世才的谈话记录，参见《李先念传（1909—1949）》，中央文献出版社2009年版，第96页。

⑥ 曾中生，原任鄂豫皖特委书记兼军委主席。旷继勋，原任红四军军长。余笃三，原任红四军政治委员。张琴秋，原任红七十三师政治部主任。

争和抵制，使张不得不暂时有所收敛①。

三、川陕谱新篇

　　背景：红四方面军离开鄂豫皖根据地后，经过千辛万苦，浴血奋战，于一九三二年底由陕南进到川北地区，随后同当地党组织、地方武装和人民群众相结合，建立了以通江、南江、巴中为中心的川陕根据地。一九三三年七月，红四方面军由四个师扩编为四个军。年仅二十四岁的李先念任第三十军政治委员，成为红四方面军最年轻的军政委。他参与组织和指挥了一系列重大战役战斗，为创建和保卫川陕根据地作出了重要贡献。

一九三三年六月底，李先念出席红四方面军总部在旺苍县木门召开的军事会议。会议决定红四方面军由四个师扩编为四个军，红十一师扩编为红三十军。七月，李先念任红三十军政治委员。

　　在西线②见到徐总指挥，我就问他："总指挥，怎么搞的，为什么不向东迁回，吃掉刘湘的主力嘛！"他摆了摆手，使了个眼色，意思是叫我不要问这件事。我心里明白，这一定是张国焘干扰，总指挥有苦说不出。张国焘这个人，自从到鄂豫皖任中央分局书记兼军委主席以后，贯彻王明的一套，搞了不少"左"的东西，给根据地和红军曾造成一些不应有的损失。但应当承认，他那时还是反蒋介石的，是搞武装斗争、土地革命和根据地建设的，在鄂豫皖和川陕根据地，也做了一些有益的贡献。至于军事方面，他确实是门外汉，打仗主要靠徐向前同志。有时他要逞能，不懂装懂，搞瞎指挥，就会弄得向前同志左右为难③。

---

　　①　选自《李先念同志关于编写红四方面军战史和革命回忆录问题的谈话要点》，《中共党史研究》2009年第四期。

　　②　1933年11月，四川军阀刘湘纠集20万人的兵力，对川陕根据地发动六路围攻。红四方面军总指挥部采取积极防御的作战方针，兵力部署分为东西两线。东线为主要方向，由总指挥徐向前亲自指挥。西线为钳制方向，由方面军副总指挥兼三十一军军长王树声、三十军政治委员李先念共同指挥。

　　③　选自李先念谈话记录，1990年12月5日。参见《李先念传（1909—1949）》，中央文献出版社2009年版，第151页。

拂晓前，徐总指挥和我率大部队上来，马上调整部署，令新上来的部队进入阵地。被堵住的敌军系田颂尧的十多个团，他们在猛烈炮火掩护下，整团整旅地发起一次又一次的冲锋，向我阵地猛扑，企图夺路而逃。总指挥见敌人潮水般地冲来冲去，火冒三丈，对我说："部队要是顶不住，放跑了敌人，我就拆散你们三十军！"我还是第一次听到他说出分量这么重的话，二话没说，把上衣一脱，提着枪就上了前沿。

后来，参谋人员告诉我，总指挥见我走了，怕我上去拼命，直后悔，对参谋们说："你们赶紧给我把先念找回来，可别把他给打死呀！"那时我已到了前沿，从这块阵地转到那块阵地，天又没亮，他们上哪里去找嘛！天亮后敌人又发起两次大规模的进攻，枪炮声就像开了锅似的，咕噜咕噜响成一片。红三十军和三十一军九十三师的指战员，紧封"瓶口"，坚守阵地，打得敌军横七竖八，弃尸阵地前，难越雷池一步。敌人被压在山谷里，前拥后挤，人喊马嘶，乱成了一团。

总指挥见时机已到，下达总攻击令，嘹亮的号声响彻山谷。指战员们跳出阵地，猛虎般地冲下山去，在十多里长的山谷里将敌军切成数段，分头围歼。激战多半天，全歼敌一万四千余人，缴枪七千余支、迫击炮四十余门、子弹数万发、银元上万枚，获得了反攻以来的最大胜利。这充分证明徐总指挥大纵深迂回歼敌的决心是正确的。当然，西线的这一辉煌战果决不是孤立取得的，没有东线红军决战防御和反攻的成功，就不可能有西线的胜利[①]。

红四方面军在川陕根据地取得大发展以后，许多领导同志曾议论过下一步向何处发展的问题。大约是一九三四年十一月间，清江渡军事会议专门讨论过这个问题。当时我在巴中，和徐帅就深入交谈过意见。我们一致认为，向东、向南、向北都不行，只有向西越过嘉陵江，沿嘉陵江两岸作战，才有利于进一步打开局面。嘉陵江两岸大平坝子多，物产丰富，兵源充足，适合建立新的根据地。东面可以和通、南、巴老区联成一片，北面可以向陕甘发展。要实现这个方针，就要同胡宗南的部队打一个大仗，乘他立足未稳的时候，集中力量把他的主力消灭掉。这种可能性当时是有的。但是过了嘉陵江以后，徐帅几次电话催张国焘集中部队打胡宗南，张国焘却按兵不动，失去了战机。如果在嘉陵

---

① 以上内容选自李先念谈话记录，1990 年 12 月 5 日。参见《李先念传（1909—1949）》，中央文献出版社 2009 年版，第 153 页。

四川省苍溪县城南红四方面军强渡嘉陵江渡口遗址。

江和涪江之间建立起新的根据地，再派一支部队南下去迎接党中央和红一方面军，就可以避免红军后来遭到的困难。但是张国焘没有采纳正确意见，来了一个大搬家，放弃了川陕革命根据地，这也是他的一个大错误[①]。

附：李先念谈川陕根据地的建立和反敌人围攻的情况

一九三二年底，红四方面军渡过汉水，到达西乡。在钟家沟，召开了团以上干部会，经过认真讨论，确定了向川北进军建立根据地的方针。实践证明这一方针是很正确的。一是这里地理条件好。大巴山地区，山川纵横，地势险要，北有秦岭、汉水，南有长江，东西都是大山，易守难攻，离蒋介石统治中心又比较远；二是敌人统治薄弱。四川军阀刘湘、刘文辉、邓锡侯、田颂尧、杨森、刘存厚、李家钰、罗泽州等军阀势力之间矛盾非常尖锐，混战不休。这些四川军阀和蒋介石之间也有矛盾，蒋介石很难指挥动。在陕西的杨虎城和蒋介石嫡系部队胡宗南的矛盾尤其尖锐。我们可以充分利用这些矛盾发展自己的力量；三是群众基础好。由于地主阶级的残酷剥削和压迫，加上连年军阀混战，人

---

① 选自《李先念同志关于编写红四方面军战史和革命回忆录问题的谈话要点》，《中共党史研究》2009 年第四期。

民生活非常苦，许多地区贫穷得连十七八岁的大姑娘都没有裤子穿，只用棕片遮身。他们强烈要求改变现状。这里虽然没有经过大革命的洗礼，但是党的影响是有的。一九二八年川东农民起义，曾震动了川北。一九二九年蓬西兵变，以及后来阆中、南部地下党领导的农民起义军，都播下了革命的火种。红军一入川，受到了人民群众的热烈欢迎和大力支持。由于具备了这些客观条件，所以红四方面军在川陕很快开创了一个新局面，进入了一个大发展时期。

　　红四方面军在川陕根据地的军事斗争取得了很大胜利和成功，由入川时的一万两千多人，发展到八万多人。经过在鄂豫皖地区的几年武装斗争和入川后的战斗，红四方面军积累了极其丰富的经验。在作战指挥上，战略战术原则的运用上，在具体战役战斗的布置上，都达到了一个新的水平，创造了许多光辉的范例。在反三路围攻中，采取了"收紧阵地，诱敌深入"的方针，在大量消耗敌人之后，主动放弃一些地方，让敌人进到根据地对红军作战有利的地区，集中优势兵力进行反攻。空山坝大捷，就是一次很好的歼灭战，歼灭敌人五千多，敌人全线崩溃，三

　　一九三三年春，李先念率红十一师两个团进入巴中，分兵发动群众，开展土地革命，建党建政，掀起春耕生产和扩大红军热潮。图为参加川陕省扩大红军运动周纪念大会的代表合影。

路围攻被粉碎。随后，又集中兵力，打了仪（龙）南（部）、营（山）渠（县）、宣（汉）达（县）三大进攻战役。宣达战役中的奇袭达县城，把刘存厚经营多年的老窝端了，缴获了大批枪支、弹药、银元、布匹。刘存厚的造币厂、兵工厂、被服厂的设备也被我们缴获运到通江。反六路围攻进行了十个月之久，采取的还是"收紧阵地，诱敌深入"的方针，进行了著名的万源保卫战和黄木桠围歼战。川陕根据地反六路围攻，是和中央根据地五次反"围剿"差不多同时进行的，而且差不多都打了十个月。因此不仅配合了中央根据地五次反"围剿"斗争，而且取得了胜利，其意义更显得重要。一九三五年初又先后进行了广（元）昭（化）战役、陕南战役和强渡嘉陵江战役。八月，在长征途中又进行了包座战役，打开了红军进入甘南的门户。这些战役的进行和胜利，在红军战史上都占有重要地位。

一九三三年十一月至一九三四年九月，李先念率部参加了反六路围攻。当西线战场转入反攻时，他协助徐向前指挥黄猫垭战斗，取得了歼敌一万四千余人的重大胜利。图为黄猫垭战斗指挥所旧址。

随着军事斗争的胜利，根据地不断扩大，开创了以通、南、巴为中心的川陕根据地。东起城口，西抵嘉陵江，南起营山、达县，北至宁强、镇巴，纵四百余里，横五百余里，面积达四万二千平方公里，人口五百多万，控制了八座县城，建立了二十二个县市革命政权，形成了全国第二个大的根据地①。

———————

① 以上内容选自《李先念同志关于编写红四方面军战史和革命回忆录问题的谈话要点》，《中共党史研究》2009 年第四期。

第三章　屡越雪山　三过草地

一、懋功① 会师

一九三五年一二月间，党中央和一方面军经过英勇艰苦转战到了川黔边境，准备北渡长江进入四川，电示四方面军派部队去迎接。消息传来，广大指战员都非常高兴。我们早就盼望见到党中央和一方面军了。过去只听说过毛泽东、朱德、周恩来等中央领导同志，可是四方面军的同志见到过他们的不多。我们对一方面军非常敬佩。早就知道一方面军在中央根据地英勇奋斗，粉碎了敌人四次"围剿"，发展壮大到十多万人，创造了光辉的业绩。一方面军开始长征以后，我们知道的情况就少了。根据我们从鄂豫皖西征到川陕时经历的艰难困苦，心里常想到，一方面军离开根据地，多次冲破敌人的围追堵截，行军作战好几个月了，各方面的困难一定很大。因此，大家都想尽快地前去策应和会合。

一九三五年三月，四方面军离开川陕根据地进到嘉陵江和涪江之间地区不久，为了两个方面军的靠拢，又继续西进。这时，蒋介石调胡宗南部已进入甘南，企图从北面堵截和进攻红军，以配合南路、东路的国民党中央军和川军追剿一、四方面军。针对这种敌情，奉军分会和四方面军总部的命令，我们三十军（我任政治委员）八十九师（邵烈坤同志任师长）从剑阁开赴青川、平武一线，抢占摩天岭，堵击胡宗南部队南下，以保障方面军向西行进的右侧安全。摩天岭是甘南进入四川的天然屏障，山势险峻，易守难攻，战略地位很重要，历史上称之为阴平古道。三国时期，诸葛亮为防御曹魏从北面进攻，保卫蜀国的安全，曾在此屯兵驻守。我们到青川和平武之间的山梁上还看到诸葛亮庙的旧址。史书记载，魏国进兵蜀国时，邓艾得知这里无兵防守，指挥部队攀越摩天岭，攻取江油，进入成都，灭掉了蜀汉。我们迅速占领了摩天岭，就打乱了

---

① 懋功，今小金。

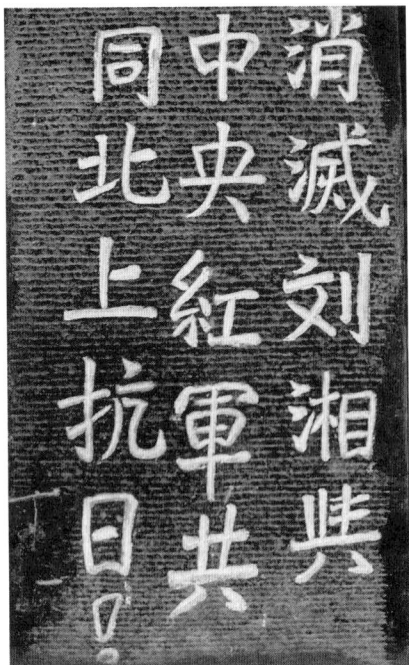

红四方面军在长征中刻下的标语。

胡宗南部企图夹击红军的计划。

五月上旬，党中央率一方面军已进入川西彝族居住区，准备经冕宁北上。这时，四方面军总指挥部决定，向岷江地区进发，继续向一方面军靠拢。我们从摩天岭撤下来，急速向西南前进。与此同时，徐向前同志指挥许世友同志率领的九军和程世才同志率领的三十军一部，经过多次激战，击溃邓锡侯部陶凯师和当地民团，突破敌人防线，抢占北川河谷，夺取了墩上和土门险关，打开了进入岷江的门户。随后，他们又攻占了茂县、汶川和理番（今理县）。一、四方面军会师，指日可待了。

五月中旬，即两军将要会合的前夕，四方面军总部在茂县召开了各军领导同志的会议，研究布置迎接党中央和一方面军的各项准备工作。总部决定由我们率领三十军八十八师和九军二十五师、二十七师各一部，开往小金川地区去迎接党中央。四军、三十一军的一部在松潘以南的镇江关、松平沟地区，抵御北面的胡宗南部；另一部在北川、片口一线抵御东面的川军，以保障会师的顺利实现。会上，徐向前、陈昌浩、王树声同志都讲了话，说明了这次会师的重要意义，要求各级领导干部深入基层，广泛动员，奋勇杀敌，认真执行民族政策，大力筹集给养和制作慰劳品，以实际行动热烈欢迎党中央和一方面军。向前同志特别强调，会师后，一定要搞好团结，一切行动要听党中央和中央军委指挥。会后，他还把我们留下，说：一方面军长期转战，一定非常辛苦和劳累，要动员部队发扬不怕艰难困苦和连续作战的战斗作风，争取早日会师。

接受任务后，我和李天焕同志（三十军政治部主任）立即同二十五师师长韩东山等同志，研究迎接党中央和一方面军的具体行动计划，动员部队尽快做好出发前的准备工作。随后，我带少数部队，从茂县赶到理番，又向八十八师师长熊厚发和政治委员郑维山等同志传达总部的命令和部署。经过讨论确定熊厚发同志率二六三团留在理番继续同敌人作战，郑维山同志率二六五、二六八团和我们一起行动。

五月底，部队分两路出发：一路是九军二十七师一部，从汶川向西南的卧龙方向前进，阻击由巴郎山方向西进的敌人；一路是九军二十五师和三十军八十八师，分别从汶川、理番出发直取懋功。从理番到懋功有三百多里，中间必须翻越海拔四千多米的红桥山。翻越这样终年积雪的大山，还是红军创建以来的第一次。我们有打硬仗、打恶仗的经验，有走险路、强渡江河的经验，还没有爬过雪山。当地人烟稀少，也找不到向导，可是指战员为完成迎接党中央的光荣任务，心急如焚，纷纷表示一定要爬过雪山去。百闻不如一见。从山下向山上爬，先是很大的太阳，后是大雾，快到山顶时，飞下了鹅毛大雪，一时好像进入银色的世界里了。大家第一次看到这样奇异的景色，非常兴奋。由于山路陡峻崎岖，空气稀薄，指战员互相搀扶着，防止倒下去爬不起来。没想到下山后，因为强烈雪光的刺激，部队中有三分之一的同志得了雪盲症，还有很多同志高山反应头痛很厉害，部队只好暂时停止行进。记得休整了半天，大家的眼睛才慢慢地恢复正常，部队又继续前进。这次过雪山得到了一条经验，就是群众说的，雪山不能白天过，要在半夜时候过。我们懂得了这一点，后来在其他地方几次过雪山，就再没有人得雪盲症了。

六月初，前锋部队二十五师遵照我们的命令和部署，先攻占了两河口，随后又歼灭邓锡侯部两个营及地方反动武装近千人，攻占了懋功，并乘胜向达维进发，准备南出夹金山，到宝兴、芦山、天全一带去迎接党中央和一方面军。六月十二日，我们和八十八师部队进驻懋功后，接到韩东山两次电话报告，说九军二十五师的先头部队和一军团二师的先头部队，在达维以南、夹金山北麓的木城沟胜利会师。喜讯传来，群情振奋。我当即发电报向总部作了报告。我们在懋功一方面分析敌情，察看地形，部署警戒；另方面动员部队和发动当地群众，腾出房子，打扫街道，筹备给养，编文娱节目，写欢迎标语，集中慰问品。准备热烈迎接党中央和一方面军。有八个兄弟民族居住的懋功空前热闹起来了。

同日，向前同志代表军分会和四方面军总部，在理番写了一份给毛泽东、周恩来、朱德诸同志的报告，详细报告了敌情、民情和四方面军各部队的位置，介绍我们率领部队带着电台已经到达懋功，如何行动请中央指挥。他建议两军会合后，一方面军先休息补充，让四方面军在前面御敌。报告还说：四方面军及川西北千百万工农群众，正准备以十二万分的热忱欢迎百战百胜的西征军。这些话，确确实实表达了我们全体指战员的心情，说出了我们的心里话。这份报告，是派专人传送的，还附送了两份地图，供中央领导同志更具体地了解四川地区的情况，以便研究确定会合后的战略方针。

一九三五年六月，李先念率领红四方面军一部迎接党中央和红一方面军。十二日，同红一方面军一部在懋功（今小金）胜利会师。十八日，李先念在懋功受到了毛泽东、周恩来、朱德、张闻天等中央领导人的接见。图为懋功达维镇会师桥。

六月十八日，我们在懋功迎接了党中央和一方面军。当时喜悦之情，难以言表。毛主席和中央几位领导同志住在一座法式建筑的天主教堂院内，我们住在小金川河边的新街。当天晚上，毛泽东、周恩来、朱德、张闻天等同志和一方面军的几位领导人，在天主教堂的东厢房里，亲切会见了我。我第一次见到这么多中央领导同志，心情特别激动，也有一点拘谨。毛泽东同志充分肯定了四方面军的战绩，给四方面军很高评价，并代表党中央和一方面军全体同志，对四方面军全体指战员表示亲切关怀和慰问。毛主席说，过去两支红军独立作战，现在会合了。这样，我们的力量更大了。他打开地图，边看边问，岷（江）嘉（陵江）地区的气候怎样？地形怎样？人民群众的生活条件怎样？还能不能再打回去？我说，岷、嘉两江之间地区，大平坝子很多，物产丰富，人烟稠密，是汉族居住地区，部队的给养和兵源都不成问题。从战略地位看，东连川陕老根据地，北靠陕甘，南接成都平原，可攻可守，可进可退，回旋余地大。如红军进入这一地区，有了立足之地，可以很快休整补充，恢复体力，再图发展。而且这时茂县、北川还在我军控制之下，可以打回去，否则再打过岷江就难了。我还说，来懋功的一路上，只看到很少的藏族牧民，筹粮很难，大部队久驻无法解决供给。大小金川和邛崃山脉一带高山连绵，谷深流急，大部队很难运动，不容易在这里站住脚，向西和向北条件更差。总的思想是说明无论从地理条件、群众基础，还是从红军急需休整补充的实际情况和发展前途看，会师后向东北方向，首先是向岷嘉地区发展比较有利。早在川陕反六路围攻胜利后，向前同志同我们就议论过沿嘉陵江两岸作战和向甘南发展的问题。所以，当时心里是真想打回去，广大指战员也是这种心情。毛主席听我汇报情况时连连点头。这个时候，毛主席正在考虑全局的大问题，听取各方面的意见，准备制定会合后的战略方针。我还清楚地记得，那天晚上，大家兴致勃勃，一直谈到深夜。在懋功和中央领导同志的会见，使我终生难忘。不久，中央政治局在两河口召开的会议上，对红军行动又作出了新的部署，制定了攻打松潘的战役计划。

党中央领导同志和一方面军的领导人在懋功休整了三（天）。这期间，两支部队互相联欢、慰问、交谈，非常亲切。我们和一方面军的部队举行了一次联欢庆祝大会。会上，一方面军的代表讲话说，两大主力红军会师，开创了中国革命史上的新纪录，是对国民党反动派的重大打击。过去就耳闻过四方面军的光荣战绩，相信两军会合后，一定会打更多的胜仗，消灭刘湘、胡宗南、邓锡侯等军阀更多的部队，创造新的根据地。我们的代表讲话中，表示坚决听从党中央的指挥，一定虚心向一方面军学习，团结奋斗，并肩前进，争取新的胜利。在天主教堂里，两军一些团以上干部还集会一次，一起吃过饭。当然没有什么好吃的东西，无非是让大家吃一顿饱饭，而这在当时来说也是很难得的。同志们都非常满意。朱德同志还特意到住处看望我们，询问四方面军部队的休整情况，对广大指战员非常关怀。

六月二十一日后，党中央率领一方面军，沿抚边河北上，向两河口进发。我们按照中央的部署，二十五师继续留在达维镇，防御东面敌人的进攻；又派出一部分部队沿小金川河西进丹巴，再沿大金川河北进，以保障党中央北上的左翼安全。我们和一部分部队又在懋功驻了几天，负责党中央的后卫。

一、四方面军会师后，敌人从东、南、北三个方面继续向我军进逼，企图把我军困死在人烟稀少的川西北少数民族地区。在这种形势下，部队保持会师时的团结合作、共同奋斗的精神，特别重要。为此，在党中央领导下，双方都做了许多工作，对加强部队建设，执行中央北上战略方针，创造了有利条件。懋功会师形成的团结局面，后来虽然经历了曲折复杂的发展过程，但是最终实现了一、二、四方面军和全国红军的大团结。历史证明，我们党的团结，军队的团结,是符合革命历史发展潮流的,任何人、任何力量都破坏不了。

懋功会师,标志着我们党和我们军队团结胜利的一个新开端,在我党、我军历史上写下了光辉的篇章①。

红一、红四方面军举行会师联欢会。图为两大主力红军同庆胜利时的达维镇大戏台。

一九三五年八月,李先念率部发起包座战斗,歼敌四千余人,打开了红军北上通道。图为包座战场旧址。

---

① 以上内容选自《建国以来李先念文稿》第四册,中央文献出版社 2011 年版,第 274—280 页。

二、南下和西进

　　红一、红四方面军会合是一件大喜事，但不久却出现了令人十分痛心的事。两军会合不久，党中央在两河口召开了会议，决定了共同北上、开辟北陕甘革命根据地的战略方针。就在这历史发展的关键时刻，张国焘的篡党篡军夺权的野心暴露了。他开始是反对党中央北上的战略方针，坚持自己南下的错误主张，后来公然违抗中央命令，擅自率部南下，分裂党、分裂红军，一直发展到另立中央。中央反对张国焘错误和罪恶的斗争是完全正确的。当时两军会合，加强团结是一个至关重要的问题。毛主席就反复讲团结第一。即使在两军分开以后，毛主席也坚信最后终究会重新会

一九三五年八月上旬，中共中央政治局在毛儿盖附近的沙窝召开会议，重申两河口会议确定的北上方针。会议决定增补李先念为中共中央候补委员。图为会议通过的决议。

合，统一起来。他以高度的原则性，同张国焘的错误进行斗争，又以高度的灵活性和极大的耐心说服，等待张国焘觉悟，回到正确路线上来。由于他处理得好，才有了红一、红二、红四方面军的会宁会师。当然两军会合后，大多数同志都是很注意搞好团结的。但是个别人也说了一些不利于团结的话……给红四方面军的同志扣上了"军阀主义""土匪作风""逃跑主义"等大帽子。他们上批张国焘，下扫一大片，也确实伤害了红四方面军干部和战士的感情。实际上徐向前同志和红四方面军的许多同志对张国焘的错误和罪恶活动是很不满的。记得两军分开的时候，我接到陈昌浩同志的电话赶到总部，看到干部和战士都非常着急，大家心情十分沉重，好像天空一下暗淡了，有点六神无主。在南下途中，向前同志心情一直很沉闷，很少说话。有一天在班佑的一个黄土岗子上，他对我说：一个要向北，一个要向南，也不知道怎么搞的。还说，天下哪有红军打红军的道理①。

---

　　①　选自《李先念同志关于编写红四方面军战史和革命回忆录问题的谈话要点》，《中共党史研究》2009年第四期。

有人说红四方面军的干部不尊重中央，确实有些冤枉。党的决定，上级的决定，没有错误。四方面军的干部，就是这个观念。"想中央、盼中央，中央来了说我们反中央"，大家想不通[①]。

徐帅逝世前和我说过，有个问题他没有解决，即一、四方面军会合后出现的问题，责任是否都在红四方面军？我说：不能这么说。张国焘有野心，分裂党、分裂红军，有他的账。但教条主义者一是批评所谓"联邦政府"，二是说四方面军"军阀主义"，把下面干部惹翻了。会合时的气氛很好，给破坏了[②]。

这段历史上有这么一个问题，就是一九三五年九月间张国焘闹分裂的时候，说他给陈昌浩打过一个电报，对中央要"武力解决"。前不久，宋侃夫提出，当时他主管机要电报，收发报都得经过他，他敢保证没有发过要"武力解决"的电报。那么，到底有没有这样的电报呢？要问我，我就不知道了，那时我也不可能看到这样的电报。后来在延安批判张国焘时，听说有人提出这个问题。毛主席当时说，在左路军和右路军的时候，叶剑英同志将张国焘的秘密命令拿来给他看，其中有这样一句话："南下，彻底开展党内斗争。"不知道这句话是否是原话，如果电报上有，对这句话的含义可能有不同的理解，说这是带有威胁性质，我看也不是没有道理的。那时很敏感，稍有不慎就有可能出现意想不到的事情。红一方面军经过长途行军作战，损失很大，很疲劳；红四方面军还是人强马壮。在这种情况下，毛主席带领部队北上是完全正确的[③]。

我去[④]后，看到大家的脸色很难看，气氛很阴沉，好像太阳都无光了，人都发呆。陈昌浩对我说，一方面军连夜走了，我也傻了眼。当时有人打电话请示追不追？陈昌浩接到电话，就问徐帅，徐帅发了脾气，说哪有红军打红军的道理，谁要追击就枪毙谁！当时，就是我和徐、陈、李特四个人在指挥室里[⑤]。

① 选自《李先念传（1909—1949）》，中央文献出版社 2009 年版，第 291 页。

② 选自李先念谈话记录，1991 年 11 月 19 日。参见《李先念传（1909—1949）》，中央文献出版社 2009 年版，第 186 页。

③ 选自《李先念同志关于编写红四方面军战史和革命回忆录问题的谈话要点》，《中共党史研究》2009 年第四期。

④ 指李先念在包座接到指挥部的紧急电话，火速赶到巴西。

⑤ 选自李先念谈话要点综合，1986 年 4 月 22 日、1990 年 9 月 5 日。参见《李先念传（1909—1949）》，中央文献出版社 2009 年版，第 198 页。

总指挥[①]，我们还是讲团结，维持现在的局面吧[②]。

张国焘南下，要到川康边搞根据地的罪恶行径，又一次给红四方面军造成了严重的恶果，他自己也碰得头破血流。由于毛泽东同志坚持党内斗争的正确原则，由于朱德、向前、伯承等同志同张国焘的错误作斗争，由于共产国际肯定中央北上路线是正确的，还由于一九三六年七月红二、红四方面军在甘孜会师后，任弼时等同志也做了不少团结工作，这样红二、红四方面军又共同北上。

朱德（二排左八）与红四方面军部分同志合影。

一九三六年九月，红二、红四方面军长征到达了岷州，西北局在这里召开了会议。会上，朱德、陈昌浩等同志在西进还是北上的问题上，同张国焘发生了严重分歧，争论得很激烈。张国焘主张沿洮河西进青海后再转到甘西去；朱德、陈昌浩等同志主张先北上会师，然后再按照中央意图西渡黄河向宁夏或甘西发展。争论的结果，朱、陈和西北局大多数同志的正确意见被会议通过。当时向前同志带部队在前方漳县，我在陇西，不知道会议的情况。会后，张国焘带着一个骑兵连，连夜赶到前方，见到向前和我们几个人，大哭一场，说陈昌浩怎样反对他。第二天，陈昌浩同志也赶到了前方，仍然坚持自己的主张。他说，如果不北上的话，就辞职，不当政治委员了。会上双方互不相让。我们那时的态度是劝他们以大局为重，既劝服从张国焘，又劝陈昌浩不能辞职。结果是按照张国焘的意见，一部分部队沿洮河向西开动了，走了一天多。由于中

---

① 总指挥，指徐向前。他和李先念都对张国焘反对北上、命令南下不满，心里不是滋味，压抑得透不过气来。在部队进入草地后，徐向前同李先念坐在个小山包上边休息边抽烟，说："我就不明白，红军和红军闹个什么劲！一个北上，一个南下，究竟哪个正确，我也搞不清楚！"

② 选自李先念谈话记录，1991年8月6日。参见《李先念传（1909—1949）》，中央文献出版社2009年版，第198页。

央的命令，加上这条路也走不通，又回来了。我们三十军没有动。昌浩同志回来后见到我，高兴地对我说，没有问题了，我们的意见统一了。于是部队又继续北上。

　　一九三六年十月上旬，红二、红四方面军先后胜利到达甘南，十月十日三个方面军在会宁会师。伟大的长征结束以后，中央就致力于开辟和扩大陕甘宁革命根据地，积极组织抗日民族统一战线，准备抗战①。

红四方面军长征到达陕北后部分同志合影。

附：李先念对红四方面军重要领导人的评价

　　历史唯物主义的一个基本观点，就是：历史是人民创造的；同时，也充分肯定领袖人物在历史上的作用。我们写历史，也要处理好这个关系。红四方面军是在人民革命斗争的洪流中诞生的，是在人民群众大力支持下发展壮大起来的。写红四方面军战史，要充分写人民群众的革命斗争，写这支部队广大指战员为人民解放而英勇奋战的业绩，写在长期战争实践中用鲜血和生命换来的宝贵经验。这是最基本的方面。但在这样的前提下，也要恰如其分地写在群众斗争和武装斗争中涌现出来和锻

① 以上内容选自《李先念同志关于编写红四方面军战史和革命回忆录问题的谈话要点》，《中共党史研究》2009 年第四期。

炼成长起来的许多领导人，写他们站在时代前列，领导和组织斗争，推动历史发展所起的作用。正确评价领导人的功过，一要从当时具体历史条件出发，既不超越历史条件去苛求，也不原谅在当时历史条件下可以避免发生的过失；二要掌握大量可靠的资料，认真分析研究，看对重大问题的态度和表现，看大节，看主流；三要坚持实事求是，功是功，过是过，是非分明。不夸张，也不隐瞒；不拔高，也不贬低。我想如果能够掌握这三点，对人物的评价大体上可以做到公正。回顾这段历史，大家都可以看到，就个人来看，徐向前同志作出的贡献最大，他是红四方面军的最杰出的代表。

陈昌浩同志的情况稍为复杂一点。他是红四方面军的主要领导人之一，是无产阶级的革命战士。他和张国焘有本质的区别。陈昌浩同志能文能武，有比较高的理论水平，对红四方面军的思想政治建设，做了大量工作。他在大多数情况下是支持徐帅军事指挥和作战部署的，他自己也经常独立指挥部队作战。他打仗非常勇敢，不是纸上谈兵的书生，有时还身先士卒，冲锋在前。尤其是在红一、红四方面军会合后，他是和徐帅一起拥护和支持中央北上战略方针的，多次打电报叫张国焘北上。一九三六年岷州会议前后，他坚决主张北上和中央会师，并和张国焘进行了激烈的斗争。当然，他也犯过严重错误，在鄂豫皖和川陕时期，执行了王明的"左"倾机会主义路线，在肃反中错杀了一些好同志。在张国焘分裂党、分裂红军的时候，他听了张国焘的命令，带部队南下，并在南下途中讲了一些不利于团结的话。对西路军的失败，他负有重要责任。后来离开部队，没有直接回延安也是不对的。总之，他有功有过，而且应该说功大于过，要一分为二，讲得恰当。

许继慎、曾中生、旷继勋、王平章、余笃三、曹大骏、蔡申熙等同志，在军队中担任过重要领导职务，对红四方面军的创建和壮大，作出了积极的贡献。

红四方面军初创时期，黄麻起义组成的红三十一师的领导人，有吴光浩、戴克敏、曹学楷、徐朋人、潘忠汝、汪莫川、吴焕先、戴季英、郑位三、王树声等同志。商南起义后组成的红三十二师的领导人，有徐子清、周维炯、徐其虚、萧方等同志。六霍起义后组成的红三十三师的领导人，有舒传贤、徐百川等同志。他们和其他一些同志是土生土长的，和当地群众有血肉联系，是他们在鄂豫皖打开了局面，闯出了路子。后来，领导红二十五军的，有徐海东等同志；组建红二十八军的，有高敬亭等同志；领导红三十三军的，有王维舟等同志。这些同志的贡献也应该写在历史上。

陈海松、孙玉清、熊厚发、董振堂等以及在革命战争锻炼成长起来的许多军师级干部，都创造了很多可歌可泣的英雄事迹。

以上提到的这些同志，仅仅是我想到的，还有许多同志一时想不起来。无论是我提到的，还是没有提到的，只要有重要贡献的同志，都应该作出正确的评价。

红四方面军的领袖人物除了健在的以外，有的战死在沙场上，有的被张国焘错杀了。有的积劳成疾病故了。他们和许多先烈永远值得我们怀念。

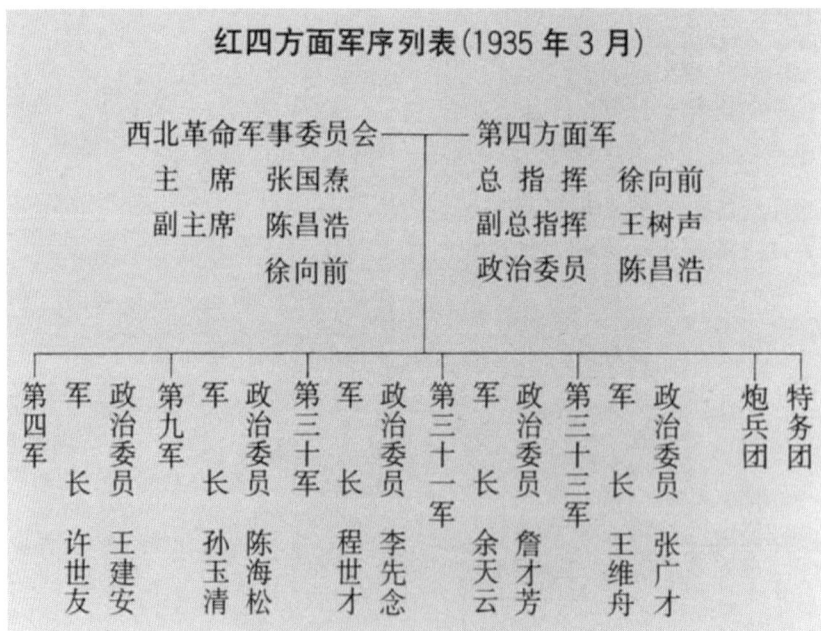

红四方面军序列表（1935 年 3 月）

西北革命军事委员会 —— 第四方面军

西北革命军事委员会	第四方面军
主　席　张国焘	总　指　挥　徐向前
副主席　陈昌浩	副总指挥　王树声
徐向前	政治委员　陈昌浩

第四军　军长　许世友　政治委员　王建安
第九军　军长　孙玉清　政治委员　陈海松
第三十军　军长　程世才　政治委员　李先念
第三十一军　军长　余天云　政治委员　詹才芳
第三十三军　军长　王维舟　政治委员　张广才
炮兵团
特务团

红四方面军序列表（一九三五年三月）

写红四方面军的战史，必然要涉及张国焘。张国焘是革命的叛徒，这已经盖棺论定。从总体上来说，也好写。有点困难的是，如何评述他在红四方面军时期的活动。我看用历史唯物主义的观点，把他放在当时的历史环境中，按照历史的发展和真实面目来写，也是可以写得恰如其分的。写张国焘，不是为了写他个人，更不是为他树碑立传。而是通过对这个人各个不同时期的具体分析，看他的发展和演变过程。看他对革命事业的影响和危害，从而更好地总结历史经验，分清是非，教育后人。

一九三一年四月，党中央派张国焘到鄂豫皖，一直到一九三六年十月，在这五年多的时间里，他都是根据地党组织和红四方面军的最高领导人。张国焘在鄂豫皖和川陕时期，是王明"左"倾机会主义路线的忠实推行者，犯了许多错误，最大的错误是以肃反为名乱杀人，把军队和地方的许多优秀的领导骨干杀害了，使党和红军遭到了极大的摧残。红一、红四方面军会师后，他的野心大暴露，开始是反对中央北上的正确方针，后来破坏党纪、军纪，违抗党中央命令，擅自率部南下，分裂党，分裂红军，直到另立中央，犯下严重罪行。他在这个时期内的罪恶活动，给红四方面军和根据地，给党和中国革命事业，造成了更大的损失。

有的同志提出这样一个问题，张国焘在鄂豫皖和川陕根据地是推行王明路线的，为什么这个时期红四方面军能发展壮大起来呢？这就要作具体分析。他到鄂豫皖时，是中央的代表，后来又是分局书记、军分会主席，他不是个人单独活动的，而是同党组织、同红四方面军一起活动的。我们党和红军是革命的，这股历史的洪流谁也阻挡不了。毛主席在《学习和时局》这篇讲话中说过，那个时期中央领导所采取的政治策略、军事策略和干部政策在主要方面都是错误的；但另一方面，当时犯错的同志在反对蒋介石、主张土地革命和红军斗争这些基本问题上面，和坚持正确路线的同志之间是没有争论的。张国焘在这个时期基本上也是这样。有时，当他还能听取大家意见，集中集体智慧的时候，不管他主观意志如何，还能作出比较符合实际的决定。比如，在鄂豫皖时期，军分会关于第三次反"围剿"的作战方针的决定就是正确的，并取得了四大著名战役的胜利。有时，因为他的错误造成明显恶果，受到大多数同志批评的时候，他也会被迫按照大多数人的意志去办事。比如，在钟家沟会议上，就确定了过巴山进军川北的正确方针。再者在军事作战问题上，主要靠徐向前等同志。因此红四方面军打了许多胜仗。张国焘坚持南下，另立"中央"，碰得头破血流，在坚持正确路线同志的批评、帮助、督促下，也只好被迫北上，情况又不同一些。总之，张国焘的错误和野心有一个发展过程，要根据不同的历史时期，进行具体的分析，这样才能说得清楚明白。

在革命政党和革命团体的内部，出现"左"、右倾机会主义分子，出现叛徒是常见的现象，在国际共产主义运动史上有，在我们党的历史上也有。这都无损于革命政党和革命团体的声誉。张国焘在红四方面军工作过，但不能因此产生对红四方面军的不正确看法。红四方面军的广大指战员，对张国焘的错误和罪恶，是进行了抵制和斗争的，特别是后来在党中央的领导下，红四方面军的同志清算了张国焘的错误和罪恶，使自己锻炼得更加坚强。党中央和毛泽东同志从来就把红四方面军广大指战员同张国焘严格区别开来，并给红四方面军很高的评价。张国焘的错误和罪恶，丝毫无损于红四方面军的历史功绩。

从全党和整个红军来看，张国焘搞分裂主义，破坏了党和红军的团结，破坏了纪律，到后来他自己也碰得头破血流。这在我们党的历史上是一次很深刻的教训。它说明无论什么人，不管他的职位有多高，权力有多大，在党内搞分裂、闹宗派、拉山头都不会有好结果。党中央处理张国焘问题所采取的方针、方法和步骤是很正确的，也是非常成功的。朱德、伯承、向前同志在非常困难的条件下，坚持原则、顾全大局、注意团结的态度和做法，也为我们解决党内矛盾树立了很好的榜样。任弼时、贺龙等同志，对党内争论采取客观的实事求是的分析态度，为消除分歧、增进团结而耐心工作的精神，令人敬佩，这些经验非常宝贵，对以后解决党内问题有着很重要的指导意义①。

---

① 以上内容选自《李先念同志关于编写红四方面军战史和革命回忆录问题的谈话要点》，《中共党史研究》2009 年第四期。

第四章　血染的征程

一、执行宁夏战役计划 [①]

背景：一九三六年十月，红四方面军一部奉中共中央和军委的命令西渡黄河，执行宁夏战役计划。不久，改称西路军，挺进河西走廊，按照中央及军委的战略部署，创建河西根据地，并伺机打通新疆。

西路军打通国际路线，是党中央、毛主席过草地以前就决定的。当时共产国际也愿意援助，二百门炮都准备好了，我亲眼看见的 [②]。

一九三六年十月下旬，红四方面军一部西渡黄河及后来成立西路军的问题，当时是怎样决定的，过去我也不那么清楚。前几年，中央文献研究室为了系统研究毛泽东思想和党的历史，把过去毛主席的文稿和发的电报都汇编起来了。从这个时期中央和中央军委发的一系列电报来看，这段历史事实是清楚的。红四方面军一部西渡黄河，夺取宁夏，在甘西开辟新的革命根据地，打通国际路线，这是中央经过反复酝酿后作出的决策。这个决策是中央建立陕甘宁根据地战略部署的一个重要组成部分。从中央安排来看，不仅红四方面军一部要过黄河，红一方面军也要过黄河。比如早在一九三六年六月底，当时红二、红四方面军还在甘孜、道孚，尚未到达会宁的时候，毛主席六月二十九日给彭德怀同志的一份电报（即《关于打通苏联及其道路、时机问题》的电报），就提出了夺取宁夏或甘西，打通苏联的问题。会宁会师前后还有一系列电报，说明红四方面军一部是奉中央命令西渡黄河的。后来的西路军也是中央命令成立

---

① 宁夏战役计划是 1936 年红军西征期间，中共中央和中央军委制定的以消灭马鸿逵反动地方势力，占领整个宁夏，巩固、扩大根据地，打通国际通道，促进西北抗日局面首先实现为目标的重大战略决策，是西征作战部署中至关重要的一环。这一计划由于敌情变化和红军内部个别领导人进行干扰贻误了战机等复杂原因而被迫中止。

② 选自《李先念年谱》第六卷，中央文献出版社 2011 年版，第 176 页。

的。西路军自始至终都在中央军委领导下，重大军事行动都是中央决定或经中央批准的，并不是执行的张国焘路线。

我记得很清楚的是，红四方面军总部到达会宁后，有一天发了一份电报叫我去。我带着骑兵连急速赶到会宁。到会宁时，正好朱德同志、张国焘、向前同志和昌浩同志，还有李特和几位参谋都在场。他们给我看中央发来的电报，记得就是最近看到的毛泽东、周恩来、彭德怀同志一九三六年十月五日发给张、朱《同意迅速从靖远、中卫地区过河之意见》和毛泽东、周恩来十月十四日发给朱、张《搜集造船材料及分工问题》等电报。我看完电报，向前同志对我说，三十军先过河，其他部队跟进。我连饭也顾不上吃，就迅速赶到靖远的黄河边上，组织部队搜集材料，赶造船只，准备渡河事宜。

十月二十四日晚上，三十军先头部队开始渡河，由于河面的情况没有侦察清楚，夜间又看不见，等船靠岸后，才发现还有一道河，原来是渡到了河中间的一个沙洲上了。时间来不及了，又渡回来。敌人丝毫也没有发现。第二天，我和程世才同志化装成老百姓，又沿河侦察，发现了虎豹口这个渡口。二十五日晚，再次渡河，一次过去一个营，渡河成功。随我们之后，九军、五军和总部也渡过了黄河。由于敌情的变化，胡宗南的部队北进很快，王均、毛炳文、关麟征的部队占领了黄河东岸和中卫一带，又派飞机轰炸渡口，这样就把我们渡河部队同在河东的红军主力隔断了。

一九三六年十月，李先念率红三十军奉中革军委指示，西渡黄河执行宁夏战役计划。图为渡河点靖远虎豹口。

三十军、九军、五军渡过黄河后，开始是执行宁夏战役计划。我们三十军先打一条山，扫除北进的障碍。在这里打了十多天，等待红一方面军从金积、灵武渡河，一同进攻宁夏，夺取贺兰山中的一个绿洲——定远营，以便和外蒙古、苏联接通，取得援助。由于河东部队没有能粉碎敌人的进攻，战局起了变化，中央决定放弃宁夏战役计划。红一方面军没有过黄河，我们过河的部队再回来也困难了①。

突破黄河后，李先念率部击破马步青骑兵第五师两个旅的阻击，占领战略要地一条山、五佛寺，抗击敌骑兵部队的多次猛烈进攻。图为一条山战场旧址。

二、鏖战河西走廊

宁夏战役计划放弃后，中央决定将过河的部队组成西路军，在甘西创建根据地，并相机打通新疆。于是我们就向西前进。向西进时，西路军的肩上挑着两副重担，一副是要在河西走廊创建新的革命根据地，一副是要打通新疆，取得援助。从当时的战争格局来看，开始河东主力在同胡宗南部作战，后来又发

---

①　以上内容选自《李先念同志关于编写红四方面军战史和革命回忆录问题的谈话要点》，《中共党史研究》2009 年第四期。

一九三六年十一月八日，中共中央决定中止执行宁夏战役计划。十一日，命令河西部队改称西路军，执行建立河西根据地和打通远方（苏联）的任务；成立西路军军政委员会，陈昌浩任主席，徐向前任副主席。李先念被任命为军政委员会委员。他率部西进大靖，绕过凉州（今武威），先后攻克永昌、山丹。为执行中共中央关于在永（昌）甘（州）凉（州）地区建立巩固根据地的指示，他率部在甘肃武威四十里铺、六坝、八坝等地与敌激战。图为三十军指挥部旧址——四十里铺魁星阁。

生了西安事变，为了策应河东和建立陕甘宁根据地，需要西路军在甘西建立根据地，在军事上配合河东主力行动，在地区上把河东、河西连起来。另一方面，当时红军装备和给养很差，为取得苏联援助打通新疆又十分必要。但我们一停下来，马步芳、马步青的几万骑兵部队和几万民团就包围上来了。西路军只有两万多人，而且经过长征和过河作战，已是十分疲惫之师，要挑这样重的两副担子，实在力不胜任①。

古浪战斗后，陈昌浩作报告，说敌人主力已被击溃。徐帅和他吵，吵得很厉害，我从来没有见过徐帅那么硬。他说：你的报告是错误的，敌人主力并没有被击溃。当时在场的有我、王树声、陈海松等。在永昌，徐帅的意见是一直往西走，不要停留在那时。后退是不行的，敌人在东面部署了兵力。那时，只要和新疆接上，能搞来二十门炮，我们就能消灭马家军！②

西路军在临、高③地区，同数倍于我的敌人打了两个月。经过北上和过河西进后的连续作战，部队已几乎没有弹药；这时天寒地冻，夜间气温在零下二十（摄氏）度左右，许多指战员还单衣赤足；无论干部和战士体力都极其衰弱。虽然已是久战之师，筋疲力尽，但仍顽强战斗，前后共歼敌一万余人。终因各方面条件的限制，没有能改变战略上的敌强我弱为战役上的我强敌弱，因而不断失利。大体过程是：一月二十日高台失守，董振堂同志牺牲，五军基本损失。这时全军尚有一万余人，集中在倪家营四十几个村寨里。西进还有

---

① 选自《李先念同志关于编写红四方面军战史和革命回忆录问题的谈话要点》，《中共党史研究》2009年第四期。

② 选自李先念谈话记录，1990年9月5日。参见《李先念传（1909—1949）》，中央文献出版社2009年版，第243页。

③ 临，指临泽；高，指高台。

很长一段冬季无法行军的路程,"二马"步骑又向西堵击,不能西进,于是在二十一日决定突围东返。从一月下旬毛主席发给恩来、博古、汉年的几次电报看,中央为解西路军之围,想了许多办法,一方面想同于学忠商量,要他威胁"二马"或派一部策应西路军东返;另一方面想通过同蒋介石谈判,停止"二马"进攻,让出凉州以西各城,作为西路军驻地。但这些都未能实现。一月二十五日,军委主席团给徐、陈的电报说:"估计'二马'仍不会停止对你们的追堵",要西路军在战胜"二马"的条件下完成东进任务。西路军在东返过程中,虽然打了一次胜仗,但二十八日到达山丹之沙河堡时,敌集中防堵,又不能东进。处境更加困难,又回到倪家营子打了二十多天,基本上是靠大刀和长矛同敌人搏斗。

西路军骑兵部队一部。

二月二十三日、二十四日,西路军致电中央军委,要求派兵援助。提出如无援兵,则无法完成西进任务,决心在甘州、抚高地区寻机击敌,俟天气稍暖即转到大通、西宁一带活动。二十六日,军委主席团复电徐、陈:"固守五十天,我们正用各种有效方法援助你们。"此时中央着手组织援西军[1],任命刘伯

① 1937年2月27日,中共中央和中革军委为接应西路军,决定以红军第四军、第二十八军、第三十一军、第三十二军和骑兵第一团组成援西军,刘伯承任司令员,张浩任政治委员。3月中旬,援西军进抵甘肃镇原、宁夏固原以南地区。此时西路军已在马步芳、马步青部队的围攻下失败,援西军即按中革军委指示负责收容西路军的失散人员。

承同志为总指挥，林育英同志为政委，准备救援；同时，继续同国民党谈判，要求划分防区，停止"二马"追击，但仍无成效。西路军在倪家营继续同敌人拼战，因敌我力量悬殊，遭到失败。

倪家营子战场遗址。

一九三七年三月初，西路军再次从倪家营突围。三月十四日，转移到祁连山脚下的康龙寺附近①。

三、风雪祁连山

一九三七年三月十四日，西路军军政委员会开会，决定成立工作委员会，由李卓然、李特、曾传六、王树声、程世才、黄超、熊国炳和我共八人组成，军事上由我统一指挥。徐向前、陈昌浩离开部队；余部分三路打游击。张荣②同志带一个支队，主要是伤病员，就地坚持游击战争；王树声同志带右支队；我带左支队。徐帅当时不愿意离开部队，他说要和我们一起打游击，可是会上已经决定了，他也不能不服从③。

当时要把西路军剩下的三千余人，交我统一指挥，我心中无底，所以非常

① 以上内容选自《建国以来李先念文稿》第四册，中央文献出版社 2011 年版，第 237—238 页。
② 张荣，即毕占云，时任西路军第五军参谋长。
③ 选自《李先念同志关于编写红四方面军战史和革命回忆录问题的谈话要点》，《中共党史研究》2009 年第四期。

希望徐帅能够留下。但组织上已经作出了决定，也很难改变了。当天我们送了徐向前、陈昌浩同志一程，就挥泪告别了[①]。

西路军弹尽后自行毁坏的枪支。

我和王树声在一块（儿）打仗，经常他是司令，我是政委。那天下午我们开会，我对他说：他还是当司令，我当政委，咱们一起翻过祁连山，最多死个几百人。结果他不干[②]。我说：你不过我过[③]。

当时要想摆脱敌人，出路只有翻越祁连山。有人说，祁连山很高，终年积雪过不去；还有人说，山南面是死海，就是过去了，也无法生存下去；找当地的藏民问，他们也不敢说能过得去。当时情况很危急，不过祁连山，剩下的二千多人就可能被敌人消灭。我和李卓然、曾传六、程世才等几个同志商量，

---

① 选自李先念谈话记录，1982 年 7 月 23 日。参见《李先念传（1909—1949）》，中央文献出版社2009 年版，第 264 页。

② 1937 年 3 月，西路军军政委员会决定将现有兵力和人员分为三个支队进行游击活动，等待与援西军会合。由李先念率三十军主力五个营和总直属队人员共一千五百余人，组成左支队，到祁连山西面大山游击；由王树声率九军剩下的三个步兵连、两个骑兵连共七百余人，组成右支队，到南面大山游击；由张荣率一部兵力及彩号、妇女和小孩，编成一个支队，就地转移。李先念率领的左支队，历尽艰险，经过四十多天的艰苦跋涉和几场恶战，最终于 4 月底抵达星星峡，为革命保存了四百余人的火种。另外两个支队很快被敌军击散。

③ 选自李先念谈话记录，1990 年 9 月 5 日。参见《李先念传（1909—1949）》，中央文献出版社2009 年版，第 265 页。

一九三七年三月，西路军失败后，西路军军政委员会在石窝山召开紧急会议，决定由李卓然、李先念等八人组成西路军工作委员会，李先念负责军事指挥，李卓然负责政治领导。图为石窝会议会址。

我们一致意见要过祁连山，于是就向部队作了动员。第一天，我们先赶到雪线下面的山坡上宿营，等到夜间十二点左右起来，翻越积雪的山峰。因为这个时候，风平谷静，便于行动，越过积雪的山峰后再宿营。就是这样还有不少的同志牺牲在雪山上①。

过祁连山时，零下三十多（摄氏）度，好好的同志，晚上睡觉时还一起说话，第二天就起不来了……我那个十几岁的警卫员是拽着马尾巴才翻过山的……②

熊厚发③，多好的同志啊，指挥战斗机智灵活、英勇顽强，牺牲时才二十四岁！西路军中，像熊厚发这样英勇牺牲的战友不知有多少。他们有的战死在前沿阵地，有的被敌人抓住后砍了头。这些好党员、好同志没有看到胜利这一天，他们为今天的幸福流尽了最后一滴血，我非常怀念他们……④

翻过祁连山后，见到一个大喇嘛寺。寺里有点武装，但火力不强，一打就垮了。搞到了几百件衣服和不少吃的东西。部队在这里稍作休整后，就沿着祁连山南麓向西走，后来又接到中央的指示，走出祁连山，向新疆方向前进了。这一带没有人烟，找不到向导，也没有地图，全靠指北针辨别方向。一天只能走三四十里路，走多了就有人掉队。我们的想法是能救活一个，就救活一个，多一个人就多一份力量。没有粮食，就打野兽，烧熟了充饥。走了二三十天后，遇到几个蒙古族牧民，问问路，进新疆怎么走？他们说再往西是大沙漠了，过不去了。于是我们又往回走，再向北出祁连山，经安西到了星星峡。

---

① 选自《李先念同志关于编写红四方面军战史和革命回忆录问题的谈话要点》，《中共党史研究》2009 年第四期。

② 选自邹爱国等：《情满青山——李先念同志骨灰撒放记》，《人民日报》1992 年 7 月 8 日。

③ 熊厚发，时任红八十八师师长。他当时身负重伤，主动要求留下来，免得拖累大家。迫于当时情形，李先念留下一名干部和一个班负责照应和掩护他。李先念等率部队走后，敌人搜山时，熊厚发在昏迷状态中被俘，其余人员全部壮烈牺牲。熊厚发面对敌人的严刑拷打和利诱，坚贞不屈，英勇牺牲。

④ 选自邹爱国等：《情满青山——李先念同志骨灰撒放记》，《人民日报》1992 年 7 月 8 日。

西路军余部分为三个支队打游击。李先念率左支队千余人
翻越祁连山，向新疆方向转移。图为祁连山。

一九三七年五月一日，陈云、滕代远同志根据中央的指示到星星峡接我
们。在这里休息了几天。苏联派飞机送来了转盘枪、步枪、皮鞋等物资。我们
只接收了一些轻武装，炮没有要，然后就向迪化①出发了②。

一九三七年四月底，李先念率西路军左支队四百余人到达甘
肃、新疆交界的星星峡，结束了四十七个日夜的艰险征程。图为
星星峡。

---

① 迪化，即今乌鲁木齐。
② 以上内容选自《李先念同志关于编写红四方面军战史和革命回忆录问题的谈话要点》，《中共党
史研究》2009 年第四期。

同志们对军帽上闪闪发光的红五星有留恋的心情[1]，是可以理解的。但我们共产党人是讲实事求是的，问题不在于形式，关键是革命信念不能变，中国共产党领导的工农红军的本色不能变。党中央现已确立了抗日统一战线的方针，实行国共合作、共同抗日，而新疆现在基本上是国民党的势力范围，为了搞统一战线，不换帽子能行吗?[2]

到达新疆的部分西路军指战员。

一九三七年五月，李先念率西路军左支队在中共中央代表陈云、滕代远的接应下到达迪化（今乌鲁木齐）；七月，改编为西路军总支队（对外称"新兵营"），进行政治和军事技术培训。图为"新兵营"的部分战士。

---

[1] 西路军余部在星星峡做进迪化的准备期间，大家从头到脚，从里到外，都换上了陈云、滕代远同志带来的国民党军的新军服、新帽子。在换装时，很多同志纷纷表示不愿意戴有青天白日帽徽的帽子。

[2] 选自饶子健：《英名永留西征路》，《伟大的人民公仆——怀念李先念同志》，中央文献出版社1993年版，第94页。

　　我们到了迪化还有八百人左右。这些人中，一部分送到苏联学习军事技术，一部分留在迪化，组织新兵营，学习军事技术、政治和文化。这批经过严竣（峻）战火锻炼的同志，后来大部分成为我军的骨干。当时，也曾动员我去苏联学习，我不愿意去，就没有去。抗日战争爆发后，我于一九三七年冬就离开迪化，返回延安[①]。

附一：李先念等以西路军工作委员会的名义致援西军司令员刘伯承等转中共中央和中革军委的三份电报

三月二十三日的电报

　　（一）西路军自本月十四号起与马[②]敌四天最大激战，士气大受损伤，当即决定分路游击。由树声率二十团为一路，约五连步骑；占云[③]率一路，枪百余，彩号、妇女千余；先念、世才[④]率一路，为三十军主力，约五个营与直属队。

　　（二）据谍息，树声、占云所率之队，均已被马敌击散，详情不明。先念、世才所部为游击纵队，现已脱离敌人，深入祁连山中，露营雪山，无粮食，仅觅食一些牛、羊肉充饥，甚困难。但我们决不灰心，坚决执行中央指

"新兵营"旧址。

示，在自主、独立与依靠自己的路线上克服任何困难，求得最后胜利。

　　（三）徐、陈[⑤]所属部队由先念、世才、黄超、李特、传六、国炳、卓然[⑥]等组织工作委员会，现随游击纵队行动。

---

　　①　选自《李先念同志关于编写红四方面军战史和革命回忆录问题的谈话要点》，《中共党史研究》2009年第四期。

　　②　马，即马步芳和马步青。马家军阀部队是西路军西进的主要敌人。

　　③　原电文这里为张荣，有误。占云，即毕占云，时任西路军第五军参谋长。

　　④　世才，即程世才。原任西路军第三十军军长，时任西路军余部一个支队的负责人之一。

　　⑤　徐、陈，即徐向前、陈昌浩。

　　⑥　黄超，时任西路军第五军政治委员。李特，时任西路军参谋长。传六，即曾传六，时任西路军政治保卫局局长。国炳，即熊国炳，时任西路军军政委员会委员。卓然，即李卓然，时任西路军政治部主任，当时负责西路军工作委员会的政治领导工作。

（四）我们今日已到青海之巡堡以北约三日行程处，明晨决继续设法越过祁连山西面，相机到敦煌。惟沿途找不到向导，只能用指北针前进。请常给我们指示及情报，最好能由援西军出一部，威胁与吸引马敌而便我西进。

四月七日的电报

（一）我们率九百余人及长短枪六百余支已到肃州①西南山中，再经南山越祁岭正峰，约半月可到敦煌。

（二）途中（未）曾遇马敌。估计肃州敌于最近即可发觉我们，原拟到安西已不可能，决相机抢占敦煌。近二十日来，均在老林大风雪中零下十余（摄氏）度露营，缺柴火，烧牛屎；吃牛、羊肉，又缺盐；冻病死者、落伍者及外逃现象无日无之。

（三）祁连山脉中只有稀少游牧民，住帐篷，我无法游击。估计现有力量如无外援，决难在敦煌立足。因人员饥疲至极，武器弹药亦太少，以及地形与敌骑的限制，实无再与较强敌人作战的可能。我们慎重考虑前途，只有在敦煌稍休整，迅速经新疆到远方②学习，培养大批干部。请转呈中央，速向国际③及新疆交涉。时机迫切，请速复示。

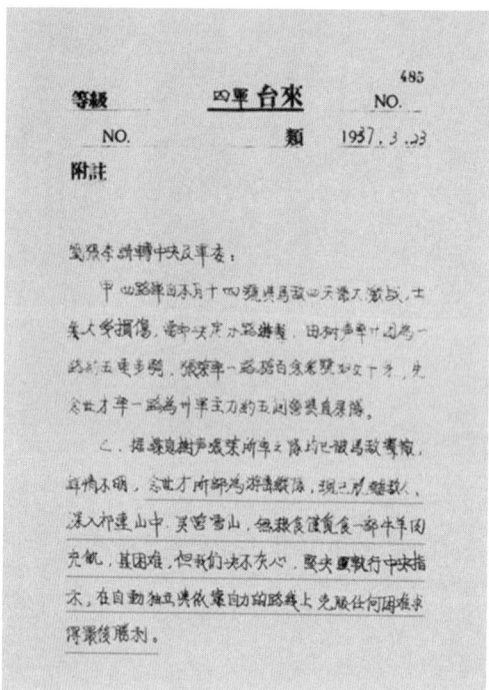

一九三七年三月二十三日，李先念同李卓然等以西路军工作委员会名义致援西军司令员刘伯承等转中共中央和中革军委的电报。

---

① 肃州，旧州名，治所在今甘肃酒泉。
② 远方，指共产国际，总部设在苏联莫斯科。
③ 国际，指共产国际。

四月十六日的电报

（一）我们今十六日到石包城，距安西两站半路，距敦煌四站。

（二）为争取先机，我们遂改向安西前进。到安西后稍作休整，即向星星峡进。请设法与新疆交涉并电请远方派人到星星峡接我们，最好由汽车带粮到该地。

（三）我们全部只八百五十人，困疲至极，急需待机休整。

（四）特急！请即复昨日电。你们是否收到我们万万火急报？[①]

附二：李先念谈西路军失败的原因

西路军自始至终都在中央军委领导之下，重要军事行动也是中央军委指示或经中央军委同意的。因此，西路军的问题同张国焘一九三五年九月擅自命令四方面军南下的问题性质不同。西路军根据中央指示在河西走廊创立根据地和打通苏联，不能说是执行的张国焘路线。问题的复杂性在于西路军为什么失败了？从西路军的战斗历程看，失败的原因应该说是多方面的。现在回想起来，宁夏战役计划放弃后，如果西路军急速西进，直插到肃州、玉门、安西地区，就可以保存部队的有生力量。如果又能得到苏联的援助，部队有了大炮和充足的枪支弹药，那么至少有可能再打回东边。但是，由于国际国内形势的急剧变化，在河西走廊徘徊了三个多月，丧失了战机。从国际关系看，当时苏联想拉住蒋介石政府和英、美一起反法西斯，公开援助我们有顾虑。从国内形势看，我红军主力在河东与蒋介石军队作战，以及西安事变后可能再爆发内战，需要西路军在战略上予以配合。因此，中央要求西路军在河西走廊创立根据地，并几次考虑是否继续西进或东返。西路军自己在当时情况下直接西进也有顾虑。指导思想上的这种多变是由于形势的变化造成的，是可以理解的。但行动方针摇摆不定，却犯了兵家大忌。

在河西走廊创立根据地，条件也极其不利。最主要的，一是这一带地区狭小，不利我重兵回旋，而且堡寨很多，城坚难破。二是历史上形成的回汉矛盾尖锐，"二马"反动势力控制很严，过去没有党的基

---

① 　以上内容选自《李先念文选》，人民出版社1989年版，第3—5页。

础，我们要在短期内把群众争取过来很困难。三是马家骑兵部队机动性很大，我们过去又没有同骑兵作战的经验。四是经济落后，红军取得给养也很困难。可以说，仅仅靠西路军本身的力量，要在这么一个长达近二千里的狭长地带，消灭"二马"主力，创立根据地，西面接通新疆，东面接通河东，是艰难的。

从西路军本身来看，虽然提出过一些可行主张，但也有许多弱点。当时张国焘虽然不在西路军，但他的错误还没有批判，更谈不上消除他的错误影响。西路军领导开始对在河西走廊创立根据地的困难和敌人的力量估计不足。到临高地区以前，总讲形势太好，敌人已被我基本击溃。徐向前同志不同意这种估计，但是陈昌浩同志听不进去，严重轻敌。有时兵力的使用也过于分散，有的战役也没有打好。这些对西路军的失败也有关系。

西路军虽然失败了，但广大指导员在党中央和中央军委的领导下，为完成中央交给的任务，在极其艰难的条件下，进行了顽强战斗，成千上万的同志为革命献出了宝贵的生命。过去中央只批判张国焘和批评陈昌浩同志，不仅没有追究其他同志的责任，而且还充分肯定西路军广大指挥员的英勇奋战精神，这是很正确的。但是，有些文章、著作、讲话和文件，对西路军的历史评述不当，如张国焘擅自命令组成西路军和西渡黄河，西路军是在张国焘错误路线驱使下向新疆方向前进的，西路军是张国焘路线的牺牲品，等等。这些说法，可能是由于没有占有大量史料等原因造成的，是可以理解的。我自己四十多年来对有些情况也确实不清楚。现在，许多情况比较清楚了，就应该按照历史事实改过来。这样做，更有利于团结①。

附三：毛泽东对李先念的评价

李先念这个人比较正派，比较好。在黄河西边，部队被打散了，李先念同志他一不脱军装，二不当俘虏，带几百人到了新疆②。

---

① 以上内容选自《建国以来李先念文稿》第四册，中央文献出版社 2011 年版，第 239—241 页。
② 选自毛泽东谈话内容追记稿，1971 年 8 月 16 日、17 日、27 日和 28 日，中共中央办公厅 1971 年 10 月 12 日印发。参见《李先念年谱》第五卷，中央文献出版社 2011 年版，第 140 页。

附四：徐向前对李先念的评价

先念同志受命于危难之时，处变不惊，为党保存了一批战斗骨干，这是很了不起的[①]。

[①]　选自王震：《李先念与中原定围》，《人民日报》1992 年 7 月 26 日。

第五章　奋战鄂豫边区[①]　创建新四军第五师

一、在延安学习

西安事变，不仅推动了抗日统一战线的建立，而且挽救了红军。当时陕甘宁周围是蒋介石的大军压境，如果不是张学良搞西安事变，实现统一战线，一致对外，后果是不堪设想的。我们很可能被打垮，革命又要走向低潮[②]。

许世友在抗大，每次多领几盒烟，一到星期天就请我去，给我抽，或是到街上吃一顿[③]。

抗战初期，在延安时，将红军改编为八路军、新四军。组织上分配了我

一九三七年七月七日，全民族抗日战争爆发。同年底，李先念从新疆回到延安。随后在抗日军政大学、马列学院学习。图为李先念（左五）、郭述申（左三）等在延安合影。

---

①　关于边区的名称，历史资料上"豫鄂边区""鄂豫边区"经常通用。如《李先念文选》中，1941年12月以前的文章称"豫鄂边区"，此后称"鄂豫边区"。

②　选自《李先念年谱》第六卷，中央文献出版社2011年版，第516页。

③　选自李先念谈话记录，1982年11月17日。参见《李先念传（1909—1949）》，中央文献出版社2009年版，第289页。

的工作，只是叫我到八路军一个部队当营长，我接到通知后没有说二话。后来毛主席知道了这件事，讲这不公道，太不公道了。毛主席说，李先念在红军长征时就是军政委，以后又把西征部队从河西走廊带回来，是立了大功的。怎么能够这样安排呢？于是毛主席就找我谈了一次话。毛主席问：要你到八路军中去当营长，你有什么想法？我回答说：只要是干革命，当班长、当战士、当伙夫，我也愿意干。我们一起参加革命的同志牺牲了那么多，我们还有什么值得计较职务高低的呢？毛主席说，你讲的有志气，有风格。毛主席问：高敬亭①这个人你认识吗？我回答说：不仅认识，还很熟。毛主席说：这样吧，你到他那里去当参谋长怎么样？我表示听从主席的安排。他又问我，你能不能和高敬亭共好事？我回答说，我和高敬亭同志的关系不错，谈得来，合作共事是可以搞好的。结果，毛主席派一支部队送我去大别山，走到中途，中央来了电报，要我到河南省委去当军事部长②。

附一：胡奇才③的回忆

一九三八年初，我到延安抗日军政大学学习，突然碰到了先念同志，他当时也来抗大学习。当我们两双手紧紧握在一起，看到彼此都还活着的时候，别提心里有多高兴。课余饭后，我们时常一起在延河边散步、聊天。我从别人那里了解到，西路军失败后，他率剩下的千余人，翻越冰雪不化的祁连山，穿过荒无人烟的戈壁滩，忍饥挨冻，万般艰辛。后在陈云同志的接应下到达新疆，靠着对革命事业的坚贞和忠诚，他硬是在极端险恶的形势下，为我们党保存了一批重要骨干。我为他的这种不屈不挠、义无反顾的精神而感动，也为他吃尽苦头而不安。可与他聊天时每当谈及此，他都不以为然地一笑了之。那轻松的表情，好像从来没有过这段艰难经历似的，这反倒使我更增添了对他的敬意④。

---

① 高敬亭，时任新四军第四支队司令员。
② 选自《李先念年谱》第六卷，中央文献出版社2011年版，第515—516页；《李先念传（1909—1949）》，中央文献出版社2009年版，第295页。
③ 胡奇才，原中国人民解放军工程兵副司令员，1955年被授予中将军衔。
④ 选自胡奇才：《不尽的哀思——深切怀念李先念主席》，《解放军报》1992年8月18日。

附二：曾彦修①的回忆

我与李先念在同一党小组，在一起过组织生活，也是住同一窑洞。我记得当时我们小组有：李先念、孙纪明、尹达、李友桐、苏毅然、曾彦修、康文彬等同志。当时，晚上自修，我们大家围着一个桌子面对面坐着，在学习时，我们之间互不打听各自过去的情况。李先念在组内的同学中显得很稳重，不多说话，但学习特别用功。在我们组内，学习最刻苦的，就算李先念和孙纪明，孙纪明特别重视中国近现代史，李先念特别用功夫于哲学②。

二、创建新四军第五师

背景：一九三八年党的六届六中全会后，李先念受党中央重托，前往战略地位十分重要的中原地区，开始创建豫鄂边区抗日根据地。他坚决执行抗日民族统一战线中的独立自主原则，鲜明树起新四军的旗帜，统一整编零散的武装力量，先后组建新四军豫鄂独立游击支队、豫鄂挺进纵队和第五师，大力开展敌后游击战争。

五师创建和发展的历史背景是，日本帝国主义妄图吞并中国，中华民族处在生死存亡的紧要关头，民族矛盾成了主要矛盾，阶级矛盾降为次要矛盾，全民族的抗日高潮正在向前发展。这个时期，党中央和毛主席制定了正确的路线，确定了抗日民族统一战线的政策和抗日游击战争的战略战术。根据中央的指示，八路军三大主力在华北地区逐渐向敌后实行战略展开，配合地方党组织，放手发动群众，创建抗日根据地。新四军也深入大江南北敌后，创建根据地。这种形势，对我党在中原地区发展抗日武装力量和创建根据地，是非常有利的。但是抗战初期，王明到武汉，领导长江局工作，犯了右倾机会主义错误，没有执行党中央的正确路线，没有充分利用武汉沦陷前的宝贵时间把工作重点放在农村，没有准备开展武汉外围敌后游击战争和建立根据地。党的六届

---

① 曾彦修，曾任人民出版社社长。

② 选自曾彦修来信，1996年10月24日。参见《李先念传（1909—1949）》，中央文献出版社2009年版，第292—293页。

六中全会从政治上和组织上纠正了王明的错误。这次全会后，党中央派我们到鄂豫边区，就是要我们按照党中央的路线，在这个具有重要战略意义的中原地区，发动群众，开展游击战争，建立起抗日根据地。鄂豫边区党组织和部队坚决执行了中央路线，认真消除王明右倾机会主义错误的影响，终于取得了重大胜利。

鄂豫边区是中日两军相持的前线。日军对城市和交通沿线控制很严，对广大农村控制就差一点。我们到敌后农村开展游击战争，建立根据地，不仅能有力地打击日伪军，而且顽固派要搞我们也不容易。如果我们在国民党统治区发展，必然要同他们闹矛盾，影响两党合作抗日，人民也不愿意，而且搞不好有被顽固派消灭的危险。因此，要不要深入到敌后去开展抗日游击战争和建立根据地，这是我们党领导的抗日力量能否生存和发展的关键。王明的右倾机会主义错误，很重要的一条，就是留恋国民党统治区，不愿到敌后去开展抗日游击战争和建立根据地。

一九三八年十一月，李先念受中共中央和中原局委派，从延安奔赴中原，开展敌后抗日游击战争，并于十二月底到达中原局所在地河南确山竹沟。图为李先念（左四）与郭述申（左三）等在竹沟合影。

一九三九年一月，中共中央中原局派我和周志坚等同志率领一百多人的新四军独立游击大队，从竹沟出发，向豫鄂边敌后挺进。不久，陈少敏、朱理治和任质斌等同志也先后率领部队从竹沟出发南下，同我们会合在一起。我们到了敌后，确实发展很快。这当然同这个地区原来党的工作有一定的基础有关。还在徐州沦陷、武汉危急时，根据党中央、毛主席和周恩来、董必武、叶剑英等同志的指示，中共河南、湖北省委就曾派了一批干部到豫南、鄂中、鄂东等地，组织抗日武装力量，准备开展游击战争。在这个问题上，周恩来、董必武、叶剑英等同志是抵制了王明的错误的。我们南下同豫南等地的武装力量先后会合，根据中央的战略方针，说服动员一些同志坚持敌后或转到敌后去开展游击战争，建立根据地。我们到信阳敌后地区的四望山，同危拱之、刘子厚、文敏生、王海山同志领导的队伍会合时，要他们坚定不移地在豫南敌后开展游击战争和建立根据地。我们到京汉铁路东面大别山地区的狮子口，同罗厚福、贺建华等同志领导的六大队会合时，听说张体学、刘西尧等同志领导的五大队和李丰平、郑重等同志领导的八大队还在国民党统治区活动，就立即让贺建华同志想办法告诉他们转到敌后去，不然有被消灭的危险。我的意见不知转达到了没有。五大队原来叫鄂东抗日游击挺进队，他们对国民党顽固派是有警惕的。一九三八年十二月，鄂豫皖区党委为了使这支部队取得合法名义，以便解决给养问题，经过同桂军谈判，才改称为二十一集团军独立游击第五大队，防区在麻城的夏家山一带，和国民党军队的防区挨着。一九三九年九月，正当五大队准备转移时，国民党顽固派制造反共磨擦，命令部队向夏家山等地发动进攻，致使五大队和地方党组织及群众遭到一些损失。五大队在夏家山事件发生后，迅速转移到敌后，发展很快。八大队由于各种原因，没有及时转移，结果几乎全部被国民党顽固派消灭。我们到敌后孝感中和乡地区，原红四方面军伤残干部许金彪同志在那里组织了五百人枪的队伍，诚恳表示听从党的指挥。到应山，杨焕民同志带领一支队伍也找到了我们。经过一段时期的工作，我们就把几支分散的小股部队，汇集成为一支集中统一领导下的部队，并成立了鄂豫边地区的第一个主力团——新四军挺进团。

我和周志坚同志率领的这支队伍，从竹沟出发就用的是新四军的番号，挺进到鄂豫边区更坚定不移地树起了新四军的旗帜，宣传我们是共产党领导的人民抗日武装。在这以前，这个地区的党组织搞起了几支武装力量，为了取得"合法"名义，除六大队外，都还没有打出我们党所领导的新四军的旗帜。一九三九年春，我们挺进到鄂中，同陶铸、杨学诚、许子威、蔡松荣、郑绍文等同志领导的抗日武装会合了。陶铸同志在武汉沦陷前，就到了鄂中，在应城汤池创办农村合作人员训练班，利用这一公开形式，培养了一些抗日骨干。武

一九三九年初，李先念率新四军豫鄂独立游击大队从竹沟南下，在豫鄂边区
开展敌后游击战争。图为独立游击大队一部在雪地行军。

汉沦陷后，他和杨学诚等同志组织了一支抗日武装，发动游击战争。我们到鄂
中不久，陈少敏同志从竹沟带一些干部和二百余战士也来到了安陆的赵家棚。
一九三九年六月间，我们在京山的养马畈开了一次会议，这次会议分析了边区
的抗日形势，研究了如何创立一支由党直接领导的主力部队，进一步贯彻党的
独立自主的方针，以及公开树起新四军旗帜的问题。经过认真反复讨论，大家
统一了认识，决定取消利用国民党或其他势力的部队番号，统一和整编豫南和
鄂中两地党组织所领导的抗日武装力量，成立了新四军独立游击支队，高举起
我们党领导的抗日武装的旗帜，解决了我们在抗日民族统一战线中坚持独立自
主原则的问题。陶铸同志没有能参加这次会议。杨学诚同志在会上所起的作用
要加以肯定。这次会议，对五师和边区的创建与发展，具有非常重要的意义[①]。

　　确山地处中原，战略地位非常重要。从第一次国内革命战争开始，许多同
志就在这里坚持长期斗争，有光荣的革命斗争历史和革命传统。尤其是在抗
日战争爆发前后，这里的党组织，在党中央和毛泽东同志的关怀和指导下，以
竹沟为中心，积极发动群众，组织武装力量，准备开展抗日游击战争，成为我
党在中原地区发展的一个重要阵地和战略支撑点。一九三八年党的六届六中全
会后，我随刘少奇同志来到新成立的中共中原局所在地——竹沟。在这里住的

---

　　① 　以上内容选自李先念关于编写新四军五师战史和鄂豫边区革命史的谈话，1982 年、1983 年。参
见《李先念文选》，人民出版社 1989 年版，第 435—436、439—442 页。

李先念（前排左四）与陶铸（前排左三）等在豫鄂边区。

时间虽然不长，但给我留下的印象却非常深刻。每当我回忆起豫鄂边区的斗争历史，就首先想到竹沟，想到在这里一起战斗过的同志们和当地群众。以刘少奇同志为书记的中原局，坚决贯彻执行了党中央和毛泽东同志的正确路线、方针和政策，高举抗日民族统一战线的旗帜，坚持独立自主的原则，放手发动群众，壮大自己力量，大力开展敌后游击战争，很快打开了河南、湖北、安徽地区敌后抗日斗争的新局面。竹沟又是新四军成长壮大的一个重要基地。新四军二师的一部、四师和五师的基干部队都是从这里出发，汇合各地党所领导的武装力量而发展起来的，并和兄弟部队一样，成为坚持华中抗日斗争的主力部队，对夺取抗日战争和后来的解放战争的胜利作出了应有的贡献。在确山战斗过的许多革命先烈，为了中国人民的解放事业和共产主义理想的实现，前仆后继、英勇奋斗，献出了自己的宝贵生命，他们值得我们永远怀念[①]。

在竹沟工作过的还有朱理治、陈少敏、彭雪枫、王国华等同志[②]。

坚持独立自主的原则，就要冲破国民党当局的种种限制，同它的防共、限共、反共的政策作各种形式的斗争。不能什么事情都要通过国民党，不能它让干什么才去干什么，不让干就不敢去干。总之，不能束缚自己的手脚。我到鄂

---

① 选自李先念：《抗战时期的竹沟》，《人民日报》1985年4月6日。

② 选自李先念关于编写新四军五师战史和鄂豫边区革命史的谈话，1982年、1983年。参见《李先念文选》，人民出版社1989年版，第447页。

豫边不久，就看到了国民党中央颁发的《限制异党活动办法》。我们不理它那一套，放手发展自己的抗日力量，壮大自己的部队，深入发动群众，巩固扩大自己的根据地。当国民党军队向我们发动进攻时，我们一方面公开提出强烈抗议，揭露顽固派的罪行，教育人民和部队；另一方面随时进行自卫战争，坚决打击那些专门吃磨擦饭的家伙。我们的这些做法，毛泽东同志在一九四〇年给东南局的指示，即《放手发展抗日力量，抵抗反共顽固派的进攻》一文中，给了充分肯定。

一九三九年十一月"竹沟惨案"发生后，国民党顽固派的反共气焰日益嚣张。在这之前，根据党中央和刘少奇同志的指示，朱理治、任质斌同志已率部队和大部分干部六百余人撤离竹沟来到四望山，同我和陈少敏等同志一起，召开了豫南、鄂中、鄂东的党和部队的高级干部会议，讨论边区党和军队的统一领导与指挥问题。当时，我们同日、伪、顽分割包围和反包围的斗争很激烈，党的各种力量如果不统一领导，协力战斗，就有被敌人各个击破和消灭的危险，所以统一边区党和军队的领导就成为十分迫切的任务。四望山会议根据中原局和刘少奇同志的指示，经过充分讨论，决定建立新的鄂豫边区党委，统一管理原豫鄂边区党委、鄂中区党委和鄂豫皖省委鄂东地委的党的工作。由陈少敏同志任代理书记。同时将这三个地区的抗日武装力量统一起来，整编为新四军豫鄂挺进纵队，建立了纵队党的最高领导机构——纵队委员会，由朱理治

一九四〇年春，李先念（前排左三）与朱理治（前排左一）、陈少敏（前排左二）、郑绍文（后排左一）、刘少卿（后排左二）在湖北京山。

一九四〇年初，新四军豫鄂挺进纵队成立，李先念任司令员。图为李先念（左一）率豫鄂挺进纵队进入鄂中地区。

同志任纵队政治委员兼纵队委员会书记，我任纵队司令员，刘少卿同志任参谋长，任质斌同志任政治部主任（不久，朱理治同志回延安，由任质斌同志代理政委和书记职务）。至此，鄂豫边区的党组织和部队实现了全面统一[1]。

当时[2]的情况非常危险，子弹从身边和裤裆里穿过，我差点儿去见马克思！[3]

一九四〇年八月一日，我们在白兆山召开了一次军政干部大会。会议的内容主要是从思想上解决个别领导干部的分散主义和违反纪律的错误倾向。我在会议上作了长篇讲话，从总结部队作战的经验教训中，说明部队集中统一领导和指挥的重要意义，并对不服从统一领导和指挥的个别同志进行了批评。经过这次会议，从思想上和组织上进一步加强了边区党对军队的领导。

一九四一年一月皖南事变后，党中央发布命令：陈毅同志任新四军代军长，刘少奇同志任政治委员，新四军部队整编为七个师。豫鄂挺进纵队奉命整

---

[1] 以上内容选自李先念关于编写新四军五师战史和鄂豫边区革命史的谈话，1982年、1983年。参见《李先念文选》，人民出版社1989年版，第442—443页。

[2] 四望山会议后，朱理治、李先念等离开四望山，抵京山马家冲，筹备召开中共豫鄂边区委员会第一次会议，并商讨部队整编的具体事宜。1939年12月5日凌晨，马家冲突遭日军"扫荡"。李先念率部进行了马家冲反"扫荡"战。

[3] 选自《李先念传（1909—1949）》，中央文献出版社2009年版，第334页。

编为新四军第五师，任命我为师长兼政委。
六月间，五师在白兆山召开了全师政治工作
会议，强调要继承和发扬红军的光荣传统，
切实做好部队的政治思想工作，建立和健
全政治工作制度，加强部队正规化建设。这
样，新四军第五师就成为一支驰骋中原敌后
战场的很有战斗力的部队了①。

附一：李先念对豫鄂边区抗日游击战争的总结（一九四〇年十月）

三年多来，中国共产党领导下的八
路军、新四军以对民族解放事业的无限
忠诚，为保卫中国领土和中华民族，团
结各抗日党派和抗日武装，紧紧依靠广
大人民群众，与日寇进行殊死搏斗，使

一九四一年一月，中央军委决定重新组建新四军军部，豫鄂挺进纵队整编为新四军第五师。随后，李先念任新四军第五师师长兼政治委员。

日本帝国主义遭受了巨大的消耗和打击。我党我军的艰苦奋斗，壮烈牺
牲，英勇顽强，忠贞卓绝，在世界殖民地半殖民地解放斗争史上，写下
了光荣的一页。

我们这支部队，遵循党中央的英明决策，在武汉沦陷以后，以一支
细小而有力的基干武装，深入敌后，不顾一切艰难险阻，发动抗日游击
战争，组建了新四军豫鄂挺进纵队，建立了根据地。

当我们这支细小的基干力量突进到豫鄂边的时候，抗战形势处在敌
进我退的状态。日寇为了确保武汉占领地，在武汉外围数百里构筑了许
多据点，在平汉铁路与公路两侧之交通要道增兵，同时积极组织伪军、
伪政权，企图用"以华制华"的方法来扩展和巩固武汉外围的占领区。
一时，汉奸、流氓、土匪、伪军蜂拥而起，把这个地区弄成一个极其混
乱的黑暗地狱。

在当时残酷恐怖的情况下，广大贫苦同胞只好在家里等待着凄惨局

---

① 以上内容选自李先念关于编写新四军五师战史和鄂豫边区革命史的谈话，1982年、1983年。参
见《李先念文选》，人民出版社1989年版，第443页。

面的到来。这时，只有为数极少的共产党员在豫南、鄂中、鄂东、鄂南等地发动抗日游击战争，很少有其他部队和我们配合抗战。地理条件更是恶劣，平汉铁路与公路网贯串着我们的活动地区，敌人水陆交通均极便利，给游击战争的发展以很大的限制。我们的武装每到一地，附近各据点和公路线上的敌寇便立刻出动，进行"搜剿"，妄图将我们扑灭。同时，还有反共投降派的活动。当时我们所处的环境确实是很险恶的。但是，我们依靠全党全军同志发扬团结进步、艰苦奋斗的精神，依靠当地抗日群众的支持，一步一步地实现着党中央给我们的指示和号召。

我们在从豫南向鄂中挺进的征途上，汇合了信阳地区由危拱之、刘子厚、文敏生、王海山等同志组织的武装，还有罗厚福同志以二十八条枪（新四军四支队七里坪留守处的警卫队）为基础扩大起来的武装，平汉线上许金彪同志以一条枪为本钱创立起来的武装，鄂中陶铸、杨学诚等同志领导的以蔡松荣同志八条枪起义而发展起来的武装，和许子威等同志领导的武装，还汇合了张体学、刘西尧、杨焕民、郑绍文等同志领导的武装。所有这些，成为以后发展、坚持豫鄂边抗日游击战争的基础力量。

过去一年多，我们与日寇、伪军及反共顽固派进行过无数次的残酷战斗。我们倍（备）尝着饥寒交迫之苦，然而我们也经常欣赏着以自己牺牲换来的巨大战果，更经常因广大群众的热烈支持和亲切慰问而感到无限愉快。

我们挺进敌后以来的发展可分为两个时期。

第一个时期，一九三九年十一月部队根据四望山会议决定整编以前。那时，我们的力量还不够强大，部队极为分散，联络不密，战斗指挥也未能统一，但各部都能够坚决执行反对投降、坚持团结抗战的方针。事实证明，只有在日伪面前毫不畏惧，积极行动，才能使自己巩固与扩大，扩展共产党和新四军的政治影响，从而提高民众的抗日情绪和信心。在这个时期，我们进行了无数次英勇壮烈的战斗。

开头一仗，即一九三九年二月初应山余家店之役。周志坚同志率领两个中队增援国民党广西军，竟陷入孤军苦斗，坚持了十二个小时，终于将二百余日寇击退，并毙敌二十余人。

四月下旬，我们攻进云梦城。勇敢坚定的蔡松荣、徐休祥同志及应城的孙县长都是当时英勇爬城的抗日英雄。攻克云梦的胜利消息立刻轰动了鄂中。因为在豫鄂边，这是中国军队第一次攻克沦陷的县城。接着击溃伪军李汉鹏部，并展开了罗山朱堂店之战，将三四百日寇包围痛击。许金彪同志指挥的团山战斗（平汉路附近），又击溃伪军刘梅溪、刘亚卿、金龙章部。襄（樊）花（园）路上的伏击战，击毁敌汽车五辆。赵家棚三天三夜"捉迷藏"式的战斗，是一场艰巨的反"扫荡"斗争。在应城和蔡甸（汉口西北五十余里处），我军以迅猛的攻势，先后将伪军九十二师和李又唐部的七个支队全部击溃。

之后，在连续不断的战斗中，给鄂中人民影响最深的是京山县新街战斗。一九三九年十月十三日，日寇、伪军共三四百名，向我驻新街的部队进攻。我军经一整天激烈英勇的战斗，将其击溃，敌死尸未及搬走者达二十余具。这是日寇在鄂中第一次惨败，汉奸、伪军也闻之战栗。鄂中人民至今还兴奋而热烈地传颂着这一胜利。这一仗大大提高了民众抗日情绪。大洪山中的友军报纸，用特大号字，登载我们这个胜利的消息。

此外，尚有无数次较小的战斗，不及一一叙述。

经过这些战斗，人民抗战的信心增强了，我们党的政治影响扩大了，我们的部队迅速壮大起来了，我们的战斗经验也丰富了，而且把某些动摇不定的两面分子争取过来了。从此，豫鄂边的抗日游击战争便奠定了初步的基础。

对伪军工作的方针，主要是从政治上争取，辅之以军事力量的打击，以军事、政治力量的灵活运用，来促成伪军的瓦解。我们认为，伪军中愿为日寇效力，甘心事敌者，只是小部分，大多数还不是甘心愿作汉奸的。我们实行这个方针，收得了很大的效果。应城伪军被我们瓦解了，孝感伪军一部分反正了。

在政治上，不论在任何环境之下，我们都坚持争取和各党、各派、各阶层、各抗日军队团结抗日的方针。在这个方针之下，许多积极的抗日分子与开明士绅，如信阳县长李德纯先生，应城县长孙耀华先生等，都乐于和我们合作。在武装力量方面，如安陆杨弼卿先生，应城抗日国民自卫队，汉川、汉阳的自卫队，以及安陆一部分地方部队等，都曾与我们在战场上携手杀敌。我们对某些反共的地方政府，也是仁至义尽、舌敝唇焦地劝告他们，说服他们，并在日寇进攻他们时给以军事上的援助。总之，我们对于一切抗日友军，都是以最坦白、最诚恳、最亲切的态度去团结他们，帮助他们。对于反共的顽固分子，我们首先是劝告和说服，实在无效时才被迫自卫。这是众所周知的铁的事实。

这个时期，我们在进行武装斗争，开展统一战线工作，发动和教育民众抗日的基础上，积极摧毁伪组织、伪政权，建立抗日民主政权。这个政权绝对不是共产党自己包办的，它是各党派合作的抗日政权，是符合抗日统一战线原则的政权。这也是有目共见、有耳共闻的事实。

第二个时期，一九三九年十一月部队整编以后。这时豫南、鄂中、鄂东党的组织及其武装实现了统一领导和指挥，我们的一切工作都走上了新的发展阶段。

这中间，国内政治形势发生变化，国民党掀起反共高潮。在此情况下，我们遵循党的抗日、团结、进步的方针，加强各方面的工作，部队日益强大，消灭了大量的伪军，对日军作战的战役规模也扩大了。日寇不敢再以小部队离开据点活动，开始对我们集中"扫荡"，加上反共顽固派的武装袭扰，我们的处境更加艰苦了。

在反"扫荡"斗争中，我们采取了灵活的作战方针。对大股日寇的"扫荡"，我们化整为零，分散游击，以削弱日寇的优势。对小股日寇的"扫荡"，我们化零为整，集中兵力，予以消灭。由于部队能够散得开，又能够收得拢，所以在反"扫荡"斗争中，我们不仅有效地保存了自己，而且打了不少漂亮仗。

部队整编不久，就开始了有名的京山县马家冲战斗。日寇集中附近各据点兵力一千五百名以上，炮四门，飞机一架，分五路围攻马家冲我军指挥机关。当时我们的工作人员与战斗部队不足二百人。经过一天英勇抵抗，日寇死伤七八十名，我胜利突围，只伤数十人。

今年元旦，我们配合五战区冬季反攻，在襄（樊）花（园）路上与敌骑兵三四百人进行战斗，敌死伤上百。接着，又截击了由皂市开向宋河的敌寇援兵五六百人。当日寇进攻平汉路东的桂军时，我部闻讯前往援救，与敌遭遇于柳林东十五里的灵山冲，展开激烈的战斗，敌分四路进攻，都被我军打得狼狈奔逃。还有汉阳侏儒山战斗，我与汪步青伪军激战半日，攻占其街道及几个重要山头，毙其一百余。这一仗声震江汉，威迫日寇在武汉戒严三天。

正当敌寇大举西犯，襄樊告急之际，我们又开始了具有重大战略配合作用、牵制敌寇西犯的激烈战斗。五月上旬，我军进攻马坪，爬寨而入，活捉维持会长等人，缴获很多军用品。五月下旬的王家店战斗，痛击侵入南新街的敌寇，并将增援之敌击退。还有我三次进攻信阳鸡公新店，使这个武胜关下的交通要点，几乎变成了供应我们物资的仓库。

我们还瓦解了盘踞花园的一部分伪军。最近，在爱国人士杨经曲先生的影响和推动下，伪军汪步青部所属一千五百余人高举义旗，参加我新四军。这是震动豫鄂边的壮举。

把这两个时期的工作成绩归纳起来是，我新四军豫鄂边部队在短短一年多的时间内，由小到大，从几支分散的游击队，发展为一万五千余人的主力游击兵团——豫鄂挺进纵队，从而确定了我党我军在中原地区的抗日中坚地位，给日寇以沉重的打击。

军事方面：大小战斗二百四十三次。击毙、杀伤、生俘敌寇二千四百余名、伪军八千四百余名，伪军反正二千六百五十名。缴获大小炮三十一门，各种枪六千余支。破坏公路一千八百七十里，桥梁九十余座，飞机两架，汽车十八辆，等等。

政治方面：（1）摧毁伪政权。现在这一地区，除日寇据点的伪政权外，所有广大乡村内的一切伪政权、伪组织都被我们摧毁了。（2）建立了各级抗日民主政权。在我们活动区域以内，各县、区、乡的抗日政权机构都建立起来了。一切苛捐杂税都取消了，减租减息也在某些地方开始实行。（3）切实执行孙中山先生的"唤起民众"的遗训，发动群众，帮助群众，组织抗日团体。目前在这个地区中，参加抗日团体的人数近十四万五千人。（4）建立豫鄂边的民众武装，组成了近十万人不脱离生产的自卫队。（5）破坏了敌人"以战养战"的政策。（6）开展了抗战教育工作。我们开办了几个训练班，已有三百八十七名学员毕业，同时组织了二百余个农村工作队，开展民运工作。经常离敌人据点只二三十里的随营军校，前后已经培养出八百多名抗日骨干，送到了前线。

我们所以能够获得以上成绩，是由于我们有党中央、毛主席的正确领导，坚持抗日游击战争，坚持抗日民族统一战线。豫鄂边广大人民的大力支持，则是斗争胜利的基础。许多友军和进步士绅，给了我们同情和帮助，这一点也是重要的。

这些成绩的取得，是我们豫鄂边区全体党员和全体指战员团结努力、艰苦奋斗、英勇作战的结果。我们许多优秀的干部、战士在各个战役中英勇壮烈地牺牲了，他们当中有团级干部两名，营级干部二十名，连排级干部五十六名，班长以下八百五十三名。战士牺牲者百分之七十为共产党员。还有两千多名干部、战士负了伤。他们的血是不会白流的，他们的名字将镌刻在中华民族解放斗争的史册上，人民将永远纪念他们。

一年多来，我们坚决打击敌伪，处处遵守抗日民族统一战线的方针。这一事实，谁也无法否认。但有些别具心肠、不顾民族大义的人，故意歪曲事实，无日不在造谣中伤、制造磨擦，到处散布"新四军破坏地方行政""游而不击"等谰言。事实告诉全国人民，我们的所作所为，无一不符合抗日救国的宗旨。在摧毁伪政权以后设立起来的抗日民主政权，都是各抗日派别、抗日士绅积极参加的。至于那种诬我们"占据地盘""扩充实力"的论调，更不值一驳。我们扩大抗日武装力量，收复失地，是符合全国人民要我们在敌后发展抗日游击战争的愿望的，是民族利益所在，是消灭日寇所必须。反对抗日力量的发展，无异于损害抗战，帮助敌人。

不管亲日派投降分子如何坚决反对我们，手段如何卑鄙毒辣，我们将始终坚持豫鄂边区的抗日游击战争，坚持抗战到最后胜利。同时，我们对一切企图制造内战、进攻新四军的反共顽固分子，必将进行严正的自卫斗争，坚决给予反击。

我们豫鄂边区的全体人民和全体指战员，是坚持团结抗战，反对一切投降、分裂行为的。我们希望友军、友党，在抗日的大前提下，与我们团结合作，枪口一致对准日本帝国主义，争取最后胜利[①]。

附二：李先念率新四军第五师全体将领就职通电（一九四一年四月五日）

本军叶、项军长率部万余人，于一月四日遵令从皖南北移，途中竟遭重庆当局之毒计，被顾祝同之七万大军包围聚歼，大部牺牲。

---

① 以上内容选自《李先念文选》，人民出版社 1989 年版，第 17—25 页。

我江南之新四军乃抗战卓著功勋之铁军。抗战何罪？遵令北移何罪？叶、项军长乃坚持国民革命之军长，举世闻名的抗日英雄。今竟被"一网打尽"，国法何在？军纪何在？

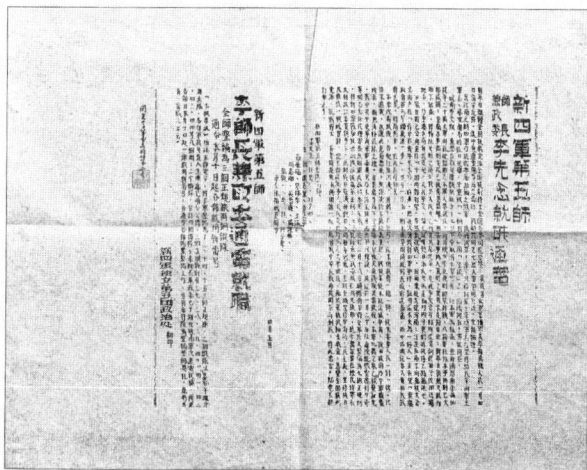

新四军第五师师长兼政治委员李先念的就职通电。

皖南事变后，重庆当局竟厚颜无耻，于一月十七日下令取消本军番号，诬本军为"叛逆"，并命汤恩伯、李品仙统率三十万大军，向苏皖豫鄂之我军大举进攻。与此同时，对我陕甘宁边区加紧封锁，八路军桂林办事处人员已大部被捕，重庆、西安办事处均被严密监视，《新华日报》被限制发行。特务机关已发令杀尽我大后方之共产党员。凡此事实，皆可证明所谓违背纲纪军令、使国法扫地者，乃重庆当局自我是也；皆可证明亲日派、反共派正向对内分裂、对外投降之路迈进也。

日寇目前已乘机大掠河南。汪逆在南京公开声称"蒋介石几年来未作一件好事，但此次消灭新四军事件，证明还不失为一好人"，并希望"重庆政府百尺竿头更进一步"。时局严重，不仅举国同胞对民族前途深感忧虑，中外舆论亦大责国民政府。

本军深处敌后，奔驰江淮河汉，抗战三载，从未领政府一枪一弹，从未拿人民一针一线，但功不邀赏，反遭此危局恶变。然造谣终不能掩盖真理，残杀亦绝不能消灭革命。抗日救国乃我军神圣职责，决不因皖南事变及反共投降派之大举进攻而退让！我中共中央革命军事委员会已于一月二十日任命陈毅、张云逸、刘少奇同志为新四军代理军长、副军长、政治委员，并于二十八日颁布命令，将全军扩大改编为七个正规师，豫鄂挺进纵队改编为第五师，李先念任师长兼政委。职统率万众，誓在陈代军长、刘政治委员领导下，坚持抗日民族统一战线方针，为讨伐日寇、汉奸、亲日派而奋战到底，并亟望全国抗战党派、抗战将士、各界同胞与本师团结一起，为解放中华民族而共同奋斗到底[①]。

三、正确执行党的统一战线政策

五师的迅速成长和鄂豫边区抗日游击战争的胜利开展，充分证明了党的抗日民族统一战线政策的正确。我们始终贯彻执行这一政策，坚持依靠群众和独立自主的原则，同时很注意团结各方面的抗日力量。我们对国民党各派势力，区别不同情况，运用不同方式进行争取和斗争，正确掌握党的策略，发展进步势力，争取中间势力，孤立顽固派。

我们和李范一、李相符、李德纯、孙耀华、蔡韬庵等为代表的进步人士实行了真诚合作。在我到鄂豫边区之前，信阳地区的党组织和信阳县县长李德纯合作，已共同组织了一支武装力量。蔡韬庵也有一支二百多人的队伍。李范一、李相符等人组织了第五战区豫鄂边区抗敌工作委员会，给了我们很多支持和帮助。孙耀华由豫鄂边区抗敌工作委员会委派当了应城县长，在建立应城抗日游击队的过程中，同我

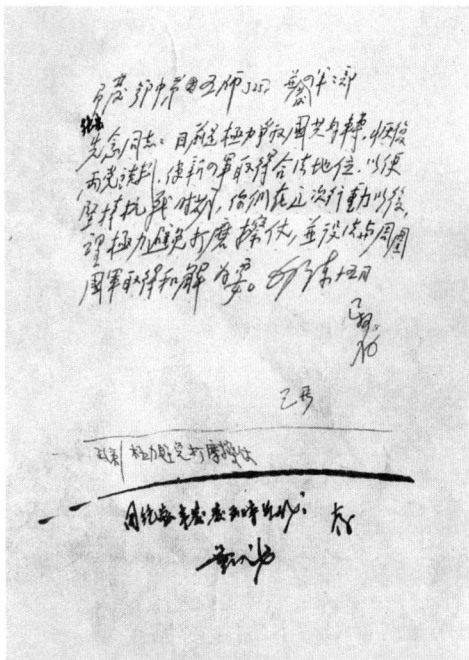

从一九四二年五月至十二月，国民党顽固派出动了总计十万之众，多次围攻"清剿"新四军五师部队。图为面对磨擦，一九四二年九月十五日，毛泽东致李先念电文手迹。

[①] 以上内容选自《李先念文选》，人民出版社 1989 年版，第 29—30 页。

们党进行了很好的合作。李德纯等人后来还加入了共产党。

我们积极争取西北军、川军、桂军合作抗日，友好相处。原西北军何基沣、张克侠的部队，从我军组建之日起，就通过个人关系和我们保持秘密联系，并在人员、装备、经济等方面给过我们一些援助。他们在被迫执行国民党当局的反共命令时，总是事先向我们打招呼，从未发生过真的武装冲突，有时还供给我们一些重要军事情报。川军孙震的部队虽然同我们搞过一些磨擦，也是出于迫不得已。他的部下有一位师长叫陈离（静珊），和我还是好朋友。我在他的师部住过好几天，他送给我们地图和一些枪支、弹药等。在当时来说，对我们的帮助是不小的。团结和合作都是相互的。当友军同日军作战时，我们也尽量给予帮助。例如，一九四○年五月，川军一二五师的一个团在安陆李家冲被日军包围了，我们主动驰援，使其得以安全突围。桂军是国民党军队留在大别山区的主力，抗战初期同我们的关系还可以，我们的一些党员和革命进步青年参加了第五战区抗敌工作委员会、文化工作委员会等组织，开展抗日救亡工作。但是，当第一次反共高潮到来时，桂军就开始同我们磨擦，打我们，杀我们的人。在抗日战争中期搞磨擦比较多，后期又稍好一点。就整个桂系来说，是我们团结的对象，但当他们一旦坚决执行国民党当局反共命令时，我们从自卫立场出发，也坚决予以还击。这就是又联合又斗争。

我们对湖北省第三行政专署（鄂中）专员石毓灵这样的国民党顽固派，则进行了针锋相对和恰如其分的斗争。我到鄂中时，曾见过石毓灵，他表面上装得很客气，但是对我党我军竭尽污蔑之能事，又搬出来共产党"杀人放火、共产共妻"那些陈词滥调。他还问我，知道不知道王鉴这个人，我说当然知道，他早在大革命时期就是黄安农民运动和农民武装的很有名的一位领导人。石毓灵说："那个人可厉害了，'天有王鉴，日月不明；地有王鉴，草木不生；人有王鉴，胆战心惊'。"对他的这种恶意攻击、诽谤和挑衅，当然要给予严厉驳斥。后来的几次反共高潮，他都积极参加了。安陆有一个国民党游击支队长杨弼卿，开始和我们合作抗日，后来受顽固派的拉拢和收买，同我们的矛盾尖锐起来，向我白兆山根据地进攻。因此我们决定打击他，一打就把他俘虏了。然后我们又客气地招待他。我说："我们是朋友，你太对不起人了，不该同我们作对！"说得他羞愧无言。临走时他要求给他几支手枪。我说你要枪，国民党顽固派会缴去的。他说不要紧。我们就给了他十五支手枪。不久，国民党顽固派果然把他的枪全部缴去了。我们的原则是，顽固派如果助敌反共，破坏抗日，就坚决消灭他们。对应城的李又唐就是这样。但在同顽固派作斗争时，注意有理、有利、有节，不把事情做绝，既显出我军的军威，又尽可能争取他们一致对外。

在鄂东地区对李九皋的统一战线工作和对程汝怀的斗争，也有很多生动的事例①。

附： 李先念、任质斌联名报发的有关尽量避免与国民党军武装冲突的电报（一九四〇年七月三日）

五月以来，我军已歼灭一部分来犯的反共顽军，扩大并巩固了在路西的抗日活动区域。这些行动，有利于根据地的发展，但亦引起某些友军的疑惧不安。因此，此后一段时间，如顽固派不加紧磨擦，各部应尽量避免与国民党军的武装冲突，将工作中心转到部队之整训与扩大，同时经常派出一部兵力，袭击在运动中或在据点中的日伪军。

必须加紧对友军的统战活动。要利用一切机会派代表或送信给附近的友军，用事实说明我们过去与某些顽军的冲突，乃是迫不得已的行动，以改善和建立友军与我们的关系，并争取友军敷衍其上级反共、反新四军命令的执行，共同配合对日伪军作战。

必须进行一个巩固对内和平团结的运动。地方组织及部队应将边区党委会最近所发的关于巩固团结的宣言，在地方民众和友军中进行广泛宣传，并动员地方士绅及其他中间分子到同我们有嫌隙的国民党军队及地方顽军中去呼吁团结。各地党组织及部队亦可单独发表宣言、写公开信及采取其他办法，要求当地的顽军捐弃成见。总之，我们要采取一切好的必要的方法，使和平团结的运动掌握在我们手中，以争取广大群众特别是中间分子团结在我们周围。

在以上工作的进行中，如遇顽军向我挑衅和进攻，我仍应尽量避免与之武装冲突，做到仁至义尽。如冲突实在不能避免，必须实行武装自卫时，亦须尽可能事前经过纵队军政委员会批准②。

---

① 以上内容选自李先念关于编写新四军五师战史和鄂豫边区革命史的谈话，1982 年、1983 年。参见《李先念文选》，人民出版社 1989 年版，第 436—438 页。

② 以上内容选自《李先念文选》，人民出版社 1989 年版，第 13—14 页。

四、加强政治建军

搞好部队的政治建军，与搞好部队的军事建设一样重要，如同一只鸟的两翼，缺一不可！只有把这两个方面搞好了，才能使自己永远立于不败之地，最终战胜一切凶恶的敌人①。

抗战初期，搞国共合作，国共两党有个协议，蒋介石要给我们发军饷。他先拿法币给我们，毛主席说法币我们不要，贬值快，过一段擦屁股也没人要，要发就发钢洋。结果一次就发了三十万大洋。钱发下来后，我们部队为争这个钱吵得一塌糊涂，都讲自己的部队人多要多分一点，以致影响了部队之间的团结。毛主席发现这一情况后，在延安召集高级干部会议，严肃批评了这种争钱夺利的情况。毛主席说，摆在我们面前有两条路：一条是将钱分光，各人回去做买卖，买田卖地，当个小地主，过快活日子，那么我们的党就要垮台，政权就交出来，那样我们就彻底脱离了群众。另一条路是不靠这三十万块钱，不指望它，靠自力更生，自己动手，丰衣足食，靠劳动来解决当前的困难。毛主席讲完话，大家不再争钱的多少了。第二年，何应钦就把这三十万大洋停发了，我们干部讲，幸好没有指望他。各个部队按毛主席讲的开展大生产运动，克服了当时的困难，夺取了抗战的胜利。在编写《毛泽东选集》时，我曾提议要把毛主席的这篇讲话编上去，结果有人不同意，将它删掉了，我至今觉得很可惜。②

五师中有些干部要求学习的精神的确是很弱的。他们不看书，不提高文化程度，不深入研究问题，不求上进。上级发的书，他不看，放在箱子里。这种人，我给他起个名字，叫做"保存马列主义者"。特别是有些军事指挥员和斗争历史比较长的老干部，满足于已有的斗争经验，妨碍了自己在政治上的开展。此一时也，彼一时也，革命斗争的方式不是永远不变的。往日所学习的东西，今天未必完全适用。不学习政治理论，就谈不上运用政治理论来指导自己的行动。

目前，在军事指挥员当中有一种观点，认为政治工作不好做，也不愿做，

① 选自《李先念传（1909—1949）》，中央文献出版社2009年版，第398—399页。
② 选自《李先念年谱》第六卷，中央文献出版社2011年版，第516页。

特别是不愿当政治委员。他们认为，做政治委员要负责全部的政治工作，要掌握党的政策，假如这个单位在政策上、原则上出现了毛病，上级要找政治委员算帐（账）。不做政治委员，在政策上、原则上出了毛病，可以与己无关，而且闲来无事，还可以吹吹牛皮，说一说风凉话，即使挨批评，也可以少承担一点责任。这种思想是错误的。须知道，作为一个革命者，革命需要你干什么，你就应该干什么，特别是共产党员，党分配你做政治工作，你就应该愉快地服从，而且要尽心尽责，努力做好。就是一个军事指挥者，也不仅要负责军事指挥与军事教育，还要做政治工作。我们的部队是在党领导下的一个整体，如果部队的工作在政策上、原则上出了毛病，当然负责政治工作的干部要负主要责任，但是军事干部也负有一定的责任，绝对不应该将工作中的缺点错误完全推到别人身上去。不愿做政治工作，不主动追究和克服部队中发生的错误倾向，就不是一个好的指挥员，就不是一个真正的革命的英雄好汉[①]。

服从命令，听从指挥，执行上级决定，是军队战胜敌人的重要保证，也是建设革命军队的起码条件。不然的话，上级的命令、决定可以完全推翻，无纪律、无制度、无原则，各自为政，要来就来，要走就走，出了毛病也不克服，这样还算个什么部队呢？这种部队谈不上巩固、发展和提高战斗力，如同一盘散沙，风一吹，各自飞扬；好象（像）一群乌鸦，草一动，各自逃窜。这就是所谓的"乌合之众"，不经一击，一击必败。反对无组织无纪律，反对游击习气，实现部队正规化，在我们五师更有严正提出的必要。这是因为我们处在敌后，部队分散在敌占区内的铁路、公路、河流的空隙中活动，流动性大，在客观环境上阻碍了各级的统一指挥与管理，不得不加大部队的独立活动。有的部队独立活动的时间长达一个多月，他们找不到上级，上级也找不到他们。同时，部队经常在财政困难的境况中，各旅、各团要自力更生，经过艰苦斗争，来解决给养、被服等问题。在这种情况下，为了保证部队的战斗力，保持和扩大我党我军在群众中的良好的政治影响，决不能丝毫削弱组织性和纪律性。我们并不否认，各级指挥员基本上是按照上级的指示和部署办事的，但今年[②]以来，也暴露了一些问题。有少数独立行动的干部，政治上不坚定，意志薄弱，

---

① 选自李先念在新四军第五师干部大会上的讲话，1942 年 10 月。参见《李先念文选》，人民出版社 1989 年版，第 46—47、49 页。

② 今年，指 1942 年。

放纵自己，产生了自由主义、游击习气。大家知道，我们各级干部的行止应是有组织的，最低限度要得到上级的同意。但有的干部却借口那一块区域重要，非他去不可，便私自离开主力部队，一去就是一个月或几个月。我们办事，有一套请示报告的制度。在分散独立活动的情况下，一般的工作，当然不需要也不可能事事都请示报告，但是重大的事情，事先必须请示，事后必须报告。然而，在我们部队中，有的干部对重大问题却是"先斩后奏"，甚至是"斩而不奏"。有些单位随便开支数目较大的公款，开支以后，送到上级批准。上级不批准吧，这是既成事实；批准吧，又不符合财政制度。又如上级下令调干部、调枪、调钱，接受命令的人，当面不反对，背后总是发牢骚骂娘。更严重的是，有的人在五花八门的社会不良风气熏染下，甚至发生流氓作风和贪污腐化等恶劣行为。这类错误如不坚决纠正，就会严重影响部队的巩固与发展，不能等闲视之①。

党内问题要宽大为怀，对错误提起来可能有千斤重，放下去也不过四两。不要因为人有了错误就疑心，疑心太重没法活，小平同志就心宽②。

同志们③，你们快要毕业了，大家在校所学有限，以后要在工作中向实际学习。你们一面要当先生，把在学校学到的知识传播给大家；一面也要当学生，向群众学习，向老同志学习，向有实际工作经验的人学习，向有知识的人学习。不仅要学习军事，还要学习政治理论，运用理论解决实际工作中的问题。不仅要学会带军队，而且要学会做群众工作。不仅要学会打外面直接来犯的敌人，还要学会提防与教育内部的不纯洁分子，清除隐藏在我们内部的敌人。这是我对同学们的要求。希望你们做真正的革命军人，不辜负抗大的培养，不辜负党对你们的信任和期望④。

---

① 选自李先念在新四军第五师干部大会上的讲话，1942 年 10 月。参见《李先念文选》，人民出版社 1989 年版，第 45—46 页。

② 选自李先念谈话要点，1984 年 5 月 26 日。参见《李先念传（1909—1949）》，中央文献出版社 2009 年版，第 404 页。

③ 同志们，指抗日军政大学第十分校第三期毕业生。

④ 选自《李先念文选》，人民出版社 1989 年版，第 59 页。

附：郑绍文^①回忆李先念使用干部的一些特点

李师长和我闲谈时常说：使用干部，疑而不用，用而不疑。因为有这种特点，所以五师发展很快，而且是从零星小块组织和发展起来的。

五师的基本经验有两条：

一是搞五湖四海。不问来自哪个山头，外来还是本地，工农还是知识分子，都唯德是用，唯才是用，所以大家不是感到没有工作做，而是感到是否做得了？他用人比较宽厚，不像现在有些人天天都在怀疑别的干部。他说：干部的好坏看什么？看工作，不要看嘴巴！看工作就是看成绩。他对干部严格守住这一条，看表现，看成绩。除此而外，再谈干部就没有依据，不是唯物主义者。

五师没有随便关人的现象。这是李师长的魄力，这是革命的信心，他相信群众，相信干部。如有个叫张牧云的，是大小鸡笼山的一个地方干部，他和两个营连干部，想把部队带到大小鸡笼山去打游击。我听说这件事，认为这还了得？当即和区委会研究，准备逮捕法办。但师长回来后要把三人送去，并亲自解开绳子送往招待所。他说：他们还是要革命的，只是想在自家门口搞，这是农民觉悟不高的表现。我们五师部队的组成，都是小股子零星组织起来的，如果处理严了，对其他的人影响就大了，不能团结人。他一下子就抓住了问题的本质，把表面敌我矛盾，改为内部矛盾处理，只给了记过处分。现在这些人工作不错嘛！这就表现了他的高明。

二是民主。在李师长面前，可以无拘无束，可以和他吵架，有什么说什么，吵到不可开交时，他就说先解决一个问题，是你服从我，还是我服从你？这样并不损害他的威信。尽管看法不同，他不打棍子，不戴帽子，也不影响对干部的使用。如有一次他说：张体学每次来都骂老子，一骂十几里！但他并不因此不信任张体学。因此五师没有自由主义，有的是公开议论。由于大家心情舒畅，党的路线、方针、政策，能得到全面贯彻。师长对党的路线、方针和政策，抓得很紧，对不同意

---

① 郑绍文，抗战时期先后任新四军豫鄂挺进纵队副参谋长、参谋长，纵队第六团政治委员、第四支队政治委员，边区抗日保安司令部司令员，鄂中军分区司令员，抗大十分校政治委员等职。

见，他寸步不让，突出的例子是外围地区问题。他的策略观点是，加强外围地区工作，巩固中心地区，把战争引向敌占区。他认为把战争引向敌占区，中心区就巩固了，这就能求得内部的巩固，引向外围的发展。

师长还有个高尚的品德，他不向下追责任，在几个领导同志中也不互相推责任，所以下面的干部敢于负责。相反谁向他请示多了，他倒要骂人。他说：这也问，那也问，那要你去做么事？①

五、全面主持鄂豫边区和新四军第五师的工作

接中央书记处十三日②电，要我担任区党委书记一职，使我坐卧不安，特提议由陈（少敏）、任（质斌）中一人担任。我们正在召开党委扩大会，以便在此大会宣布。望中央采纳我的意见③。

蒋家楼子会议④，方针上是对的⑤。

以后军队之加大，得力于这个会议（蒋家楼子会议——编者注）⑥。

---

① 选自《李先念传（1909—1949）》，中央文献出版社 2009 年版，第 402—404 页。

② 中共中央于 1943 年 2 月 13 日致电新四军军部、中共鄂豫边区委员会，指出：第五师地区之党政军统一领导机关为鄂豫边区党委。以前之党政军委员会撤销。中央决定，李先念为区党委书记兼第五师师长和政委，并以陈少敏为区党委副书记，任质斌为第五师副政委。在此前后，李先念对任书记一职再三推辞，曾提议由他人担任，亦要求出另派人来。边区党委成员于 2 月 15 日联名致电中央，表示得到"先念同志任党委书记的通知后，党委各同志均感欣慰"，建议"中央坚持原来的决定，切勿再更改"，并说："先念又宽大，富有民主精神，此是边区任何人所不及者也。"2 月 18 日，刘少奇复电李先念并陈少敏、任质斌，指出：关于区党委书记任职问题，中央既已久经考虑，决定要先念负责，还是不再变动的好。在蒋家楼子会议上，边区党委宣布了中共中央的这一决定。

③ 选自《李先念年谱》第一卷，中央文献出版社 2011 年版，第 389 页。

④ 蒋家楼子会议，是中共鄂豫边区委员会于 1943 年 2 月在抗日战争开始由战略防御转为战略反攻的重要转折时期召开的，边区党政军民组织的主要负责人参加了会议。会议宣布了中央书记处 2 月 13 日给边区党委的电示："鄂中五师地区之党政军统一领导机关为鄂豫边区党委，以前之党政军委员会取消。中央决定，李先念为区党委书记兼五师师长兼政委，并以陈少敏为区党委副书记、任质斌为五师副政委。"会议在新的党委书记李先念的主持下，确定了"一切服从战争""军事第一""胜利第一"的战略部署，通过了 1943 年边区军事建设计划并上报中央军委，进一步推动了边区的武装斗争和政权建设的发展。五师与鄂豫边区能获得后来的大发展，都离不开蒋家楼子会议。因此，在新四军第五师和鄂豫边区抗日民主根据地的发展史上，蒋家楼子会议是具有重大意义的里程碑！

⑤ 选自 1963 年春节李先念谈话记录。参见《李先念传（1909—1949）》，中央文献出版社 2009 年版，第 419 页。

⑥ 选自中原局会议记录，1947 年 1 月 24 日。参见《李先念传（1909—1949）》，中央文献出版社 2009 年版，第 419 页。

一九四三年二月，中共鄂豫边区委员会在大悟山蒋家楼子召开扩大会议，宣布中共中央关于李先念任边区党委书记并继续兼任新四军第五师师长和政治委员的决定。图为蒋家楼子全景。

一九四五年一月，李先念与新四军第五师部分同志合影。前排左起：陈少敏、尚晓平、程里；中排左起：夏农苔、蒲云、胡志学、何剑萍；后排左起：刘少卿、张体学、郑位三、李先念、张树才。

我和她[1]合作得很好，她对我像小弟弟一样，有时吵几句就过去了[2]。

任质斌[3]同志不仅会做政治工作，而且熟谙军事，单独指挥打了一些好仗。任质斌同志品质最好，他从不出人头地，从不虚张声势，从不夸夸其谈，从不争功图利。他不管在什么情况下，总是埋头苦干，实干。新四军第五师如果没有任质斌，那我的困难就大多了，就不会发展那么快，那么顺利[4]。

一九四四年，李先念（左一）与郑位三（左二）、任质斌（左三）在大悟白果树湾。

六、加强根据地建设

背景：李先念作为鄂豫边区党委书记，坚持"一切服从战争"的最高原则，特别注意从实际情况出发，加强地方党的基层组织建设和政权建设，实行精兵简政，大力发展农业生产，积极开展各项有关工作，使边区根据地建设得到了全面发展。

我党我军是代表无产阶级劳苦大众的，是要顾及群众利益的，不会忍心群众负担重，更不会脱离群众。我党我军与别党别军的作风、主张都不同，我们能

---

[1]　她，指陈少敏，时任鄂豫边区党委副书记。

[2]　选自李先念谈话记录，1990 年 12 月 6 日。参见《李先念传（1909—1949）》，中央文献出版社2009 年版，第 413 页。

[3]　任质斌，时任新四军第五师副政治委员。

[4]　选自《李先念传（1909—1949）》，中央文献出版社 2009 年版，第 413 页。

创造出生产来克服困难。人类历史上别人不能做的，我党我军却能够做到，如陕甘宁边区的军队生产就能自给了。我们不能拿国民党军队思想来看这个问题，就是没有上面这些困难，我们也应该生产的，因为我党我军是有艰苦作风的，有了这些困难就更应该加紧生产。这就是说要叫全边区党政军民渡过困难，反对懒惰的地主资产阶级的思想及其行为，要从生产问题上来测验我们的阶级意识[1]。

抗日战争是民族战争，只有动员群众，依靠群众，组织人民战争，才能战胜民族敌人。鄂豫边区是孤悬于敌后的抗日民主根据地，又被日、伪、顽分割为几十个"豆腐块"，敌、顽、我"三角斗争"十分激烈。在如此艰苦的敌后环境里，如果没有广大人民群众的拥护和支持，部队要生存和发展，要长期坚持抗日游击战争，那是不可想象的。当时，边区的抗日人民战争，是以广大人民群众组织起来的民兵、自卫队为基础，以主力部队为"拳头"，去战胜敌人夺取胜利的。在群众的支持下，五师的部队善于独立作战，几个干部带上一支

新四军第五师开展大生产运动。

---

[1] 选自《李先念传（1909—1949）》，中央文献出版社 2009 年版，第 426 页。

一九四二年三月，鄂豫边区首届抗日人民代表大会在京山召开。图为按照"三三制"原则选举产生的驻会委员、行署常委合影。

抗战时期，李先念积极帮助边区群众兴修水利，并支持安（陆）应（山）地区开展"千塘百坝"运动。图为当时兴建的水利工程"汪公坝"。

小的部队就能在敌后同敌人扭打。地方干部也会打游击。当敌人向我根据地"扫荡"的时候，常常有人向我报告，说是某某县委书记不见了，某某区委书记"失踪"了，某某部队被敌人包围了。我就讲："不要紧，敌人退了，他们就会钻出来的。"果然，敌人一退就都钻出来了。在群众的掩护下，我们在同日、伪、顽只隔一条路或一条河的"三角斗争"地区设立医院，安置伤病员，住上几个月或者一年，敌人也发觉不了。我们的部队得到边区人民群众的拥护和支持，在敌、伪、顽夹击中，无论是打游击战还是打运动战都很自如了。

这种奇迹的出现，当然首先是因为抗日战争是一场民族自卫战争，它的群众基础很广泛，但同时也是和我党我军认真开展群众工作分不开的。这里的人民群众经历了北伐战争和土地革命战争的洗礼，富有优良的革命传统。在抗战中，我党我军正确处理了民族矛盾和阶级矛盾的关系，在根据地内建立了抗日民主政权，实行减租减息，实行农业低税制，减少了根据地人民的负担。机关、部队认真执行三大纪律八项注意，帮助群众兴修水利，发展手工业，增加经济收入。直到今天，安陆县还保留着当年修的汪公渠，湖区保留着围田，山区保留着这个塘、那个堰。我们还组织各种群众团体，进行群众战争动员，做到军民一致、官兵一致，极大地调动了边区工农群众和其他各阶层人民的抗战和生产两个积极性。这是五师取得生存发展、夺取胜利的一个基本因素[①]。

李先念主持鄂豫边区党政军全面工作，根据地建设蓬勃发展。图为根据地群众进行军事训练。

在根据地创立的初期，我们把主要精力放在发展主力部队上，放在不断扩大根据地上，这是完全正确的。现在情况变了，巩固抗日根据地已成了我们的主要任务。我们要发扬革命的顽强性，把每一区每一地的抗日游击战争坚

① 以上内容选自李先念关于编写新四军五师战史和鄂豫边区革命史的谈话，1982年、1983年。参见《李先念文选》，人民出版社1989年版，第444—445页。

持下去。最近《解放日报》发表社论指出，由于斗争的空前残酷和困难，敌后抗日游击战争应实行新的方针。这就是：把抗日的武装力量和地方居民像血肉一样联系起来，实行真正的全民武装；发展分散的战斗队形，减少正规军的集中的战斗队形，便于预防敌人袭击，以利发动群众；减少脱离生产的军队的数量，增加不脱离生产的民兵，以减轻民众的负担，使人民有休养生息的机会；发挥旧式武器的作用，等等。我认为，这些方针原则上都是适合鄂豫边区抗日根据地的，我们应用心执行。只是我们边区的正规军和半正规军的武装还不够强大，而我们边区的地区广大，为了更好地开展敌后抗日游击战争，必须继续增加脱离生产的部队。为了做好巩固工作，在巩固中得到发展，我们必须在继续加强主力部队、扩大和巩固地方部队的同时，用大的力量做好自卫队民兵的工作，做到村村有自卫队组织，每个自卫队都能发挥作用①。

七、领导根据地整风

在我们部队中，个别领导干部在使用、提拔干部方面，不是从党的政策出发，考察干部的斗争历史、政治条件和工作才干，而是看这个干部对他个人是否听话、忠实。奉承他的，就使用、提拔，搞个人系统。还有个别的下级干部，喜欢忠实于上级的某个人，不是忠实于党和尊重上级组织。我见过某营一个教导员就是这样。照理说，营教导员除了听团首长的指挥外，还要尊重团政治处的领导。可是，这个教导员犯了很多错误，反而以老大自居，就是不听政治处的意见。政治处指出他的错误，他竟说，你们不了解我，我这个人只有某某首长才了解，他从来没有说过我不对。其意思就是说，你们政治处没有资格批评我。这位教导员所相信的首长就站在旁边，不但不批评他，反而说"他就是那样的脾气，做事还是很好的"。于是，助火加油，这个干部更加横行无忌了。上面所说的这种现象，一方面是某些下级干部的幼稚或动机不纯，另一方面则是上级少数领导者搞个人系统所造成的。这种落后的思想与行为，在党内就是宗派主义倾向。如果我们不能把它消灭干净，让它自流发展下去，党是要

---

① 选自李先念在新四军第五师和鄂豫边区干部大会上的讲话，1941 年 12 月。参见《李先念文选》，人民出版社 1989 年版，第 37 页。

遭受重大损失的^①。

共产党员应当具备谦逊的态度。我们一切事业的成功，是全党力量的成功，也是全体干部与群众力量的成功，决不是个人力量的成功。我们不能把成功的事业，当成自己私人的家当。但是，在我们的革命阵营中，个别人却好夸张自己的作用，生怕党与别人不知道，处处自我当先，甚至将组织力量的成功说成是他的功绩。这是彻头彻尾的个人英雄主义和风头主义。这样的人，还往往喜欢打击别人，抬高自己，当面不讲，背后骂娘。居功自傲的人，还有一种很严重的毛病，就是喜欢别人恭维，特别喜欢上级说他的工作如何的好，尤其想在人多的场合抬举他。反之，如果批评他工作上的毛病，他就象（像）三九天被一瓢冷水泼在头上一样，心里极其难过，就要用尽一切方法来掩盖，甚至将错误推到别人身上去，至少也要设法减轻自己的责任。他会这样说：上级批评是完全对的（还不敢与上级对抗），本来以前我也这样说了的，并且这样计划过，可是某某部或某某处或某某人，没有照我的话与计划去做，其结果就是如此的如此，尔后是怎样的怎样，将来应如何的如何！用这一套冠冕堂皇的高调和巧妙的语言，将自己的错误推到了别人身上。这就等于说："香"是他烧的，"鼓"是别人打破的。如果说"香"是他烧的，"鼓"也是他打破的，那他一定会说"我从来没有进过庙门"。有这种错误思想的人，应该赶快纠正过来，悬崖勒马，不然的话，会掉到悬崖下面摔死，或者掉到汪洋大海里淹死的。张国焘就是这样一个人。他对四方面军和根据地的发展不能说没有功劳，但是他居功自傲、坚持错误，结果发展到叛变革命，成为阶级敌人。这就完全证明，居功自傲、闹个人英雄主义风头主义的人，如不自觉克服，发展下去是很危险的^②。

我们有成千上万的干部，整顿党风要首先整哪些人呢？确定对象以小团首长、县委常委、正规军营以上干部为主。因为这些人的歪风来了特别吓人……能把人吹倒，所以我们要整大风，要整这些人的风。只要把这些人的风整好了，再来的就是和暖的春风了^③。

对陈独秀机会主义的斗争我未参加，只参加了对张国焘分裂主义的斗争。

① 选自李先念在新四军第五师干部大会上的讲话，1942年10月。参见《李先念文选》，人民出版社1989年版，第48—49页。
② 选自李先念在新四军第五师干部大会上的讲话，1942年10月。参见《李先念文选》，人民出版社1989年版，第47—48页。
③ 选自《李先念传（1909—1949）》，中央文献出版社2009年版，第446页。

开始有个缺点，就是讲区别不够，以后解决了，也区别了。但总有一些空气，有些人是不大会舒服的，我就不舒服了一个时候。但经过整风完全解决了[①]。

五师这条卡住了，就是没有搞"抢救运动"。王震过去我不认识，一九四五年一月我在大悟山去接他时，见面我就问，延安"抢救运动"怎么样，他说完全搞错了。我听了非常高兴，"抢救运动"我们没有搞[②]。

鄂豫边区党委和新四军第五师开展整风学习运动。图为五师印发的整风文件。

附：郑绍文[③]回忆新四军第五师整风

五师和边区的干部来自四面八方，开始并不一定都搞得很清楚。李先念曾说：考察、识别干部最可靠的办法就是看实践，看工作。一个干部，如果他工作积极，作战勇敢，艰苦朴素，联系群众，一贯这样，不是一时的，说他是"反革命"，你相信吗？我就不相信。"反革命"跑来是为什么？一个反革命总不会来为革命卖命吧！先念一向就是这样考察、识别干部的。他说：你们要注意，考察干部、识别干部，要到工作中去解决；切切不可三心二意，疑神疑鬼，否则，会犯大错误的。当然，这也包括不轻信，对干部要看主流。

---

① 选自李先念在中共中央中南局学习贯彻中共七届四中全会决议时的发言，1954年3月22日。参见《建国以来李先念文稿》第一册，中央文献出版社2011年版，第511页。

② 选自李先念谈话记录，1983年9月6日、1988年5月1日。参见《李先念传（1909—1949）》，中央文献出版社2009年版，第451页。

③ 郑绍文，时任鄂豫边区第一期高干整风班支部书记。

那时，我们还谈到历史上的一些情况，我说二方面军的情况，李先念说四方面军的情况，把夏曦和张国焘作比较，我们看到些什么问题，都交换过看法。

有红军时期的经验教训，所以，李先念对于内部肃反、审干可重视啦，差一点都不行。五师和边区一九四四年整风班一、二期，稳得很，没出问题。当时，先念把我从抗大十分校政委岗位上调出来，要我到区党委整风班当支部书记，我到师部报到，先念对我说："区党委决定调你到整风班当支部书记，怎么样？"我说："好嘛！"先念说："你知道我为什么要调你来？"我笑着说："我晓得你搞的什么花样？叫我来，我就来，执行命令。"先念说："我调你来，不调别人，就因为你有二方面军肃反的经验。这次你来做这个工作，我要求你不要冤枉一个，也不要放走一个。"我说："这任务蛮严重哪！"先念说："不严重，调你来吃干饭！"

在整风班，对一些同志的问题的处理，对延安发来的一些材料，李先念是很慎重的，实事求是的。我谈两件具体事：

一是张某的事。他是蒋介石办的庐山干训班的学生。他就背着这个包袱，写自传的时候，这一段写得特别详细；我说他是"洋洋十万言"。先念找我去，问我对此人有什么看法。我对所有提出的疑点进行了分析，认为他没有什么问题。先念说："延安中央有关部门来电说他有问题。"我说："那就很难说了。"先念说："我看那个老毛病（指过去肃反左的做法）又发了，可要小心点！"我们实事求是地慎重处理了这个同志的问题。后来，他到了延安，把事情搞清楚了，他没有问题。

二是杨某的事。一天，先念把我叫去，说刚刚下命令把杨某调到十三旅当作战科长，今天却突然接到延安来电，讲他有问题，是特务。怎么办？我考虑了一下后说："那只有向他明说，要他老实交代。"先念说："要是发生问题呢？"我说："顶多是跑掉。他要跑，从师部到汉奸、反革命那里，半天路程就到了。"先念听后表示："恐怕只有采取明说的办法。"我们告诉了他，他也没跑，问题搞清楚了：他不是特务。

五师和边区整风审干打过人、关过人、杀过人没有？都没有。没有搞"逼供信"。

实践是检验真理的惟（唯）一标准。整风审干至今已三十五年了，回过头来看，五师和边区县团以上干部有几个特务、叛徒？没有几个。五师和边区的干部是好的，至少与其他战略区的干部是一样好的①。

八、新四军第五师的经验总结

一、高举抗日大旗，深入敌后，坚决打击敌伪气焰，为中华民族扬眉吐气，进而配合全国军民将日军驱逐出中国，这是新四军第五师在抗日战争时期光荣的历史使命。它在执行这一使命时，富有创造性，善于根据鄂豫边区的特点，从抗日战争全局出发，树立长期作战思想，坚持了持久战和游击战。

抗日战争时期，中日民族矛盾成为主要矛盾，抗击日本侵略者成为广大人民的迫切要求。五师各部在武汉外围敌后活动初期，尽管部队初建，力量不大，但一开始即敢于高举抗日大旗，深入敌后，不惜付出血的代价，乘日军深入冒进之际，寻找有利地形和时机，给敌人以沉重打击，力争初战胜利，借以挫敌凶焰，振奋人心，树立军威，坚定群众抗战信心，从而掀起敌后抗战热潮，开展各项根据地建设工作，奠定中国共产党在敌后抗战的领导地位。经验证明，当时五师这样做是完全正确的。不这样，便不能发动群众；不这样，便不能扩大共产党新四军的影响；不这样，便不能建立抗战秩序；不这样，五师便不能生存和发展。

但是，由于抗日战争是持久战争，必须从全局出发，以游击战为主，做长期打算，不应因企求速胜而孤注一掷。五师转战的武汉外围，是日军继续进犯中国大后方的军事集结和物资供应基地，是两军对峙的前线，是敌人的近后方。日军为了扑灭五师的有生力量和进行经济掠夺，经常对五师活动地区进行各种袭击和季节性的"扫荡"。特别是在它每次向国民党正面战场进攻前后，都要对转战敌后的五师部队进行"扫荡"，以确保其军事行动的安全。因而敌人对鄂豫边区的"扫荡"非常频繁。针对敌强我弱和敌人"扫荡"频繁的特点，五师采取的对策是：一面积极配合正面战场对敌作战；一面积蓄力量，长期坚持。在坚决粉碎敌伪"扫荡""清乡"和"蚕食"的前提下，注意利用一切间隙来休养生息，以争取自己的长期存在和对敌人作长期斗争。

二、毛泽东为敌后抗日战争所制定的"基本上是游击战，但不放松有利条

---

① 以上内容选自《李先念传（1909—1949）》，中央文献出版社2009年版，第449—451页。

件下的运动战"这一战略方针，对新四军第五师来说，具有特别重要的意义。这是因为五师是一支从无到有，从小到大，白手起家的人民军队；在整个抗日战争中一直处于敌强我弱、顽大我小、敌顽夹击十分严重，而又被严重分割的局面中。

"抗日战争是民族战争，只有动员群众，依靠群众，组织人民战争，才能战胜民族敌人。"五师在执行上述战略方针的全过程中，认真地贯彻了人民战争思想，"是以广大人民群众组织起来的民兵、自卫队为基础，以主力部队为'拳头'，去战胜敌人夺取胜利的"。

在对付日军的大规模"扫荡"和"清乡"中，五师充分运用了"敌进我退、敌驻我扰、敌疲我打、敌退我追"的游击战术原则，使进攻之敌四处扑空，疲于奔命，而五师主力则在辽阔的敌后战场跳跃回旋，机动歼敌，从而一次又一次地粉碎了日军的"扫荡"和"清乡"。

一九四一年十二月至一九四二年二月，李先念指挥新四军第五师进行侏儒山战役，歼灭日伪军五千二百余人，取得重大胜利。图为新四军第五师某部伏击日伪军。

当五师主力军和地方军拥有一定的战争实力时，就选择有利时机，抓住敌伪弱点，集中优势兵力，主动展开运动战，或突然奔袭，或设伏围歼，一举歼灭敌人较大股的有生力量。进击李汉鹏，攻打侏儒山，消灭汪步青，开创川汉沔等战斗和战役，就是运用运动战打击敌伪军的成功战例。

五师正是这样一面广泛的（地）运用游击战术，一面又大胆地运用有利条件下的运动战术，从而树立声威，打开局面，壮大自己的。

三、坚持抗日民族统一战线，团结一切可以团结的力量，是争取抗战胜利的必要条件；但同时又要坚持独立自主的原则，保持高度的阶级警惕，坚持自卫立场，敢于迎击国民党顽固派的进攻，敢于进行反磨擦。

新四军第五师是在抗日民族统一战线中发展壮大起来的，鄂豫边区也是在抗日民族统一战线中创建起来的。在初创阶段，豫南、鄂中的共产党组织正是依靠统一战线这个法宝才为新四军第五师的成长、壮大奠定了基础。但与此同时，有的地方的共产党组织及其掌握的部分武装，由于受王明右倾投降主义的影响，没有坚持独立自主的原则，或则不敢放手发展，听从国民党"划地为牢"；或则缺乏高度的阶级警惕，在接受国民党的编制以后就被国民党吃掉；或则被国民党突袭攻垮。这是一个严重的教训。传达了中共六届六中全会精神以后，特别是刘少奇到中原前线以后，清除了王明错误的影响，部署了中原敌后独立自主的抗日游击战争，树起了新四军敌后抗日的大旗，提出了进行反磨擦的方针，这种局面才改变过来，从而五师及其前身豫鄂挺进纵队就在坚持自卫立场、反击顽固派的进攻中保持了自己的独立性，并不断地发展和壮大了自己。

五师部队和四周的国民党部队，在力量对比上十分悬殊。国民党部队数量众多，装备精良；五师则是白手起家，从无到有。国民党始终没有承认五师在中原敌后进行抗战的合法地位，并一直把五师看作眼中钉，妄图加以消灭。面对这样的险恶环境，五师根据中共中央关于团结进步势力、争取中间势力、孤立顽固势力的正确方针，争取了一切愿意合作抗日的友

一九四〇年五月五日，中共中央书记处致电刘少奇、新四军、中共豫鄂边区委员会，指出：武汉附近新四军挺进纵队的创造，是一个伟大的成绩。这次经验证明了一切敌后地区，不论在华中或华南，我党均可建立自己的武装部队，并且可以存在与发展。挺进纵队是党的武装中的一个有重要意义的独立战略单位。

军，并争取到大多数川军和西北军的中立，只是对坚决反共的少数顽固派部队，特别是顽固的地方部队，才本着"有理、有利、有节"的原则，予以还击。正是讲究了这样的斗争策略，五师虽然处在严重的敌顽夹击环境中，遭受敌伪频繁而又残酷的"扫荡""清乡"，经历了国民党顽固派发动的三次反共高潮和多次的围攻，仍然获得了发展和壮大。

四、抓住一切机会，放手发展和壮大自己的力量，边发展，边巩固，发展与巩固交替进行。既不能只求发展，不谋巩固，也不能只热衷于消极防守，和平地进行巩固；更不能在稍纵即逝的大发展时机到来时，仍株守一隅，片面地追求巩固；把发展和巩固对立起来。

如前所述，五师所处的客观环境是敌强我弱，顽大我小，面临敌顽的双方夹击，而又长期孤悬敌后，单独作战，与兄弟部队相隔绝，所有这些客观条件，便决定五师和鄂豫边区必须不放松一切机会，放手发展自己的军事实力。否则它在尖锐的三角斗争中，便不可能争得发言权和立足点，也不可能坚持长期斗争，更不可能迎接抗战胜利的到来。

另一方面，武汉四周有广大的沦陷区。日军虽在这些沦陷区设立了大量据点，妄图使之变为巩固后方，但由于民族矛盾十分突出，广大人民群众不甘心做亡国奴，这就为五师部队提供了发展敌后抗日游击战争的广阔天地。五师清楚地认识到这一有利形势，并充分加以利用，从而取得大量人力、物力、财力的补充和充实。这是它能够把共产党和人民解放军的旗帜插到鄂、豫、皖、湘、赣五省广大地区的客观根据。

在大发展过程中，在每一个发展的间隙中，必须注意进行部队和根据地的巩固工作。边发展边巩固，巩固地向前发展，发展与巩固交替地进行。经验证明只做发展工作，不做巩固工作，就不可能提高部队和根据地素质，但也决不可不顾客观形势的变化，长时间片面地强调以巩固为主的方针，以致错过客观发展的大好时机，造成无法补救的失误。一九四四年在河南问题上发生的战略失误，是一个深刻的教训。

五、不断增强党的团结，密切军民、军政关系，充分发挥各级各类干部的积极性，是五师得以生存和发展的根本保证。

人民群众的支持和拥护，是新四军第五师赖以立足生根、发展壮大的主要源泉。五师对军民关系，始终都很重视。它发扬了红军的优良传统，严格遵守三大纪律八项注意，军民关系一直处在军爱民、民拥军的十分融洽的境地。边区广大人民，一直把五师部队当作自己的子弟兵看待。

五师军队和地方党政组织的关系，是团结一致的。虽然有一个时期，由于军队发展较快，地方负担很重，部分地方干部一度出现过畏难情绪，但一九四三年在蒋家楼子召开的边区党委扩大会议上，把进一步发展军事力量同迎接抗战胜利的重大关系讨论清楚之后，地方干部都勇敢地继续承担起大力支援军队的重任。

历史经验证明，正确的干部路线和干部的团结一致，是贯彻执行党的政治路线和方针、政策的重要保证。五师的干部政策，自始至终都注意到紧密团结来自五湖四海、四面八方的骨干力量。五师既依靠为数不多的老红军干部，把他们放在主要领导岗位上，起着带头和骨干作用；又放手使用大批新参加革命的知识分子和工农干部，并使其参与部分领导工作，加以培养和锻炼；既注意使用这一"山头"的干部，又注意使用其他"山头"的干部；既注意使用外地来的干部，又注意使用本地干部。这样，就使各方面的干部都能各得其所。与此同时，还十分注意引导各种干部，扬长避短，互相学习，互相尊重，使他们水乳交融，亲密无间。在对干部的管理上，既及时而坚决地反对闹独立、闹宗派的不良倾向，又注意发扬各级干部特别是县团以上领导干部的独立作战精神，充分发挥他们的积极性和主动性。

六、坚决贯彻实事求是精神，所有工作方式和工作方法都应针对五师和鄂豫边区的特点，这是带根本性的贯串以上几个方面的总的经验教训。这实质上就是如何使马克思列宁主义、毛泽东思想同五师实际密切结合的问题。

五师所处的客观环境和主观力量，决定着鄂豫边区在抗日战争时期只能是一个较分散的游击根据地，而不可能建成一个连成一大片的长期稳定的巩固根据地。这应成为指导五师一切工作的基本出发点。

为了适应这一总的特点，它在大部分时间里，没有过多地集中部队，而是采取了适当分散的方针。为了适应这一总特点，它在组织群众的工作方式方法上，曾经注意过灵活多样，因地制宜，因情变化，不强求一律。实践证明，鄂豫边区这种灵活多样的群众工作，是行之有效的，是便于在敌顽夹击的复杂环境下领导群众做斗争的，是为广大群众所乐于接受的。为了适应这一总特点，它在财政工作上，在大多数时间里，曾经主要依靠到武汉外围的广大回旋地区去开辟税源，以及从开辟新区中去扩大财源。为了适应这一总特点，它在后勤工作和兵工建设等方面，采取了分散隐蔽的办法，依靠群众的掩护求生存发展。

鄂豫边区建设银行发行的边币。

但是，这些适应和符合鄂豫边区总特点的实践经验，当时未能提到理论高度，系统地加以总结与肯定。因此在后期曾经一度搬用过某些巩固根据地的经验，不适当地长期坚持"以巩固为中心"的方针，不适当地强调部队的集中训练和正规化，不适当地采用一种形式"组织群众大多数"，不适当地摒弃了从扩大游击区来减轻财粮困难的做法。

以上正反两方面的经验，都充分地表明：以中共中央和毛泽东所一再倡导的从实际出发、实事求是的精神来处理革命斗争中的各种具体问题，是不断地得到胜利，避免失误的最重要的保证①。

五师和鄂豫边区在八年抗日战争中，取得了重大胜利，积累了丰富经验，对中国人民的解放事业作出了贡献。但是，五师和鄂豫边区在发展过程中也有失误，也有教训，写历史对这方面也不应当回避，这样才符合历史唯物主义的观点和实事求是的原则。一九四四年初，有个别同志一度认为五师战斗太频繁，边区根据地发展太快，因而提出了"以巩固为中心"的工作方针，强调要"减少战斗频繁"，实际上是搞收缩，影响了根据地的扩大和部队力量的发展。当时，对此是有争议的。开始我没看出这个方针有什么问题，后来跑了一些地方，看到根据地被日伪军和国民党军队抢占去不少，觉得不对头，就怀疑这个方针了。尽管有许多同志反对这个方针，但没有彻底纠正过来。同年，日寇发动河南战役之后，在片面强调"以巩固为中心"的思想影响下，我们有一次很大的失误，没有集中主力沿平汉路向河南敌后发展。当时，第二次世界大战的

---

① 以上内容是在以李先念为主任的新四军第五师战史编审委员会的领导下，对五师的历史经验所作的总结。选自《李先念传（1909—1949）》，中央文献出版社2009年版，第490—496页。

形势已发生了根本变化，反法西斯战争胜利在望。日本帝国主义作垂死挣扎，妄图打通平汉和粤汉铁路线，发动了河南战役，打垮了国民党四十万军队，在三十七天中占领了郑州和湖北老河口等三十八座城镇。这时，中央决定八路军太行、太岳、冀鲁豫军区各一部南下，新四军第四师西进，第五师向北发展。随后，中央根据鄂豫边区党委的意见，考虑到五师的财政困难和干部短缺等问题，同意在一段时间内仍然以原地区巩固为主，发展河南及湘鄂赣工作为辅的方针，但是仍然希望我们能相机沿平汉路向北发展，以求和华北的八路军打通联系。我们由于只注意了巩固原地区，没有派大部队向河南发展，仅派了一支一千二百人的部队进到豫中崤峬山一线。虽然开辟了淮北新根据地，恢复了孤山冲一带老根据地，以后又争取了国民党河南游击十三纵队程耀德五千人的起义，但是没有很好地完成向河南发展、控制中原的战略任务。我们在鄂豫边区，原来天天讲"孤悬敌后"，总是千方百计想和华东、华北根据地打通，敌人发动河南战役后，为我们造成了实现这一战略意图的好条件，我们没有全力以赴地去发展，失去了和华北联（连）成一片的机会。那时湖北的形势，留一万人是那样，留两万人、留五万人也是那样。在讨论发展河南的会议上，我很欣赏张执一[1]同志的那一炮，他说要"倾巢而出"！这当然是极而言之的话。如果当时能派出足够的兵力发展河南，我们不仅能同华北根据地打通，而且还能进一步壮大自己，扩展回旋余地[2]。

---

[1]　张执一，时任中共鄂豫边区襄河地委书记兼第三军分区（即襄河军分区）政治委员。

[2]　选自李先念关于编写新四军五师战史和鄂豫边区革命史的谈话，1982年、1983年。参见《李先念文选》，人民出版社1989年版，第447—449页。

第六章　中原突围与迎接全中国解放

一、任中原军区司令员

抗日战争胜利后，中国进入了两种命运、两种前途的决战时期。蒋介石依仗美帝国主义的支持，经过长期的准备，扬言要在三个月至六个月的时间内消灭全部人民解放军。我们党由于采取了正确方针，自己的力量发展很快，到蒋介石发动全面内战的前夕，人民解放军已有一百二十多万人，除了党中央所在地陕甘宁解放区以外，形成了六个大的作战区域，即晋冀鲁豫、华东、东北、晋察冀、晋绥、中原六大解放区。

中原解放军是在抗日战争胜利后，由原新四军第五师和王震、王首道等同志率领的三五九旅南下支队，王树声、戴季英等同志率领的嵩岳军区部队，王定烈等同志率领的冀鲁豫军区水东部队组成的。一九四四年十一月，王震、王首道等同志遵照党中央、毛主席的指示，率领三五九旅南下支队从延安出发渡过黄河，于一九四五年一月到达鄂豫边同五师会师。随后，又跨长江到湘鄂赣和湘粤赣边去开辟抗日根据地，以求达到北和鄂豫边区的五师、南和广东曾生同志领导的东江抗日纵队连成一线的战略目标。他们不畏艰难险阻，不怕流血牺牲，以无比惊人的毅力和英勇顽强的革命精神，南征北战，给日伪军以沉重打击。日本投降后，由于时局和中央部署的变化，他们又北返，和我们在中原重逢。王树声、戴季英等同志率领的部队，也是经过艰苦奋战才从嵩岳地区到达桐柏山区的。三支主力部队会合后，正式组成中原军区。这几支兄弟部队互相学习，互相支援，团结一致，并肩战斗[1]。

战友们，同志们！我今天[2]高兴得连话都不会讲了，不晓得用什么话来表

---

[1]　以上内容选自李先念关于编写新四军五师战史和鄂豫边区革命史的谈话，1982 年、1983 年。参见《李先念文选》，人民出版社 1989 年版，第 449—450 页。

[2]　1945 年 1 月 29 日，李先念主持迎接八路军南下支队大会。1 月 27 日，李先念同王震、王首道及其率领的八路军南下支队在大悟汪洋店附近的陈家湾会合。

达对八路军老大哥的热烈欢迎。六年中，我们天天想，日日盼，今天终于看见了老大哥，你说我们该是多么高兴啊！今天我们是兄弟团圆，以后我们就要出现一个新局面！这是中央关心我们，这是毛主席关心我们，我们今后就成为站在中原的一支不可战胜的共产党部队！过去八路军老大哥在北方打了许多胜仗，英勇善战，经验丰富，我们第五师总想学，但是在见到你们之前总也学不像。这一次同志们来了，我们要好好地学，加倍努力地学，提高我们的战斗力。党中央、毛主席派遣八路军南下，具有重大的战略意义。鄂豫边区是个突出的地带，我们在日伪军和反动顽军固派势力的包围夹击之下，战斗非常频繁，很希望老大哥来助一臂之力。今天你们来了，我们就不是一支孤军了。你们的到来，把华北、华中连成一片，这样，我们的人民抗日武装，就可以从遥远的东北向南一直摆开，一直摆到华南、摆到海南岛。我们一定要把日本帝国主义赶出中国，我们一定能够把日本帝国主义赶出中国！我坚信这个日子不会久了[1]。

李先念（左）与王震在一起。

---

[1]　选自李先念在主持欢迎八路军南下支队大会上的致辞，1945年1月29日。参见《李先念年谱》第一卷，中央文献出版社2011年版，第472—473页。

一九四五年一月，新四军第五师与八路军三五九旅南下支队的领导干部在庆祝两部会合时合影。前排右起：李先念、陈少敏、王震、王首道、任质斌；后排右一王恩茂，右四郑位三，右五张树才。

附：任质斌的回忆

抗战胜利后不久的桐柏战役，尤其是祁仪战斗，一纵队[①]伤亡了一些人，此前他们在嵩岳地区活动时也有一些减员，当时在那样困难的条件下，想就地招兵补充很不容易。一纵是红军、八路军的底子，基础很好，让它队伍不健全不好。一九四六年三月上旬，决定把二纵队的十四旅补充到一纵队。这个事最早是由先念同志提出来的，位老（郑位三）和我们也都表示同意。当时的整编，是将一纵队的三个旅浓缩，每个旅由原来的三个团缩编为两个团，然后再将十四旅的三个团成建制地补充到三个旅中去，每旅补充一个团。

十四旅和五师其他部队一样，是从一九三九年开始，逐步发展壮大

---

① 1945年10月，王震、王首道所率八路军南下支队，王树声、戴季英所率八路军河南军区部队以及冀鲁豫军区第八团，与正在桐柏山进行自卫反击作战的新四军第五师胜利会师。会师后的这几支部队，遵照党中央的指示于11月上旬整编，组成中原军区，随之改称中共中央中原局。中共中央中原局由郑位三、李先念、王首道、陈少敏、王震五人为常委，任质斌、戴季英、刘子久、王树声为委员，郑位三代理书记。中原军区由李先念任司令员，郑位三任政治委员，王树声任副司令员，王震任副司令员兼参谋长，王首道任副政治委员兼政治部主任（1946年3月，部队整编后，王首道调离中原，任质斌任政治委员）。中原军区下辖江汉、鄂东、河南三个军区和第一、第二两个野战纵队。其中，八路军河南军区及王定烈带领的老八团为第一纵队，由王树声兼任司令员，戴季英任政治委员。新四军第五师部队和八路军第三五九旅编为第二纵队，由文建武任司令员，任质斌任政治委员。

起来的，是先念同志和我们一手创建的，现在要撤销完全补充出去，这在当时不是一般的指挥员做得出来的。要知道，带兵的人，都把部队看作自己的孩子一样，从小哺大，长成人了，一下子给人家，谁的心都难受。但先念同志能首先提出来，并下了决心，反映了他作为无产阶级革命家的高风亮节。

当时的中原局、中原军区，先念同志赢得了大家普遍的尊敬，有着很高的威信。中原军区是由三支部队组建起来的，新四军第五师、河南军区部队、三五九旅，大家彼此不是很熟悉，相处好不容易。刚会师时，合在一起打了两仗，打得不是很好，但后来一直相处不错。在中原局和中原军区高层领导中，王树声同志是原西路军的副总指挥，曾是先念同志的上级，而现在是下级；王震同志是二方面军六军团的政委，开垦南泥湾的英雄，中央树立的模范，也是老资格；郑位三同志资历更老一些，是黄麻起义的领导人之一。在这样的情况下，先念能把大家团结得很好，并取得广泛的尊敬，这与他的思想品格、领导艺术有着很大的关系。除了前面谈到的补充十四旅给一纵之外，在财粮供给、干部使用等诸多方面，先念同志都给一纵和三五九旅以特别的关照。在部队整编时，一般是八路军的干部任正职，而五师的干部任副职，对于这一点，当时有些五师的同志不理解，多少有些意见，先念同志和我们都是耐心地做说服工作，以后大家也都能理解。这些，都说明了先念同志革命家的崇高风范[1]。

二、打打谈谈，针锋相对

在一九四五年八月至一九四六年六月的十个月时间内，中原我军的六万英雄儿女，把国民党三十余万军队牵制在中原地区，这就有力地支援了华东、华北和东北地区的兄弟部队，为做好迎击蒋介石发动全面内战的准备，赢得了宝贵时间。如果不是为了牵制敌人，当我们结束了桐柏战役后，部队一直向东走，最多五天就可以到达苏皖解放区。那时跟在我们后面的国民党部队只有一个军，打过去毫无问题。后来突围，是按照党中央和中央

① 以上内容选自《李先念传（1909—1949）》，中央文献出版社 2009 年版，第 515—516 页。

一九四六年三月，李先念赴汉口协助周恩来同国民党代表张治中、美国特使马歇尔就中原部队和平转移和给养等问题进行谈判。图为谈判代表合影。前排左三起：马歇尔、张治中、周恩来。二排左二为李先念。

军委指示行动的，是有准备有计划的战略牵制和转移。一九四五年九月，毛泽东同志在重庆同国民党谈判时，准备让出的八个解放区，就有湖北和河南（豫北不在内）。随后，我们让王震同志回延安向党中央汇报情况，请示行动方针。毛泽东同志作了重要指示。他说，国民党反动派对待我们的原则是，"能消灭的则坚决消灭之，现在不能消灭的则准备条件将来消灭之"，我们要以其人之道，还治其人之身。他还估计到中原解放军是要吃苦的，要准备作出重大的牺牲，但最后胜利一定是我们的。党中央和毛泽东同志的指示非常及时，非常正确，使我们在错综复杂的情况下，保持了清醒的头脑①。

背景：一九四六年一月，为争取国内和平，李先念率部以宣化店为中心集结待命。他先赴汉口，后在宣化店，协助周恩来等就中原问题同国民党进行谈判，同时，又教育部队要坚决执行中共中央"针锋相对"的方针，从各方面做好应付全面内战的准备。

---

① 选自李先念关于编写新四军五师战史和鄂豫边区革命史的谈话，1982年、1983年。参见《李先念文选》，人民出版社1989年版，第450—451页。

一九四六年五月上旬，在周恩来的敦促下，美方和国民党方面同意组成三人小组前往宣化店，商讨停止中原战事等问题。图为李先念（前排左三）与参加谈判人员合影。

一九四六年宣化店谈判前几个月，我到汉口谈判，周小燕[①]的父亲周苍柏老先生将他[②]介绍给我。汉口谈判时，马歇尔、周恩来、叶剑英都来了，还一起听周小燕唱歌。宣化店谈判时，李敦白作为随团记者来到宣化店。他听到美方代表白鲁德说，华北动手一时比较困难，但中原这五六万人，非收拾掉不可。李敦白把这个消息和阴谋告诉我，我当时就更加清醒了[③]。

当时我与王树声、王震等同志每天忙于作战的部署和指挥，忙于军队方面的工作，忙于做干部的思想工作，一度还忙于同国民党进行谈判。地方工作和

---

　　① 周小燕，著名歌唱家、音乐教育家，有近半个世纪党龄的老共产党员，被赞誉为"中国之莺"。

　　② 他，指李敦白，当时随团来宣化店采访的美国记者。他利用特殊身份从美方代表白鲁德那里弄到了国民党方面的准确情报，并于会前将国民党决意歼灭中原部队的机密告诉了李先念。

　　③ 选自李先念谈话记录，1985 年 3 月 27 日。参见《李先念传（1909—1949）》，中央文献出版社2009 年版，第 539 页。

党的工作主要由郑位三、陈少敏负责。我对地方工作过问不多，特别是在准备突围前的一段紧张时刻[①]。

国民党军利用停战令围困中原。中原军区军民为顾全停战大局，千方百计克服严重困难。图为中原军区部队以野菜充饥。

蒋介石发言人无法辩护其违约进攻的事实，竟反诬我方进攻。世人皆知，蒋军兵力五六倍于我，我方处于被蒋方包围封锁状态。且我解放区在一月十日以来的六个月中，月月缩小，日日被占，到现在连我司令部所在地宣化店亦被占领，一千五百万人口的解放区几乎被占殆尽。究竟谁守约和平，谁在违约进攻，这还不十分明白吗？这还有丝毫狡赖诈骗的余地吗？我军损兵失地，但仍坚持和平立场，决不动摇。

我现在代表我中原部队六万官兵郑重声明：只要蒋介石实行去年九月间的协议，允许我军和平撤往华北解放区，并保护中原解放区人民的一切民主权利，则我方对于蒋介石背信弃义、灭绝人道的滔天罪行，仍可曲予原宥，以维护和平大局。否则，我六万官兵誓当不惜一切，死里求生，并坚信我全国解放区军民决不就此干休，其一切严重后果，惟由蒋介石本人负其全责[②]。

---

① 选自李先念给毛泽东、林彪、周恩来、陈伯达、康生、李富春、江青、谢富治并中央文革的报告，1967 年 6 月 9 日。参见《李先念年谱》第四卷，中央文献出版社 2011 年版，第 438 页。

② 以上内容选自李先念以中原军区司令员的名义向新华社记者发表的谈话，1946 年 7 月 7 日。参见《李先念文选》，人民出版社 1989 年版，第 69 页。

附一:《慰问宣化店——军事三人小组视察中原军区随行记》①

　　李先念大约四十岁上下,穿一套灰色士兵制服,留平头,发半白。我初见他时想在他身上找出一个特点来,但结果却失望。我始终在他那颗曾经悬赏一百万元的脑袋上看不见究竟与常人有什么不同之处,他是一个很平凡的人,态度和讲话都是斯斯文文的,很持重。他面貌上惟(唯)一的特点是生着一双凤眼,眼角向上吊,流露出他的英俊、沉着和果敢。他像大学教授似的讲解着,记忆力很强,部队番号及地名背得烂熟,连记者都跟不上记录。我认为他应该是一个很好的参谋人才。他前任新四军第五师师长,现任中原军区司令员,就是国民党所说的“土匪头子”。王震同他恰成对照,一副农民型的外貌……据说他是铁路工人出身,绰号“老虎将军”,先前任三五九旅旅长,开垦南泥湾出名,生产运动结果每名士兵向政府缴献细粮六石,打破世界记(纪)录。为了克服国军围困造成的供给困难,他现在仍干着生产运动,无论官兵每人皆规定一顷地,种菜。他还同士兵一样到山上去砍柴,到田里拾螺蛳、钓鱼。他对记者说:“前几天我去砍柴,肩膊都压肿了。螺蛳肉你们吃过吗? 蛮好吃。”到会记者大都为李、王所述之情而感动②。

---

　　① 1946年4月底,蒋介石密令围困中原部队的国民党军30余万人,于5月5日至9日向中原军区发起全面进攻。对此倒行逆施,周恩来在重庆和南京公开蒋介石的阴谋并力促美蒋代表同赴宣化店视察。周恩来同美蒋代表5月8日上午到达宣化店。下午,周恩来及中原军区首长李先念、王震在宣化店湖北会馆与国民党代表进行谈判,并于5月10日在汉口杨森花园签订了停止中原战争的协议——《汉口协议》。5月9日清晨,李先念和王震专门召开了记者招待会,向同行的中外记者介绍了中原军区面临的严峻形势。当月的《文萃》月刊发表记者冷眉所撰《慰问宣化店——军事三人小组视察中原军区随行记》一文,对李先念和王震作了生动的描述。记者招待会结束后,当天上午,李先念、郑位三、陈少敏、王震、王树声、任质斌等走上宣化店街头,为周恩来一行送别。宣化店谈判,揭露了蒋介石统治集团“围歼”中原部队的嘴脸,迟滞了国民党反动集团发动内战的计划部署,为中原军区部队突围赢得了宝贵时间。

　　② 选自《李先念传(1909—1949)》,中央文献出版社2009年版,第540—542页。

附二：熊作芳① 的回忆②

　　李司令员把张体学政委和我带到中原局代理书记兼中原军区政治委员郑位三的办公室，时任中原局组织部长的陈少敏同志也在座。当时的气氛是紧张而严肃的，三位首长的眼睛紧盯着我们，李司令员先说话了，他神情严肃地对张体学说："为了使中原局、中原军区首脑机关和直属部队提前安全隐蔽转移到平汉路东附近，决定让你带一精干部队和必要的参谋人员，秘密赶到宣化店，接替军区机关和直属部队的驻防，制造假象，迷惑敌人。你就以中原军区警备司令的名义，与三十二执行小组的美蒋代表周旋。待我首脑机关的主力转移后，再把他们护送出去。"

　　接着，郑位三政委又特别强调说："宣化店是中原局、中原军区所在地，敌人的眼睛始终盯着它。在我们未转移前绝不能露出半点马脚。"李司令员还提醒张体学，宣化店所驻的军调部第三十二执行小组的美蒋代表，实际上是国民党安插在宣化店的"眼睛"，必须严密注视他们的行动。交待完任务后，他风趣地对张体学说："你就在宣化店唱一场'空城计'吧！"③

---

　　① 熊作芳，时任中原军区鄂东独立二旅副政委。

　　② 根据中共中央的指示，李先念和中原局、中原军区其他领导同志一起果断做出了分路突围、相互策应的具体部署后，考虑到国民党军对中原部队围困已久，层层构筑防线，中原部队面对五六倍于己之敌，要想胜利突围出去，必须要出敌不意，攻其不备。然而，此时的宣化店，还住着负责"调停"的军调部第三十二执行小组，其美蒋两方代表及工作人员，密切注视着军区首脑机关的一举一动。中原军区机关和主力部队数万人马，要在他们的眼皮底下撤出宣化店及附近驻地，是一件难上加难的事情。有鉴于此，李先念经过深思熟虑，大胆地做出了将计就计，迷惑国民党军及美蒋代表的部署。1946年6月23日，李先念以一道紧急命令将鄂东独立第二旅旅长吴诚忠、政委张体学、副政委熊作芳召至宣化店，并向张体学、熊作芳布置了一项特殊任务。

　　③ 以上内容选自熊作芳：《坚持鄂东，转战皖西》，《鏖战大别》，军事谊文出版社1993年版，第126—127页。

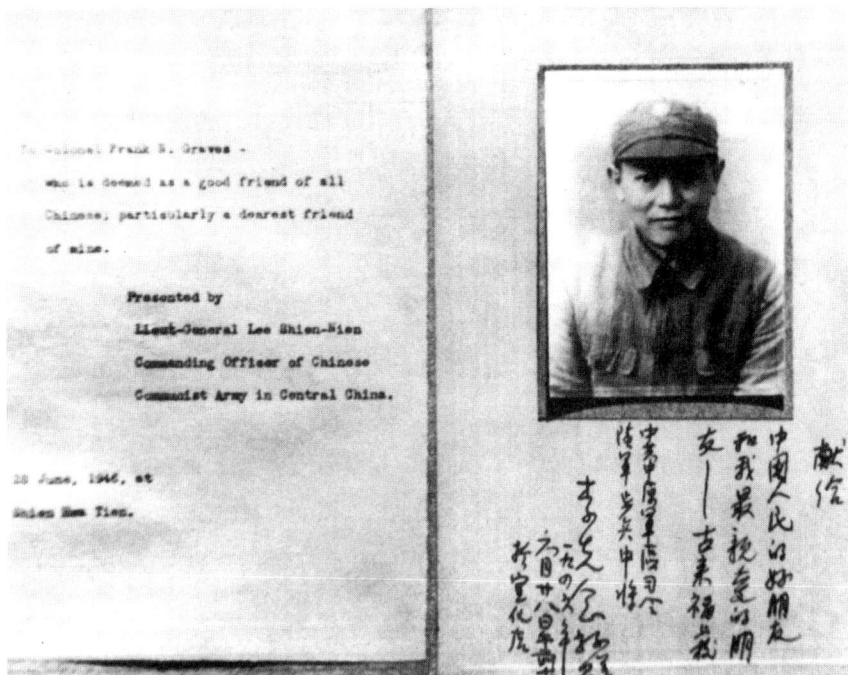

一九四六年六月二十六日晚，李先念指挥中原军区部队开始突围。为隐蔽突围行动，他特意在撤离前签署了一张落款为二十八日的照片，并托人于二十八日送给驻宣化店美方代表古来福上校。图为题字赠送的照片。

三、中原突围显神威

一九四六年突围前夕，毛泽东同志在六月二十三日的电报中说："同意立即突围，愈快愈好，不要有任何顾虑。生存第一，胜利第一。"[1]

我们有人、有枪，难道怕国民党怕成这个样子！[2] 不是走不了，而是还不到走的时候，我们决不能自己吓唬自己。有中共中央的正确领导，有全国兄弟解放区的支援，有五六万久经考验的革命军队存在，只要大家团结一致，坚定

---

[1]　选自李先念关于编写新四军五师战史和鄂豫边区革命史的谈话，1982年、1983年。参见《李先念文选》，人民出版社1989年版，第451页。

[2]　在突围前的中原局高级干部会议上，个别领导同志悲观地说："内无粮草，外无救兵，走也走不了，打也打不赢。"李先念立即明确表示：为了全局胜利，哪怕是中原部队全部牺牲，包括牺牲我李先念的生命也是值得的。

信心，中原部队是可以战胜困难的[①]。

（突围）上天我也要造梯子[②]。

我北路军[③]全部一万五千人已通过豫西平原地区，到内乡、南师岗之线。连日急行军，部队疲劳、掉队、病者颇多[④]。

我们决心分两纵队向西挺进。一是三五九旅、干部旅由王震率领（八千人）取道荆紫关、竹林关、山阳、柞水前进，一是取道南化塘、漫川关、宁陕前进。尔后经甘南，再进入陕甘宁边区[⑤]。

一九四六年六月，中原人民解放军遵照党中央的英明决策，进行了中原突围，于七月十七日进抵南化塘时，遭到埋伏在此地和玉皇山一带的敌军胡宗南部队的阻击。我军与敌军展开了顽强搏斗和竭力鏖战，摧垮了敌人防线，突出重围。随后，一部转入陕北，大部进到陕南和当地游击队会合。经南化塘激战，中原突围取得了决定性的胜利[⑥]。

我们率二纵队主力通过豫西南平原，进入豫鄂陕山地后，主客观的各种情况即进入严重阶段。一方面敌之追击部队大部均已赶到，我们不断遭到堵击、侧击、追击。一方面山地中人烟稀少，粮食、鞋袜均极困难，部队所到之处，居民多逃避一空。我们既缺乏地图，又对地方上的各种情况不熟悉。加之在将近一个月的行军中，总共只休息一天，因此部队极端疲劳，士气亦大降低。困苦之况绝不亚于红军长征后一阶段[⑦]。

---

① 选自李先念在中原局高级干部会议上的发言，1946 年 3 月 15 日。参见《李先念年谱》第一卷，中央文献出版社 2011 年版，第 542 页。

② 选自李尔重：《缅怀李先念同志》，《纪念李先念诞辰 95 周年文集》，中央文献出版社 2005 年版，第 34 页。

③ 1946 年 6 月，中原军区部队主力分南北两路向西突围。北路军又称右路军，由李先念、郑位三、王震率领的中共中央中原局、中原军区直属机关、第十三旅、第十五旅的第四十五团、第三五九旅和干部旅组成。

④ 选自李先念等给中共中央军委的电报，1946 年 7 月 11 日。参见《李先念文选》，人民出版社 1989 年版，第 71 页。

⑤ 选自李先念等给中共中央军委的电报，1946 年 7 月 11 日。参见《李先念文选》，人民出版社 1989 年版，第 71 页。

⑥ 选自李先念：《具有光荣革命斗争历史的南化塘》，《西征》，武汉大学出版社 1989 年版，第 1 页。

⑦ 选自李先念等给中共中央军委的电报，1946 年 7 月 11 日。参见《李先念文选》，人民出版社 1989 年版，第 72 页。

一九四六年七月，李先念率中原北路突围部队进抵湖北郧县南化塘时，在玉皇顶一带与胡宗南主力一部激战。经过这场战斗，中原突围取得了决定性胜利。图为玉皇顶。

　　解放前，我两次来陕西，对陕西的情况还是比较熟悉的。康生诬蔑陕西地下党是个假党，我就说陕西地下党怎么是假党呢。陕西的党是个真党，是个好党。一九四六年，我从陕西回延安的那条路，表面是白区，实际上是红区，很安全。少奇同志也是从那条路走到中原的，好多人都是从那条路走过的。陕西的人民是很好的。当年刘志丹、谢子长同志和群众有血肉般的联系，人们都亲切地称他们为"老刘""老谢"，有什么事情都对他们讲①。

　　中原突围是一定要突的，不然就会被消灭在宣化店。当时很顺利地突出来了，但突出后不知道前面还有很多困难，到陕南走了一千一百里，荆紫关一带敌情很严重，电台刚一架起，枪即响了，又要突围。敌人逼迫我们分散，没有时间对部队进行教育②。

　　中原解放军的突围战役打响后，更是"得道多助"。长江、黄河两大流域的地下党组织和人民群众，日夜为中原突围操心操劳。我陕西地下党全力以赴支援中原部队，起了很大作用。各路突围部队突进到哪里，就在哪里得到援助。三五九旅回到陕甘宁边区，得到了陕甘宁联防部队的接应；一纵一旅跨入

　　① 选自《李先念年谱》第六卷，中央文献出版社 2011 年版，第 267 页。

　　② 选自李先念在中共七届二中全会上的发言，1949 年 3 月 21 日。参见《李先念传（1909—1949）》，中央文献出版社 2009 年版，第 687—688 页。

苏皖边区，也有淮南支队接应。还有晋冀鲁豫解放军向陇海路东段出击，以及我党西北局策动西北地下武装积极开展活动，都配合了中原突围部队开辟豫鄂陕、鄂西北根据地的斗争。特别是陕南游击队巩德芳部并肩战斗，使我突围到陕南的主力部队如鱼得水；巩德芳司令员为坚持陕南斗争，无私无畏地献出了一切，直到流尽他的最后一滴血。巩德芳同志是陕南游击队的主要领导人，是中国共产党的优秀党员。我和他相处的时间不长，可是他给我留下的印象却非常深刻。每当我想起一九四六年中原突围的艰难岁月，就想到他。他的崇高革命精神和高尚风格，给我们转战到陕南的中原军区部队很大的鼓舞和教育，为我们树立了很好的学习榜样①。

为了进一步揭露国民党假和谈真内战的阴谋②，我军遂派张文津③、吴祖贻④、毛楚雄⑤三同志为代表，应国民党胡宗南之邀前往西安谈判。但是，胡宗南背信弃义，当张文津等三位同志行经宁陕县东江口镇附近时，竟被无理扣留。党中央对这一事件非常重视，周恩来同志在南京，叶剑英同志在北平，当即向国民党当局提出了强烈抗议，延安《解放日报》对胡宗南的阴谋也作了揭露。胡宗南一面矢口否认事实真相，一面却发出"就地秘密处决"的密令。张文津等三位同志遇害的详细情况，前不久才由几个单位联合调查清楚。他们在凶恶的敌人面前，坚强不屈，大义凛然，进行了针锋相对的斗争，表现了共产党人大无畏的革命英雄气慨（概）⑥。

我们能够胜利地突出敌人的重围和创建新的根据地，这是因为我们有党中央和毛主席的正确领导，有一支党领导的坚强的部队和支持我们的人民，有兄弟部队的支持和配合，还有各地党组织尤其是陕南、关中党组织的接应和配合。中原突围战役中，广大指战员为了解放战争全局的胜利，英勇奋战，作出了重大牺牲。在国民党几十万部队重重包围的极其险恶的情况下，还能保留下来近两万人，这是很不容易的。张才千、李人林同志率领千余人，冲破国民党

① 选自李先念：《胜利的中原突围》，《人民日报》1981年6月28日。
② 中原突围部队到达陕南商洛后，国民党邀请派代表到西安去谈判。中原军区领导知道这次"和谈"是国民党玩弄的又一个花招，但为了表示我军对停止内战的诚意，王震根据李先念的指示，派遣人员前往西安进行谈判。
③ 张文津，时任中原军区干部旅旅长。
④ 吴祖贻，时任中原军区干部旅政治部主任。
⑤ 毛楚雄，毛泽覃之子、毛泽东之侄，当时以首长警卫身份奉命前往西安参加谈判。
⑥ 选自李先念：《向革命烈士学习，保持共产主义的纯洁性——纪念张文津、吴祖贻、毛楚雄三烈士》，《红旗》1985年第17期。

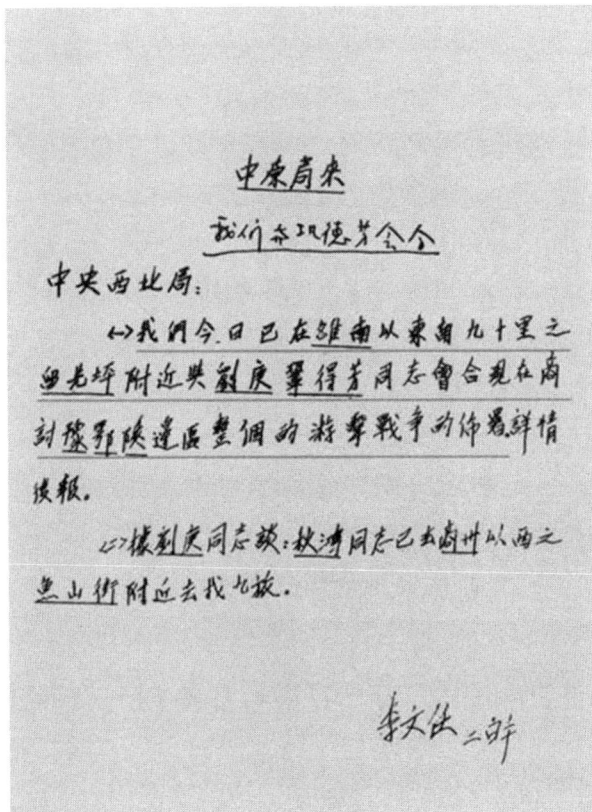

一九四六年八月二日，李先念率部与刘庚、巩德芳率领的陕南游击队在陕西丹凤留仙坪会师，开始创建豫鄂陕边区根据地。图为李先念等给中共中央西北局的电报。

军队的围追堵截，越汉水，跨长江，进到湘鄂西部地区，王定烈同志也同他们一起转战大江南北。皮定钧（均）同志率领几千人向东突围后，胜利地进入了苏皖解放区。张体学、何耀榜、刘名榜、熊作芳等同志率部在大别山地区，罗厚福等同志率部在鄂西北地区，刘昌义等同志率部从鄂西北到皖西地区，文建武、汪锋等同志率部在豫鄂陕地区，还有一些同志率领小股部队分散在中原地区，他们都以坚强的革命意志，在极其艰苦和极其复杂的情况下，坚持和开展了游击战争。这些保留下来的经过千锤百炼的党的干部和武装力量，后来又在反攻中原、解放全中国的战斗中立下了新的功绩①。

---

① 选自李先念关于编写新四军五师战史和鄂豫边区革命史的谈话，1982 年、1983 年。参见《李先念文选》，人民出版社 1989 年版，第 452 页。

三五九旅从中原突围后到达延安，受到延安人民的热烈欢迎。

附一：李先念在突围途中向新华社记者发表《反对蒋军违约进攻》的谈话①

蒋介石发言人无法辩护其违约进攻的事实，竟反证我方进攻。世人皆知，蒋军兵力五六倍于我，我方处于被蒋方包围封锁状态。且我解放区在一月十日以来的六个月中，月月缩小，日日被占，到现在连我司令部所在地宣化店亦被占领，一千五百万人口的解放区几乎被占殆尽。究竟谁守约和平，谁在违约进攻，这还不十分明白吗？这还有丝毫狡赖诈骗的余地吗？我军损兵失地，但仍坚持和平立场，决不动摇。

我现在代表中原部队六万官兵郑重声明：只要蒋介石实行去年九月间的协议，允许我军和平撤往华北解放区，并保护中原解放区人民的一

---

① 中原军区部队胜利突围和接连挫败国民党军的追堵合击阴谋，不仅从军事上显示了人民军队正义之师的强大威力，而且从政治上将国民党蒋介石置于不利地位。国民党企图掩盖其破坏和平、发动内战的罪行，竟置铁证如山的事实于不顾，诬称中原军区部队"主动进攻"，欺骗人民。为进一步揭露国民党的阴谋和丑行，1946 年 7 月 7 日，李先念在突围途中向新华社记者发表了《反对蒋军违约进攻》的谈话，向全国人民乃至世界爱好和平的人民，揭露了国民党蒋介石破坏和平、发动内战的真面目，受到进步舆论的广泛关注。然而，蒋介石并没有丝毫的回心转意，而是变本加厉地扩大内战。为了消除后顾之忧，蒋介石多次督令刘峙对中原突围部队"跟踪追击"，务于 7 月 20 日前消灭北路军于丹江以东地区。同时，他还密令胡宗南派整编第九十师六十一旅及驻关中地区的整编第一师一旅，开赴鄂豫陕三省交界的荆紫关地区，参加围堵北路军，以防北路军入陕。

切民主权利，则我方对于蒋介石背信弃义、灭绝人道的滔天罪行，仍可曲予原宥，以维护和平大局。否则，我六万官兵誓当不惜一切，死里求生，并坚信我全国解放区军民决不就此甘休，其一切严重后果，惟由蒋介石本人负其全责[①]。

附二：李先念等给中原解放军北路军各部关于为创建豫鄂陕根据地而斗争的指示（一九四六年八月二十二日）

（一）经过一个多月的连续行军作战，我北路军各部，均已极度疲惫，不能再进行长距离的行军作战。同时，我如继续西进，可能遭到胡宗南大军的堵击。因此，我军到陕甘宁边区归队，估计在短时间内已无实现可能。目前摆在我们面前的唯一出路，只有按中央的指示，在豫鄂陕边区发动大规模的游击战争，创建豫鄂陕边根据地，以此来争取我们的生存，掩护我南路军在川鄂陕地区创造根据地的行动；以此来支持陕甘宁边区及晋冀鲁豫边区甚至整个华北、华东的斗争；以此来增强我党我军在西北的有利战略地位。就目前来讲，这一任务的实现，固非易事，但显然也具有实现这一任务的许多因素，如山大地险，我党我军在群众中影响很深，有党的基础与游击根据地，接近陕甘宁边区及晋冀鲁豫边区，可以经常得到他们的配合等。因此，只要我们坚决地进行斗争，并且正确掌握各种政策，这一任务是能实现的。各级党委与各部首长应即采用各种办法，在全体人员中进行深入教育，说明这一任务的意义及实现任务的各种有利条件，发动全体人员为实现这一任务而奋斗。

（二）创造根据地的前提条件，是集中优势兵力各个击破敌之进攻部队。但由于目前在我们四周的敌人过于强大（共有二十八个团约十万人以上），而我军过于疲惫，且地形不熟悉，因此最近一两个月内应该化整为零，以营为单位进行游击活动，以此取得休息补充，并个别扩军，加强与群众的密切联系，开展统战工作，熟悉地形敌情，并在这个基础上先建立许多小块游击根据地，站稳脚根（跟）。等一两个月以后，敌人分散"清剿"时，我们再化零为整，以分区为单位集中优势兵力来各个击破敌之"清剿"部队，打通我各个游击区之联系，并使这些游击

[①]　选自《李先念文选》，人民出版社1989年版，第69页。

区逐渐巩固起来。各部首长必须立即在干部中进行教育，使之迅速学习和掌握此种战术，并应特别注意鼓舞干部独立活动和单独负责的勇气与精神。

（三）争取群众、团结群众与依靠群众，是创造与发展根据地的基本问题。各部首长与政工人员必须以最大的决心与最有效的办法，严格执行三大纪律八项注意，并动员部队在可能时帮助群众劳动。同时应在群众中广泛开展抗捐、抗税、抗丁、抗差等的宣传，以发动群众和我们一起斗争，并建立各种群众组织和民兵自卫队，在地方上发展党员，建立党的组织。要发动部队全体人员进行以上工作，使部队成为群众的组织者与宣传者。这就必须从部队中迅速抽出一批干部来建立各地的地方机关工作委员会，在独立活动的部队中迅速建立民运工作的组织。

（四）在我军行动到的地区，各个部队与地方工作机关应尽可能迅速建立起该地的政权组织。这是目前地方工作的中心环节。在我们游击队活动已久的地区，应即由有社会地位的党外正直人士和党的干部共同组织政权，公开委任县长、区长、乡长、保长等，以发挥各级政权的作用。在我军刚到达、立脚未稳的地区，主要应是建立两面政权，要求地方上原有之乡保长，一面为国民党做事，一面也为我们做事，并加强对他们的教育，给以秘密委任（其坚决不肯接受此种要求者，即一心为国民党效力，而丝毫不愿为我们做事的反动分子，则应给以惩办）。各个部队及各地方工作机关，一定要以大力来进行此项工作。如果我们不迅速将各地的政权机关建立起来，则军队的许多问题都难获得解决，整个的地方工作也难开展。

（五）要使根据地迅速建立，必须用大力来培植地方武装。已有的地方武装，应该趁目前群众情绪增高的时机，大力发展党员，建立根据地武装中党的骨干，开展政治工作。各个地区的部队应尽量帮助地方武装解决武器弹药及干部问题，以各种方法来影响他们，使之在军事技术上与政治认识上都能迅速提高一步。同时，应该在正规部队中普遍提倡尊重地方武装的风气，学习地方武装的各种长处。对于一切轻视地方武装的现象，应及时排除，以免影响团结。没有地方武装的地区，各独立活动的部队及地方领导机关，应抽出一定的干部与一定的武器迅速建立起地方武装，使将来正规部队化零为整时，各地区仍有地方武装坚持斗争。

（六）广泛开展统战工作，是我生根立脚的重要环节。各独立活动的部队，对于一切自发武装（如大刀会、红枪会等）与国民党基层武装（如民团、自卫队等），均应迅速展开联络工作。对自发武装，应尽量争取其能与我结成反对国民党黑暗统治的统一战线。对于国民党基层武装，应尽量争取其与我暗通消息，互不侵犯。待我军事力量与群众基础增强以后，则可争取这两种武装陆续参加我军。应该教育全体指战员，切勿到处都打，到处树敌，致使我军陷入孤立地位。此外，对地方上的士绅名流与国民党政权机关之行政人员，亦应多方联络，以争取其暗中和我们联系或保持中立。即便对坚决反动的人，亦应尽可能做到"先礼后兵"。这样就可以扩大我之社会基础，尽量减少反对者。

（七）关于部队的给养，现阶段各部可暂用以下方法解决：（1）劫夺国民党之货车货船，袭击其仓库、合作社、银行、公共机关等。（2）在通商要道处，对来往客商征税。但对穷苦小贩则应免征，对大商人亦须采取轻税政策。在收税时，应做到态度和气，手续清楚。（3）经过统战工作，要国民党的乡保政权和两面政权，从给国民党筹办的钱粮中抽出一部分给我们（为不致使他们被动，在方式上可用劫夺的形式）。（4）对少数为群众不满的地主恶霸，可以用罚款形式，罚他们缴纳一定数量的粮款或其他资财。（5）在不得已时，可用七分说服三分勉强的方式向富户筹募一部分粮款。总之，目前解决给养问题的基本精神，应是不使基本群众增加负担，并使地方富户的负担尽量合理公平。

（八）创造根据地需要大批干部来进行工作。各部队应即停止遣送干部的行动，而将多余的干部分别配备于各独立活动的部队中，去开展地方工作，建立地方武装与创造根据地。对个别身体病弱不能随军行动的干部，则可经过游击队的关系，暂时安置到可靠的群众家中去休息。至于现在流散在各地的干部，各部应负责将其收容起来，分配工作或安置于地方休养，无论如何不可使党的这一部分宝贵财富轻易损失。此外，对于某些干部中现在存在着的悲观失望、不负责任、逃避困难的思想，各级领导机关应以严肃的态度批评教育之；对其不可挽救者，应给以组织纪律制裁。各部还应有计划地开办各种训练班，培养一大批做地方工作的本地干部。

（九）现敌我两方都在重新部署，谁能抢得时间首先完成自己的布置，谁就会取得主动。局面严重，时间紧迫，望各部立即依照以上指示，毫不犹豫地布置工作，争取迅速站稳脚根（跟），以备进行即将到来的斗争。只要我们一心一意，团结奋斗，则困难的最高峰即将过去，在不远的将来我们的局面是一定会改善的①。

四、正确评价中原突围

中原突围是党中央、毛主席在重大历史转折关头的重大战略决策，粉碎了国民党企图消灭中原军区主力、制造新的皖南事变的阴谋，在战略上取得了重大胜利。正是以这一壮举为起点，展开了伟大的第三次国内革命战争②。

如果有人认为中原突围就意味着失败，那是因为不了解历史情况③。

我们突围后，毛泽东同志又在七月十五日以中央军委的名义给我们打电报，对这次突围作了正确评价。他说："整个突围战役是胜利的，敌人毫无所得。你们这一行动已调动程潜、刘峙、胡宗南三部力量，给反动派以极大震动与困难，故你们的行动关系全局甚大。"十月，毛泽东同志在《三个月总结》中又说："过去三个月内，我中原解放军以无比毅力克服艰难困苦，除一部已转入老解放区外，主力在陕南、鄂西两区，创造了两个游击根据地。此外，在鄂东和鄂中均有部队坚持游击战争。这些都极大地援助了和正在继续援助着老解放区的作战，并将对今后长期战争起更大的作用。"以中原突围为起点，截至一九四七年二月，中原解放军又在敌后转战了八个月，继续牵制了国民党二十四个以上的正规师和大量保安团队，既为保卫陕甘宁边区、保卫延安作出了贡献，又紧密配合了华北、华东各兄弟部队的胜利作战④。

当然，严格检查起来，在准备和实行突围的过程中，也有缺点和错误，这主要责任在我。首先，在突围前对全国迅速发展的形势认识不够，估计不足。中原自古是兵家必争之地，我们是在国民党统治的心脏地带，他们决不会甘心

---

① 以上内容选自《李先念文选》，人民出版社1989年版，第74—78页。
② 选自李先念对任质斌撰写的《关于中原突围》征求意见稿的批示，1983年8月16日。参见《李先念年谱》第六卷，中央文献出版社2011年版，第205—206页。
③ 选自李先念关于编写新四军五师战史和鄂豫边区革命史的谈话，1982年、1983年。参见《李先念文选》，人民出版社1989年版，第450页。
④ 选自李先念关于编写新四军五师战史和鄂豫边区革命史的谈话，1982年、1983年。参见《李先念文选》，人民出版社1989年版，第451—452页。

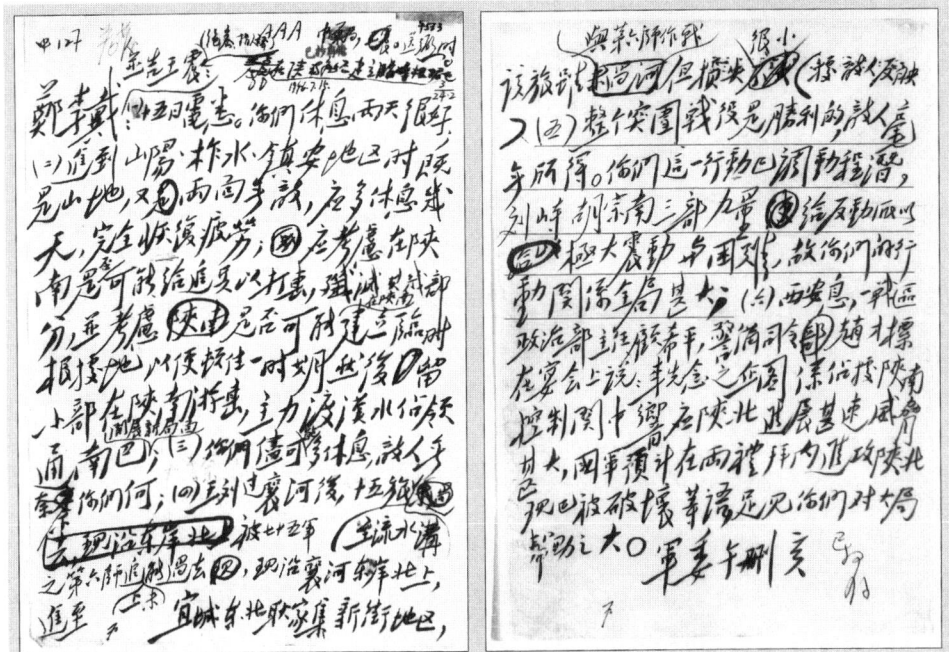

一九四六年七月十五日，毛泽东以中共中央军委名义致电郑位三、李先念等，高度评价中原突围。

一九四六年十月，李先念奉命回到延安，同中原局其他领导同志一起，继续指挥中原军区仍在外线作战的各路部队和豫鄂陕、鄂西北根据地的斗争。随后，中央决定将中原突围后到达延安的十三旅一部等组成中原局机关。图为在延安的十三旅一部合影。

让我们呆在这里的。对国民党假和谈、真备战的阴谋，我们是有认识的，对他们要打内战是有思想准备的，尤其是王震同志从延安回来传达毛主席指示以后，思想上更明确了。其他解放区可能会有一段和平时期，而中原解放区则不可能，必须立足于打。但是，当国民党的三十余万军队，把我们包围在方圆仅两百里的宣化店地区的时候，个别负责同志曾散布失败情绪，说什么"内无粮草、外无救兵，打也打不赢，走也走不了"。在这种情况下，应该在领导干部中加强对形势的研究和分析，正确估计敌我双方力量对比，统一思想，克服错误思想情绪，坚定胜利的信心，并动员军民充分做好打的准备，但当时这一点做得很不够。其次，在突围前，对地方党组织、政权、群众工作怎样积极转入地下，缺乏周密准备，抓得也不得力，尤其是对坚持敌后游击战争的重要性和可能性认识不足，部署也不周到。因此，根据地受到的损失比较大。这些经验教训都应该总结[①]。

我在中原地区新四军第五师率部队作战时，因与苏皖解放区远隔千里，直接受中央军委领导，与陈毅同志一直未见过面。一九四七年秋，由原新四军五师编成的晋冀鲁豫野战军第十二纵队，划归华东野战军作战序列。我率这支队伍经鲁西北进入河南淮阳地区休整，在山东鄄城才第一次见到了他。当时，有人对中原突围的重要战略意义认识不足，传说纷纭，影响部分指战员的情绪，思想"疙瘩"解不开：有的认为是打了败仗，显得灰溜溜的；有的则认为是为全局作出了牺牲，对这些传说不服气。我向他汇报了情况，并请他去和部队见见面，他慨然允诺。在淮阳，他分别给连以上干部和全体官兵讲了话，从战略的高度分析了五师的地位、作用及中原突围的意义。他说：抗战时期，你们五师长期处于战略孤立地位。日本一投降，蒋介石要来抢挑子，这是定了的。人家有张床摆在武汉，你李先念站在旁边，人家就睡不着觉嘛。这一仗必定要打，你们必须突围，这也是定了的。同志们，没有你们在宣化店六个月的坚持，没有你们艰苦卓绝的中原突围，全国战场要取得今天这个形势是不可能的。有人说中原突围是个错误，部队受了损失，我说这叫岂有此理！他又说：你们知道什么叫英雄吗？英雄就是受挫折后能够站起来。情况顺利的时候英雄好当，斗争艰苦的时候英雄就难当！他以"大将南

---

① 选自李先念关于编写新四军五师战史和鄂豫边区革命史的谈话，1982年、1983年。参见《李先念文选》，人民出版社1989年版，第452—453页。

征胆气豪，腰横秋水雁翎刀"的诗句鼓舞大家在战略进攻作战中，为人民再建奇功。他的一席话，气魄宏伟，掷地有声，一下子就把部队的劲头鼓起来了。许多同志热泪盈眶，奋臂高呼，会场顿时掌声雷动，欢呼声经久不息。会后指导员们纷纷请战，摩拳擦掌，誓为胜利完成党交给的作战新任务而英勇战斗[①]。

毛泽东说：有人告了你的状，但不要怕，还得干！当时就是准备牺牲你们的，你们几个人能活着回来，就是胜利[②]。

附一：毛泽东拟电给郑位三、李先念并转中原军区全体同志，对中原军区部队的工作给予了高度评价（一九四七年五月二十八日）

我中原各部为着反对卖国贼蒋介石的进攻，从去年七月起在陕南、豫西、鄂西、鄂中、鄂东、湘西等地，在极端困难条件之下，执行中央战略意图，坚持游击战争，曾经牵制了蒋介石正规军三十个旅以上，使我华北、华中主力渡过蒋介石进攻的最困难时期，起了极大的战略作用。所有参加这一英勇斗争的指战员均为全国人民所敬佩，中央特向你们致慰问之意。所有参加这一斗争的部队在和优势敌人的战斗中，虽然遭受了不少损失，但是基本骨干仍然保存。中央希望你们在位三、先念二同志领导之下，加紧学习，根据中央路线检讨经验，团结一致，准备为着新的战斗任务而奋斗[③]。

附二：刘少奇对新四军第五师和中原军区部队的工作的评价

抗战胜利后，中原部队对和平民主运动起了很大作用，是党的一支力量，中国人民的一支力量，一个战略单位，今天与以后都要起战略作用。中原部队在外线作战，今天已经起了战略作用，不比到华北编几个纵队、打几个胜仗所起的作用小[④]。

---

① 选自李先念：《纪念陈毅元帅》，《人民日报》1991 年 8 月 28 日。

② 选自李先念谈话记录，1984 年 5 月 26 日、1985 年 10 月 19 日。参见《李先念传（1909—1949）》，中央文献出版社 2009 年版，第 688 页。

③ 选自《李先念传（1909—1949）》，中央文献出版社 2009 年版，第 640 页。

④ 选自《李先念传（1909—1949）》，中央文献出版社 2009 年版，第 636 页。

五、挥戈重返中原

背景：一九四七年五月，中共中央决定成立新的中原局，李先念为第二副书记，并任晋冀鲁豫野战军副司令员。他率部由晋绥解放区抵达山西晋城，同先期北渡黄河的豫鄂陕军区部队会合，随后一面抓紧将豫鄂陕军区部队改编为晋冀鲁豫野战军第十二纵队，一面指挥和联络仍在外线坚持斗争的原中原各路部队，准备迎接反攻中原的新任务。

一九四七年五月，李先念任新成立的中原局第二副书记，并任晋冀鲁豫野战军副司令员。八月五日，李先念率领由原新四军第五师主力一部改编的晋冀鲁豫野战军第十二纵队从山西晋城出发，十一月初到达大别山，参与领导重建根据地的斗争。

我们这次撤出延安到山西晋城去，整编从陕南到晋城的部队，为的就是准备反攻，打回到中原老家去，解放全中国！①

现在解放战争已从战略防御转入战略进攻，我们的部队明天就要出发②，任务是打回老家去，重返鄂豫边区。那里是我们土生土长的地方，那里的人民哺育了我们，他们是多么盼望我们早日回去哟！③

常言道，强将手下无弱兵，我将不强，但兵不弱！我们是哀兵，哀兵必胜！这一仗④，是我们纵队南下以来第一次攻坚战，一定要打好，敌人一个团多一点的兵力，而我们是一个纵队的兵力，我们要遵照毛主席集中优势兵力打歼灭战的指导思想，打好这一仗！干净、彻底、快速消灭敌人！拿下通许

---

① 选自《李先念传（1909—1949）》，中央文献出版社 2009 年版，第 638 页。
② 1947 年 8 月 5 日，李先念率领第十二纵队从晋城出发，开始了反攻中原的胜利进军。
③ 选自《李先念传（1909—1949）》，中央文献出版社 2009 年版，第 644 页。
④ 这一仗，指 1947 年 9 月底李先念率领第十二纵队攻占通许县城。

城，给鄂豫边区父老乡亲一份见面礼[①]。

　　你们[②]进入江汉后，首先要把消灭蒋介石的保安团队、地方武装和清剿土匪作为主要任务。江汉部队确实是一支好部队，缺点是骨多肉少，瘦了一点。希望得到补充，迎接即将到来的大的战斗。至于部队供应问题，用不着过多的担心，江汉是鱼米之乡，远比大别山富足，只要你们正确地执行党的路线、方针、政策，吃穿是不会有多大问题的。我为你们担心的是战略问题。你们东边是武汉，有白崇禧，北边是襄樊，有康泽，南边是沙市，西边是宜昌，四战之地，历来兵家必争。你们进入江汉襄南地区，白崇禧决不会坐视不理，如其派兵追击，把你们缠住，就不好办了。我估计，实现战略展开需三个月的时间。要设法在三个月内摆脱敌人的纠缠，这是你们当前迫切需要解决的问题。这三个月是对你们生死攸关的考验，既要在江汉闹得轰轰烈烈、大张旗鼓，使白崇禧坐卧不安，抽兵西击，又要想办法甩开白崇禧，完成我区各部队的战略展开，组织地方人民武装和建立根据地政权。有这三个月，就有一个江汉。要真真假假，虚虚实实，快打快砸快走，让白崇禧的追兵别说打仗，就是花三个月也查明不了我军的意图！[③]

　　中原地区所负的责任很重，是送旧迎新。中原人口有三千万左右，物资也算丰富，但却是两不沾——既不是老区也不是新区。地主掌握的武装约近百万人，已解决四十六万，还有不少。特别是河南农村，地主阶级占优势，群众尚未发动，开展反霸反匪斗争的只有八九个县。农民怕土匪、地主，比怕蒋介石还厉害。湖北我们控制了三分之一的人口，但还是游击区，且遭了很大的水灾，现在灾民两百万人。毛主席说要保持原有生产水准，我与子恢[④]同志商谈过，恐怕难办。中原野战军到大别山后拖弱了一点。中原与中原军区一分，中野抽去了一批干部是必要的，但也影响了中原地区的工作。华东野战军的到来我们是求之不得的，但供应是问题。首先是粮食，原来只有一亿斤，实需一亿五千万斤，董老[⑤]允许与华北局商量，帮助中原五千万斤，但华北也有百万大军，我们不好多提。另外，物资、票子问题也有困难，把东野送走后会好办些。

---

　　① 　选自《李先念传（1909—1949）》，中央文献出版社2009年版，第646页。

　　② 　你们，指江汉军区部队。1947年12月，第十二纵队与中原独立旅（原新四军第五师部队）胜利会师后，奉命组成新的江汉军区。

　　③ 　选自《李先念传（1909—1949）》，中央文献出版社2009年版，第655页。

　　④ 　子恢，即邓子恢，时任中原临时人民政府主席。

　　⑤ 　董老，即董必武，时任华北人民政府主席。

我们送东野大军的支前干部只有三百人，因经验不够，组织不全，虽有铁路，但每小时仅走七华里（现在可走三十公里）；汽车不够；大车可动员五千到七千辆，只能送到确山。谈谈这些，使东野的同志了解情况，以后会好办些①。

前得邓政委②面允，多休养一个月③，现已（准备）南下。虽经数月之休息，据华北医生会诊的结果，为前额的慢性炎症。收效很不大，如不发像无病的样子，若发头昏头痛，最苦闷的为通夜失眠。当较前好些，但仍极苦恼，可是休息不住。胜利在望，我自己觉得太对不住党与人民，前线残酷的斗争，我自己袖手休养，每思比病还苦闷得多。故此决计到前方，看能多少做点事情，如此，要求党不要把我当成一个健全的人，算一个病夫待之。假使病情不再发展，当尽我之能力于党做点事情。万一不成再说④。

六、参加中共七届二中全会

背景：一九四八年四月三十日至五月七日，中共中央书记处在阜平县城南庄召开扩大会议。城南庄会议重点讨论了粟裕关于"华东野战军第一、四、六纵队暂不渡江南进，集中兵力留在中原打大仗，尽可能多地把敌人主力消灭在长江以北"的建议。李先念在发言中，分析了全国特别是中原战场的敌我态势后，对粟裕的建议表示赞同。

如果不歼灭敌人几个正规军，想过长江也过不去，即使过去了，也难以扎根⑤。

---

① 选自李先念在中共七届二中全会上的发言，1949年3月21日。参见《李先念传（1909—1949）》，中央文献出版社2009年版，第685—687页。

② 邓政委，即邓小平，时任晋冀鲁豫野战军政治委员。

③ 在长期的革命斗争生涯中，李先念留下了胃病的病根，以致后来胃病一直折磨着他。全民族抗战期间，紧张的生活，繁忙的工作，又使他患上了神经衰弱症，经常失眠，不得不半夜起床，爬山锻炼。在反攻大别山的日子里，鼻窦炎、额窦炎又经常发作，每天额头内发痛、发冷、发热，昏昏沉沉，已经到了不能正常工作的地步。鉴于李先念病情严重，经中共中央中原局研究，一致决定他立即到华北解放区治疗休养。淮海战役发起后，在邢台治病的李先念激动不已。尽管病情尚未痊愈，但他向中央军委发电"请缨"，要求早日回中原参战。

④ 选自李先念给刘少奇并中共中央的信，1948年12月20日。参见《李先念传（1909—1949）》，中央文献出版社2009年版，第680页。

⑤ 选自李先念谈话要点，1987年12月13日。参见《李先念传（1909—1949）》，中央文献出版社2009年版，第676页。

这次开会①，我和粟裕同志一起向毛主席提出建议，新区土改不能和老区一样。后来毛主席发了一个通知②。

一九四八年五月，李先念与朱德等在河北省阜平县城南庄合影。前排左起：蔡树藩、粟裕、朱德、聂荣臻；后排左起：薄一波、李先念、彭真、陈毅。

我对毛主席"七大"以来的领导是满意的，这样的大会③我是第一次参加。整风时我不在延安，我的错误很大，照四中全会的做法应受"残酷无情斗争"，但党是引导我前进的。我的文化、理论水平都不高；作战在西路军打了败仗。五师也受很大损失，中央作了结论，路线错误大概是不会的。我没有本领造出路线，但有些同志是有意想来打击一下④。从延安出发前，少奇同志曾指示我要独立自主搞军队，五师时期自强，并未失掉独立性。停战协定后，和平使我麻痹，和平当愿望，愿望当政策。对蒋介石下山时的毒气估计不足。三月⑤回来后，自己警惕起来了，知道要打，但未认识是全国性的战争。内部也有些问题，五师是合股公司，打一〇一师我们九个旅未打下来；对蒋区游击战

① 指1948年4月30日至5月7日在河北省阜平县城南庄召开的中共中央书记处扩大会议。
② 选自李先念谈话记录，1983年8月16日。参见《李先念传（1909—1949）》，中央文献出版社2009年版，第678页。
③ 大会，指1949年3月在河北省平山县西柏坡召开的中共七届二中全会。
④ 打击一下，指晋城会议有人对李先念的攻击。
⑤ 三月，指1946年3月去汉口谈判。

争未好好部署，如进一步认识其战略作用会更好些，使刘邓南下更顺利些，如彩号的安置、情报工作等，以致使刘邓处在似乎是孤军作战的状况①。

背景：中共中央和毛泽东高瞻远瞩，对于组建湖北省级领导机构和主要负责人的挑选，早已成竹在胸。一九四九年三月，中共七届二中全会召开期间，毛泽东找李先念到他的住处谈话。当时，尽管中央肯定中原突围是胜利的，但仍有人对中原突围前后这段历史有不同看法。

毛泽东说：有人告了你的状，但不要怕，还得干！并转达了中共中央的决定：湖北解放后，派你回湖北工作②。

附：毛泽东对李先念的评价

李先念是将军不下马的③。

---

① 选自李先念在中共七届二中全会上的发言，1949 年 3 月 21 日。参见《李先念传（1909—1949）》，中央文献出版社 2009 年版，第 687 页。
② 选自李先念谈话要点，1984 年 5 月 26 日。参见《李先念传（1949—1992）》上，中央文献出版社 2009 年版，第 2 页。
③ 选自《李先念传（1949—1992）》上，中央文献出版社 2009 年版，第 614 页。

第七章 主持湖北党政军全面工作

　　背景：一九四九年五月，李先念主持湖北省党政军全面工作。他以"为人民服务当勤务员"自任，坚持走群众路线，以问题为导向，倾听人民呼声，不断探索地方执政经验。短短几年间，他领导湖北人民建立各级人民政权，开展剿匪反霸、镇压反革命、土地改革、抗美援朝、团结知识分子和各界人士等一系列工作，取得显著成绩。

一、建立和巩固湖北省人民政权

　　奉中原临时人民政府命令，成立湖北省人民政府。任命李先念为主席，聂洪钧、王任重为副主席。先念等遵于五月二十日到职视事，开始办公。

　　先念等当本为人民服务之忠诚，在中共中央华中局及中原临时人民政府领导下，愿与我全省人民同心协力，坚决贯彻执行毛主席、朱总司令的约法八章[①]，动员全省人力物力，继续支援大军前进，以便消灭国民党反动派残余，迅

一九四九年五月二十日，中共湖北省委、省人民政府、省军区成立。李先念任湖北省委书记、省政府主席、省军区司令员兼政治委员。图为一九四九年李先念在武汉。

---

　　① 约法八章，即 1949 年 4 月 25 日，毛泽东、朱德发布《中国人民解放军布告》，宣布约法八章：一、保护全体人民的生命财产；二、保护民族工商农牧业；三、没收官僚资本；四、保护一切公私学校、医院、文化教育机关、体育场所及其他一切公益事业；五、除怙恶不悛的战争罪犯及罪大恶极的反革命分子外，凡不持枪抵抗、不阴谋破坏者，一律不加俘虏、不加逮捕、不加侮辱；六、一切散兵游勇均应向当地人民解放军或人民政府投诚报到；七、农村中的封建土地所有权制度是不合理的，应当废除；八、保护外国侨民生命财产的安全。

速解放全国同胞，有计划有步骤地恢复与发展生产，逐渐达到改善人民生活之目的。至清剿残匪，安定社会秩序，整顿交通，兴修水利，恢复与发展文化教育事业等，亦为当前急务。望我全省人民，发扬大革命以来的革命传统精神，遵守人民政府各种法令，勿听奸人造谣，各安生业，竭智尽忠，为建设新民主主义的新湖北而共同奋斗[①]。

当前[②]的中心任务是剿匪反霸，发动群众[③]。

大家不要因为今天胜利了，就以为可以睡大觉，可以安心休息休息。要是这样想，那就完全错误了。大家知道，今天的农村，大半还是土匪、特务和恶霸结合起来统治着的，具体情况各位代表[④]都是很清楚的。虽然很清楚，但直到今天有的还是把知道的情形放在心里，不敢说出来。原因是乡下还有潜伏的特务、土匪活动，比如最近我们黄陂城到姚家集王家河和孝感县的电线经常有人破坏。土匪是哪里来的呢？有些人说："土匪是穷人搞起来的。"这种说法实际上是掩盖着恶霸特务残酷破坏的罪行。是的，在从前封建势力统治的时候，有些老百姓被剥削得少吃无穿，被逼上梁山，为了生活铤而走险，当起"土匪"来。可是现在的土匪不是这样一回事，现在土匪是特务、封建恶霸地主阶级造成的。他们长期以来都是骑在人民头上拉屎拉尿，成了习惯。现在我们不许他们继续骑在我们人民头上，要把他们从人民头上拉下来，于是他们不愿意，组织土匪，勾结特务，进行挣扎，反对人民。所以我们说今天土匪都是政治性土匪。恶霸、土匪、特务是穿一条裤子的，是死心塌地反对人民的地主当权派用来进攻人民的工具。各位代表，你们说这样的土匪是留下好，还是肃清好？如果是应该肃清，那么又该怎样做呢？有的代表一定要说：国家有四百多万人民解放军，派一些解放军来就行。不错，我们的国家是有强大的军队，要派兵是容易的。但是大家要知道，今天的土匪是在暗里活动，派来部队，带上

① 以上内容选自李先念同聂洪钧、王任重联名发布的就职公告，1949 年 5 月 20 日。参见《李先念年谱》第二卷，中央文献出版社 2011 年版，第 7—8 页。

② 人民解放军主力南下西进后，国民党军溃逃时留下的残部和预伏的大批武装特务，同土匪、民团及土豪劣绅相勾结，分别以大别山、大幕山和幕阜山为中心，依仗山险、湖沼和地区结合部，猖狂从事暴乱、爆炸、暗杀活动，焚烧公粮、公盐，破坏铁路、公路，一些地区一度出现匪占农村的严峻局面，新生的人民政权受到严重威胁。李先念等清醒地认识到，彻底摧毁匪霸统治，坚决铲除国民党的社会根基，成为最迫切的任务。

③ 选自李先念在中共湖北省第一次代表会议上的报告，1949 年 8 月 14 日。参见《李先念文选》，人民出版社 1989 年版，第 93 页。

④ 各位代表，指湖北省黄陂县第一届各界人民代表会议代表。

大炮，找不上目标，这就像俗话说"牛大压不死虱子"，光用军队清剿解决不了问题。要解决问题，必须发动各个阶层，特别是农民群众起来把清匪变成为运动①。

剿匪并无别的秘诀，就是依靠群众，正确执行政策，加上我们的决心。只要坚决，匪徒就能肃清。如不坚决，必一事无成。坚决是成功的关键。有了决心就会产生办法，书本上规定的有追剿、堵剿、驻剿、奔袭、合围等等。如果不能坚决还是搞不成，书本本身是一个土匪也捉不到的，要捉到匪徒必须要我们的人去捉，就看我们坚决不坚决了。有决心，每个人都能成为诸葛亮。大家想办法，大家都不怕爬大山，不怕下大雪、落大雨、刮大风、天寒

一九五〇年十月，湖北省第一届各界人民代表会议召开，选举成立湖北省各界人民代表会议协商委员会，李先念当选为主席。图为十月五日李先念致开幕词。

路滑，什么问题都可以解决。为要做到坚决，首先部队本身要坚决，每个人都能为人民忠心耿耿。否则所谓坚决也是空谈②。

大家把恶霸的范围搞清楚了，接着一定会问："恶霸要如何反法呢？是杀他们的头，是把他们关在牢里，还是要他们向人民悔过自新呢？"我说这三个办法都要。首恶的大恶霸，血债甚多，人人痛恨，可以枪毙。人民这样做是问心无愧，而且合情合理的。因他杀人如麻，为什么不可以枪毙他呢？当然不能乱杀，顽固与作恶较小的，可以把他关进牢里，或从轻处理。"皮影子"之流可以让他悔过自新，进行改造，强迫其劳动，使其变为好人，如果再做坏事，当严厉惩处。总之，依据当时当地情况，又符合政府法令处理他们③。

反革命必须镇压，必须强调"准""稳""狠"。"准"，就是指打击真正

---

① 选自李先念在湖北省黄陂县第一届各界人民代表会议上的讲话，1949年11月28日。参见《建国以来李先念文稿》第一册，中央文献出版社2011年版，第31—32页。

② 选自张才千：《李先念指挥我们平定鄂西》，《伟大的人民公仆——怀念李先念同志》，中央文献出版社1993年版，第100页。

③ 选自李先念在湖北省黄陂县第一届人民代表会议上的讲话，1949年11月28日。参见《建国以来李先念文稿》第一册，中央文献出版社2011年版，第33页。

的反革命；"稳"，就是讲究策略；"狠"，就是彻底摧垮反革命的基础。没有"狠"，即令"准""稳"也是错误的；只有"狠"，不掌握"准""稳"也是大错。乱打乱杀，结局也不"狠"，或者"狠"到自己阵营中来，敌我不分，轻重不分，陷自己于孤立，违背了争取多数、打击敌人的策略①。

目前，我们党内一部分干部，对城市特别感兴趣，看不到农村工作的重要性，宁肯拥挤在城市内，也不愿到乡下去，认为农村工作已经过时。有些干部则产生骄傲情绪，闹地位，图享受，怕上山下乡吃苦。有的人甚至政治上失去警惕，看不到恶霸、土匪、特务对人民的严重危害。这些不好的倾向，如不彻底克服，党的方针、任务必然落空，还会使党腐败下去，丧失斗志。

这里还要指出，把当前工作的重点放在农村，绝不是说可以放松城市工作。城市党组织的工作重心当然应在城市。城市的中心工作是恢复与发展生产，正确处理公私关系、劳资关系，搞好城市内部物资调剂，发展内外贸易。我们要依靠工人阶级，教育与团结其他劳动者，把工作做好。各级工会应关心与照顾工人的生活和利益，但在劳资关系上，要防止工人提出不适当的要求而影响资本家的生产积极性。要坚决保护私人财产权，并鼓励资本家积极投资于有利国民生计的各种事业。在新民主主义时期，民族资产阶级是我们的朋友，不是我们的敌人，必须联合他们，同时又要有领导地适当限制他们。在城乡关系上，应着重沟通城乡贸易并帮助乡村剿匪反霸。有些霸、匪、特潜伏在城市，把城市当成他们的防空洞，应设法清查出来，有的要转到乡村，加以管制和令其参加生产②。

我参加过黄陂县的各界代表会，小资产阶级代表人物、工商界上层分子都很少，个别的士绅名义上是代表，实际上不过是一个旁听者。这种状况，就不符合共同纲领的规定。共同纲领对各界代表会议规定得很详细很具体，绝不能视同空文。我们一定要切实做到，在共产党领导下四大阶级紧密联合，使政权巩固，国家强盛，人民幸福，社会安定，经济繁荣，否则就要犯大错误③。

---

① 选自李先念关于镇压反革命给湖北省各地、市、公安处的电报，1951年1月24日。参见《李先念建国初期文稿选集（一九四九年七月——一九五四年五月）》，中央文献出版社2002年版，第178—179页。

② 以上内容选自李先念在中国共产党湖北省第一次代表会议上的报告，1949年8月14日。参见《李先念文选》，人民出版社1989年版，第92—93、99页。

③ 选自李先念在中国共产党湖北省第二次代表会议上的总结报告，1950年8月10日。参见《李先念文选》，人民出版社1989年版，第118页。

统一战线工作究竟重不重要，或是口里讲重要，实际工作中可不重要。我提议所有人把毛主席《〈共产党人〉发刊词》重读一遍，有好处，可以认识中国革命的特点，若不全读，可提出中间一部分读一下。最好是全读，才懂得党和统一战线的关系①。

我们有一部分同志，似乎认为现在中国百分之八九十的人是文盲还不够吓人，不尊重知识分子，不争取、团结、使用他们去改变这种状况。有的同志甚至以农民的狭隘观念鄙视知识分子，企图用各种不正确的办法来限制他们。这是多么错误的思想！②

我们必须重视妇女工作，这是个党的路线问题。群众运动妇女占一半，否则就不算完整的群众运动。妇女同志在思想上要开展斗争，要克服不安心工作的现象，要从思想上理论上去了解妇女工作的重要意义。不要单认为组织上叫我做，我无办法。要把思想感情真正搞通，才会把工作搞好③。

湖北目前的土改，已发展到三岔路口上。也可以说，前面有三条路线：一是和平的走过场的路线，一是"左"的不讲政策的路线，一是执行中央方针的正确路线。我们必须掌握正确路线，不能"左"也不能右。不讲政策、乱干一气的"左"，要打败仗；不发动群众打垮地主气焰、消灭封建剥削的右，也要打败仗。

全国解放前有些根据地的土改斗争，发动群众，依靠贫雇农，做得很好。但也曾出现过一些错误，主要是：侵犯了中农的利益；打击了工商业；普遍追挖底财，以至把地主和富农一律扫地出门；乱捕乱杀。后来中央纠正了这些错误，使土改取得了很大成功。我们应该记取这个教训，坚持正确的路线，防止错误的做法④。

在两次世界大战中，帝俄和德、意、日都垮了，现在美帝国主义又想走这条路。很多人都在关心第三次世界大战会不会爆发？尤其是知识分子，读了一些书，就非常敏感，爱想问题，爱做数学公式。他七算八算，却又总算不出

①　选自李先念在湖北省统战工作会议上的总结讲话，1952 年 9 月 9 日。参见《建国以来李先念文稿》第一册，中央文献出版社 2011 年版，第 371 页。

②　选自李先念对中国共产党湖北省委统战部《关于知识分子问题的报告》的批语。参见《李先念文选》，人民出版社 1989 年版，第 147 页。

③　选自李先念在湖北省妇女代表会议上的讲话，1949 年 11 月 8 日。参见《李先念建国初期文稿选集（一九四九年七月——一九五四年五月）》，中央文献出版社 2002 年版，第 17 页。

④　以上内容选自李先念在中国共产党湖北省地委书记会议上的总结报告，1951 年 1 月 17 日。参见《李先念文选》，人民出版社 1989 年版，第 121—122 页。

一九五一年十一月，湖北省第二届各界人民代表会议召开。经中央人民政府同意，这次会议代行湖北省人民代表大会职权。图为十一月二十三日李先念致开幕词。

一个出路，因为他的"微积分"里只有美国的钢铁、飞机、大炮，再加上一个原子弹，就吓得直颤了。他的公式之所以算不到出路，是全世界人民的和平民主力量总算不进他们的数学公式里去。依我看，帝国主义师出无名，我们人民的力量伟大无比，也应该算进去。有这么一个教员，讲历史，头天讲到了蒋介石，还拍桌大骂"蒋匪帮！"第二天朝鲜战争爆发了，再讲到蒋介石，他就立起正来称"蒋委员长"，只隔一天他就改了口。又有一个老先生，被一个犯了急性病的同志拉着在和平书上签名，他签吧，又怕蒋介石来了，照签名书上的名字捉他杀头；不签吧，又怕别人说他怕死，没有法就签了一个。签的时候，手直抖，几乎把笔抖掉了。你看，朝鲜战争一爆发，许多知识分子都在交头接耳，"第三次世界大战这一下会打起来吧？""嗯！会打起来。""怎么办呢？""跑到重庆去。"不行的，你就是跑到喜马拉雅山去，英国人从印度、西藏一出兵，抄了后路，首先就把你捉住。这就是读了书有好处，书没有读好，又有坏处——太敏感了。帝国主义会不会打来？可能会来。来了怎么办？来了就打。打不打得赢？打得赢。打起来死不死人？要死几个？死你还是死我？那就难说。我们是正义的，正义就打得赢。不说远，就说三四年以前的蒋介石，他有海陆空，号称八百万，我们人也少，武器也差，为什么我们胜利了？

大家都说这是一个谜。有人说，这是共产党的将领高明。高明，也确是高明一点，但主要的还是因为我们是为人民大众的生存、自由而战斗的。比武器，美帝有飞机，我们现在也有；他有大炮，我们也有；他有原子弹，我们也有。比力量，我们有苏联和人民民主的国家，还有殖民地的人民，还有法国、美国、英国的人民也爱好和平，反对战争，我们的力量也不比美帝国主义差一点。战争总要靠人。美国在朝鲜一登陆，"舆论"就来了，怀疑共产党说朝鲜打得赢。后来他们才知道，美帝多不要脸，多没有用，打一个朝鲜就出动几国兵马。他一手放在西欧，一手放在朝鲜，你看他怎么打？朝鲜人民一定能胜利，就是采取胡志明抗法和我们抗日的办法也要打赢他。帝国主义反动集团都出了兵，苏联、中国和许多人民民主国家的拳头还放在口袋里，没有拿出来，你想他怎么打得赢？我们怎么会打不赢？①

我们中华民族不是好惹的。日本帝国主义要我们中国人当亡国奴，八年抗战，把它打败了。我们中国共产党更是天不怕地不怕。蒋介石有美帝国主义这个后台老板支持，有八百万军队，有那么多美式装备，又有飞机大炮，我们把蒋介石集团打得跑到台湾去了。美帝国主义不甘心在中国的失败，从后台跑到前台，要亲自出马和我们较量。它一面入侵朝鲜，一面把第七舰队开到台湾海峡，耀武扬威，以为这样就可以把我们吓倒。中国人民是吓不倒的！你有你的航空母舰，我有我的大别山！你有航空母舰总不能开到岸上来，顶个屁用！你真的登陆进来，我们打起人民战争，从大别山，这个山、那个山冲下来，把你割开来，装进一个个口袋，收拾你，把口袋扎紧，你跑都跑不掉！美帝国主义没有什么好怕的②。

背景：湖北省的"三反"运动是从一九五一年十二月开始的。运动初期，由于方法正确、措施得当，湖北省在中南六省二市中起到了表率作用，曾受到中共中央和毛泽东的赞誉。

"三反""五反"是党中央毛主席部署的大事。我们老党员都要自觉地带头

① 选自李先念在湖北省第一届文代会上的报告，1950 年 9 月 22 日。参见《建国以来李先念文稿》第一册，中央文献出版社 2011 年版，第 112—113 页。
② 选自陈世基、卜金宝：《伟人风范 后世师表——记李先念二三事》，《解放军报》2010 年 1 月 16 日。

响应啊！我俩[1]是老伙计、老战友，可是现在有人揭发你的问题，你还是先回去接受审查，交代清楚问题。如果你不回去，给组织上出了难题，人家会说我当了你的"防空洞"呀！这对你不好，对我也不好。等你的问题处理完了，再来我家住住，我抽空陪你喝点酒、谈谈心[2]。

建国初期，我在湖北工作，省委和省政府的日常工作，我都交给刘建勋、王任重、刘子厚[3]他们搞。结果"三反""五反"时，中央发了一个通报，决定枪毙刘青山、张子善。我看到通报吓了一跳，赶快回来主持省委会，讨论"打老虎"的问题，有的问题不整还真不得了。但结果一打又打得太多，到处是"老虎"，后来又宣布平反。现在看来，刘青山、张子善不杀也可以，但在那种情况下，不杀不足以教育人[4]。

开展增产节约运动，同时必须坚决展开一个反贪污、反浪费、反官僚主义的斗争。我们机关干部里有没有贪污浪费呢？有的。目前铺张浪费的倾向是发展的，这种倾向对于个别单位或个别人来说还是严重的，问题是现在还未揭开，这需要我们党员同志来勇敢揭发。另外，同志们中有这样一句话："这次要整领导，与我们一般干部无关！"这个说法有一定的道理。但从另一方面说，我们全体同志有没有浪费的思想呢？有的，并且是相当普遍的。这些同志应该联系思想进行检查。的确，我们一些负责同志在这两年中间，铺张浪费的是多一点，从省委负责人以至省级机关都存在有浪费现象。现在，省一级关于贪污的统计数字还说不出来，浪费好多也说不出准确的数字。大家竞相比赛铺张浪费，以能够铺张浪费为"光荣"。如有些同志见某某机关违反制度发了一些东西，这些同志不是站在党的立场上对他们进行规劝和批评，反而以此为借口，就跑到财政部门或领导同志面前质问说："某某机关发了什么东西，我们为什么不发！"这是值得注意的，也是最危险的一种歪风。我们一些长期享受供给制生活的同志，有这样一种错误思想："我们的一切都交给党了，浪费一

---

① 我俩，指李先念与程启光。程启光，老红军，参军前曾和李先念配对帮人修房子，一个是木工，一个泥瓦工，关系非同一般。中华人民共和国成立后，程启光曾任华中军区航办政治委员、中南军区空军后勤部政治委员等职。

② 选自陈世基、卜金宝：《伟人风范 后世师表——记李先念二三事》，《解放军报》2010年1月16日。

③ 刘建勋，时任中共湖北省委第二书记。王任重，时任中共湖北省委常委、省人民政府副主席。刘子厚，时任湖北省人民政府副主席。

④ 选自李先念谈话记录，1990年6月15日。参见《李先念年谱》第六卷，中央文献出版社2011年版，第517页。

点还不应该吗！"还有一些老干部认为："我过去有功，现在胜利了，还不应该多花几个钱吗！"这些同志把"一切都交给党"是好的，"过去有功"党和人民也没有忘记，要是拿这些作理由来要求个人的铺张浪费，那就是错误了。我们共产党员参加革命不是做买卖——拿自己当商品，向党讨价还价。我们应该"先天下之忧而忧，后天下之乐而乐"。在争取改善全体人民生活的基础上，再来改善个人生活，这才称得上是"特殊材料制成的"！①

　　运动开展的关键，仍是首长带头，主动地、系统地、彻底地向党及群众揭发自己的错误，而后领导者才能主动，群众才服气。群众一看见领导者有决心，就敢于揭发贪污分子了。这次运动的目的，是要使我们领导者摸索经验并脚踏实地地工作。另一目的，则主要是打击贪污分子，而这些贪污分子有的可能是隐蔽的反革命分子。因此，带着清理中层的性质②。

　　一九四九年至一九五二年，在李先念领导下，湖北的剿匪反霸、统一财经、土地改革、民主改革等任务胜利完成，国民经济基本恢复。图为一九五二年十二月李先念在湖北省第二届第二次各界人民代表会议上讲话。

---

　　①　选自李先念在湖北省直机关党员大会上的动员报告，1951 年 12 月 14 日。参见《李先念建国初期文稿选集（一九四九年七月——一九五四年五月）》，中央文献出版社 2002 年版，第 266—268 页。
　　②　选自李先念给王任重并顾大椿、阎钧、刘晋、胡震的信，1951 年 12 月 17 日。参见《李先念建国初期文稿选集（一九四九年七月——一九五四年五月）》，中央文献出版社 2002 年版，第 272 页。

二、加强党的建设

不言而喻，我们的党，今天是胜利了的党。革命的胜利是中国人民在党的领导下，将近三十年斗争的结晶。在翻天覆地的伟大斗争中，我们的同志及人民究竟死了多少？流了多少血？是无法统计的。血的历史，我们活着的人都记得很清楚，并且是常谈的。这的确是党的光荣，是中国人民的光荣。但是，要防止我们活着的人钻进光荣圈子里不肯出来，就只在那里谈"光荣"、吃"光荣"，而对今天艰巨的任务，再也不去理会它。如果那样，事情就要糟糕，而且糟得不可收拾，光荣就要变成耻辱。到了那个时候，发牢骚、骂街、打人，都不成，因为党的纪律不允许这样做。斯大林曾经讲过，在掀起群众的怒火来反对我们组织里官僚主义、邪恶行为的时候，往往不得不牵动某些过去曾有过功劳，而现在害了官僚主义病的同志。但是这就能阻止我们组织自下而上的监督工作吗？我认为这是不能和不应当阻止的。由于旧的功劳，应该向他们鞠躬；由于新的错误和官僚主义，应该揍他们一顿。党的七届二中全会决议指出："夺取全国胜利，这只是万里长征走完了第一步。如果这一步也值得骄傲，那是比较渺小的，更值得骄傲的还在后头。""中国的革命是伟大的，但革命以后的路程更长，工作更伟大，更艰苦。这一点现在就必须向党内讲明白，务必使同志们继续地保持谦虚、谨慎、不骄、不躁的作风，务必使同志们继续地保持艰苦奋斗的作风。"现在有些同志被胜利冲昏了头脑，在那里骄傲自满，不愿看见与接受新生事物，光只在那里谈"光荣"，不愿继续埋头苦干，踏实地去工作与学习，而每天在那里发牢骚，王婆娘骂街，这也看不惯，那也不如意。但犯了错误，革命事业是不能原谅你的。的确，党的老骨干是党的财富，是取得胜利与建设国家的条件，不言而喻应该受到敬重；但不能背上劳苦功高的包袱，居功骄横，不然就要阻碍我们的进步，就割断了党与人民的联系。要克服骄傲自满、滥用权力、拒绝批评与压制批评的行为。正确运用批评与自我批评的武器，这是党的建设的基础，是人民民主专政的根基[1]。

我讲六个字，就是立场、观点、方法。你们[2]投身革命，接受思想改造，

---

[1] 选自李先念在中共湖北省委召开的地委书记联席会议上的总结讲话，1950年5月20日。参见《建国以来李先念文稿》第一册，中央文献出版社2011年版，第67—68页。

[2] 你们，指湖北人民革命大学一部第二期学员。

首先要解决的是站在无产阶级立场上，还是站在资产阶级立场上的问题。如果你脚踏两只船，船一分开，你就会"扑咚"一声，落入水中淹死。有了坚定的无产阶级立场，还要有无产阶级的观点和方法。这六个字紧密相连，缺一不可。希望同学们也要投身于劳苦大众中去，彻底转变自己的世界观，全心全意为人民服务 ①。

有一些人说你们 ② 年纪太轻，观点还不明确，立场也不稳，只会唱歌、扭秧歌、开会……怎能搞好工作呢？却不知正是要能够扭秧歌、会唱歌以及会开会才能做好剿匪反霸、减租减息的工作。因为在唱歌、扭秧歌及开会中提高了人民群众的政治觉悟、阶级仇恨、阶级觉悟，所以说只要有任何一种长处，都可以为人民服务。莫要错认为唱歌、扭秧歌是一种单纯的娱乐，它正是联系群众、动员群众、学习群众以及深入教育群众的一个好方式好方法。可是这里有一个重要的原则，即是为人民服务当勤务员的态度问题，那就是要老老实实。假若在工作时板起一副凶恶的面孔、自高自大的样子，人民是看不惯的，人民是瞧不起的，人民就会不理你的。现在，之所以能使群众对你们的认识有所改变，也就是由于同志们工作态度老老实实的结果。所以说，只要你们工作态度老实一点，人民就会爱你们的，那么你们的"价值"也就提高和贵重了。现在，各地各部门就像"定货"一样抢着要你们，这是因为你们能为人民服务，走群众路线，这是对的。要继续、坚决、深入地走群众路线。如果你们再自高自大，那就是回头，又不值钱了。但是，要有计划、有步骤地走群众路线，一面走，一面看，不要闭着眼睛乱走，所以同志们要学理论、政策、方法 ③。

为人民服务的人，不是当一天和尚撞一天钟，是要用思想，认真的思想，就会把真理想通。要用思想，不只是照书去想，还要到实际工作中去想，只有将书本知识与实际工作中所表现的事情配合起来想，问题才能全面，办法也就对头。为此，就要打下身子与广大群众紧密联系，倾听他们的意见，向他们学习，不摆官架子，不盛气凌人，老老实实，才是一个好的人，这也就是革命同志的品质。高高在上，不但想不出真理，只能想些歪理，至少是一个害死人的

---

　　① 李先念在湖北人民革命大学一部第二期开学典礼上的讲话，1950 年 3 月 8 日。参见《李先念年谱》第二卷，中央文献出版社 2011 年版，第 84—85 页。

　　② 你们，指湖北人民革命大学学员。

　　③ 选自李先念在湖北人民革命大学首届校庆大会上的讲话，1950 年 8 月 6 日。参见《建国以来李先念文稿》第一册，中央文献出版社 2011 年版，第 100—101 页。

官僚主义者①。

据说石首具委书记工作很不踏实，一年只下去三天，随身带着较会写文章的两个大学生，已在报上发表过文章。然而所报导（道）的与工作实际状况相差尚远。如果属实，是欺骗党、欺骗人民的，是华而不实、脆而不坚的国民党的恶劣作风。我们的事业往往就是这种人坏了的，报喜不报忧，好大喜功，必然失败。一时热热闹闹，遗留问题后患无穷。现在要提倡检查工作，即便不能系统检查，也应时常注意检查，发现这种恶劣作风，毫不留情地给以斗争。屡教不改者，必须请他让开。我们的工作必须做透，哪怕很小的一件工作，也应做透。否则就是违背党的原则，是反马列主义的一种行为②。

人，难道还要像做雪人一样的去做吗？我所说的这种人是社会所需要的，为大多数人所满意和欢迎的人，而不是少数人所满意和欢迎的人。同志们！③我们首先要把脚跟扎正，把自己创造成为一个好人，这就要自己修养、锻炼、改造和创造，使自己合乎这种标准。如同一个木匠做一样东西，要好好修理，才能使它合用。我们青年人如果根子不正，不仅贻误自己，而且还要影响后代。这一代五六十年，加下一代就去了一百几十年，所以做人非常重要。如果根子扎好了，作风正了，可以一直向前发展到社会主义、共产主义社会去。

大多数人所满意的作风，就叫做"正风"，就像一个人手脚相配。旧中国就是风不正，抢劫、掠夺，勾心斗角，吹牛拍马，贪污腐化。全中国解放以后，在城市中大多数是好的，如工人、学生、贫民、职员都是好的，但其中有一部分人，因为受了歪风的影响，而羡慕和崇拜那些吹牛拍马的。过去学生为了什么读书呢？是否为了改变生产落后，要使中国科学发达而读书呢？这种人当然也有，但很少。很多人是为了职业和饭碗，这都还算是正派的；而不少的人却想读了书，如何拍马屁，如何少劳动而多得点东西。他们崇拜那些"历史英雄"，但对于工厂的模范工人，无人去理。他们脱离人民，走着八字步，肚子挺起，眼睛鼓得很大，使人家敬鬼神而远之。同学们看了却觉得自己要做那种人才好，那种狗屁英雄却正是为人民所鄙视和遗弃的。学生们往往天真地接

① 选自李先念为湖北人民革命大学两周年校庆大会题词，1951年8月1日。参见《李先念年谱》第二卷，中央文献出版社2011年版，第230页。

② 选自李先念给荆州地委并告各地、市委的信，1952年2月27日。参见《李先念建国初期文稿选集》（一九四九年七月——一九五四年五月），中央文献出版社2002年版，第289页。

③ 同志们，指湖北人民革命大学第二期直属大队毕业生。

受了那些恶劣的影响，这叫做（作）风不正。使他们受了不良影响，其他农民、工人、职员也有受了这种影响的。如话剧《思想问题》里的旧职员于志让，卑躬屈膝，见人就"是、是、是"，对什么事、什么人应付得过去有饭吃就行了，哪有什么国家、人民观念呢？当然我们不能怨他，要怨反动派和封建制度。问那个做过伪军连长的为什么用功学习新民主主义理论，他却说："是、是、是。将来为人民服务的时候，好应付应付。"同学们看！他连为人民服务也是"应付应付"，如果你们也是这样，那就糟糕透了。

我们要想得到人民的拥护不能干喊。干喊，人民是不会理睬你的。只有作风正派，老老实实地干，成为人民所需要的人，他自然就会拥护你，否则，人民会抛弃你们的。人民说："张三、李四，你替我们做了事啦。"那就说明你作风正派，是人民所需要的人。而一些为人民所不满意的人，终要被人民摔到茅坑里去。一些人已被人民摔到茅坑里了，还有一些人也将要被人民摔到茅坑里去。同志们！如果你们为人民做了一些好事，使人民吃得好、穿得好，后代的子孙就会说一九五〇年的祖宗真是好，开会时要默念三分钟致敬，这样的人才是万古千秋、永垂不朽的。

究竟如何做好人呢？我告诉你们一条，就是要做革命的职业家，以革命为终身事业，这一条是不容易做到的。比如说，目前战争虽然少了，但由于帝国主义和中国的反动派尚没有彻底消灭，战争仍是有可能的。假使战争爆发了，要你去打仗，你怎么办？平时说要到人民最需要的地方去，那时人民需要你去打仗，你是不是说："人民太苛刻了，恰巧要我到不愿意去的地方去。"当朝鲜战争发生的时候，杜鲁门发表了一通臭声明，一些人就交头接耳说："第三次大战爆发了！"他们连说话的声音都小了。我就说："华盛顿还远得很，声音放大些他们听不到的。"和平签名的时候，有人手指发抖，生怕杜鲁门将来按名单捉人。也有人参加了共产主义青年团，怕将来"倒霉"，又要求退团，还有些人要请假，存心要看看一个月的局势再来。这些人可以说都是骨头不硬，缺少钙质，只能哇哇叫却不能走路。这种人要他到人民最需要的地方去，他会不会去呢？恐怕拿鞭子打他也不会去。而许多经过了大革命、土地革命、抗日战争、三年解放战争的老干部、老战士就不同了，他们骨头硬，听说朝鲜战争打起来了他们就不怕，他们是经得起考验的。

所以说"到人民最需要的地方去"，不是一句空话，空谈就是形式主义，一定要能做到。假若现在战争发生了，我一定号召大家到战场上去。当然，现在因为还没有战争，不会这样号召。但是大家一定要有这样的决心，个人利益必须服从革命利益，小局服从大局，个人小事情服从国家、集体的大事情。这就需要有坚定的立场，艰苦奋斗的精神，不讲荣誉地位，埋头工作。但有一批人却不从大利益着想，专门打自己的小算盘。举例说，这次武大毕业的同学分配工作，有些不愿到东北去。一个理由是怕敌人的翻山炮翻过鸭绿江，会把他打死。另一个理由是怕冷，说是"东北冷，耳朵一摸就掉了"。还有一个理由就是怕到东北不能结婚。我就告诉他们，敌人的大炮就是打过来，也不一定就会恰巧打死你。说东北天气冷，而东北那么多人的耳朵、鼻子都没有见一个被冻掉的，南方的人到东北去的也很多，耳朵、鼻子也都是好好的。至于结婚的问题，只要你工作积极、思想进步，人民称赞你好，你就有荣誉。你是男的，就会有女的追你；你是女的，后面一定会有一群男人追你。如果你只是发牢骚，不好好工作，大家说你是个"牢骚专家"，那当然会男的找不着女的，女的也找不着男的。有些男同学说："东北女的不漂亮"。不见得吧？东北有许多女的一样是很漂亮的。也有女同学说："东北人性情不好，恐怕对不住头。"我说也不见得吧，性情不好，经过革命的锻炼，就会变好的，一定会对得住头，而且对得恰恰合适。总起来说，这都是小资产阶级的幻想，处处盘算个人得失，为一点点小事情就失眠，开会讲话时瞎吹一顿，一遇到实际问题，就把个人利益摆在前头，大众利益丢到后头了。这种思想发展下去，国家永远落后，永远是弄不好的。这是革命者必须弄清楚的基本道理。这道理很容易讲，拿一本《论共产党员的修养》看一下就讲得出来，但一遇到与自己的利益矛盾时，就弄倒了头。所以，同志们一定要把这个道理弄清楚。大家有衣穿，不至露着屁股，能吃饱饭，而且还能享受一点维他命 ABC 就行了，尽可以把个人利益摆在后面。现在大家还在考虑着自己的工作问题，不知道究竟会分到哪里，因为大家都在喊服从组织分配，自己也不能不喊。但一经分配了工作后，就说："我怎么能够到那里去？""人民为什么这样苛刻，一定要我到那里去呢？"我告诉大家，作风要正派，不贪污，不腐化，有困难要挺胸而出。革大的学生一定要懂得，哪里有困难就站到哪里去。抢便宜的人，终究要吃亏的，至少人格上损失了，大家见了你，就瞧不起。所以，我们青年要有血气，要能抵得住困难，并且克服困难，一定要到困难的地方去。当然，任何地方都有困难，没有困难就不叫作革命，但困难来了，就要捏紧拳头，把困难打倒。年轻人有个毛病，一遇到困难就夸大，一有点成功，就爬到秤钩上自称自重，这都不好。大家走到工作岗位上，一定会遇到一些困难的。初到工作中去，都是人生地不熟，到什么地方都要团结同志。你们大家是肉，老干部是骨头，没有肉或骨头都是不成的。但我们有些老干部不懂得这个道理，一看到你们，就问你们是哪里的，你说"革大毕业的。""学了几个月？"你们说"六个月。"问你们多大年龄，你们说"十八岁。"他们可能把你们当作小娃娃看待，但是大家不要灰心，你们要埋头苦干，做出成绩来，大家自然会谅解你而瞧得起你了。

同学们在革大是学习，到工作中仍是学习，把学到的东西用到工作中去，到工作中去锻炼，把一点一滴的经验积累起来，与所学的知识相结合，再在工作中继续学下去，一直到死为止。要不断地学习，不断地工作，不断地提高自己。事实上，在革大所能解决的问题只有百分之零点几，其余百分之九十九以上是要靠大家自己努力，在工作中求得解决的[①]。

我看有两种偏向，一种是放弃了党的批评与自我批评的武器；一种是把批评庸俗化、低级化，陷在日常生活的小圈子里，专门在小问题上去吹毛求疵，找缺点，而在更重要的党的政策方针上却没有人去过问。这样，对党的事业没有好处，这也是支部工作没有搞好的原因之一。应该认识党的生活是党内的政治生活。比如：我们要问，什么叫做德，什么叫做才？我说：把个人利益放在服从地位，忠心耿耿无限忠诚地为党的事业、为人民革命的事业而奋斗，工作积极，埋头苦干，就是德，这就是共产党员的道德品质。我们应当以这种道德品质，去严厉批评那些饱食终日、无所用心、吃饭不做事、光要名誉、闹地位、高高在上脱离群众的人，这就叫高级批评。什么叫做才呢？所谓才是与德相联系的，首先是与阶级观点、群众观点、群众路线分不开的。有了阶级观点和群众路线的才干（这是主要的），再加上业务技术上的才干，才是真才。缺乏阶级观点、群众观点的业务能力是"偏才"，是"表才"，是"假才"，是单纯技术观点，是资产阶级观点的表现。如果一个领导干部不依靠党支部和群众，在政治上就有莫大的危险性，即使他的工作一时看来搞得还好，也是属于偶然，是经不起考验的。没有党的领导，不依靠群众，就不可能有真才干。一切工作任务，只有在党的正确领导下，依靠群众，把群众发动起来，有了群众的积极性和工作热情，才能很顺利地完成。我们就应依此来展开批评与自我批

---

① 以上内容选自李先念在湖北人民革命大学第二期直属大队毕业典礼上的讲话，1950年9月12日。参见《建国以来李先念文稿》第一册，中央文献出版社2011年版，第105—109页。

评。那么，如果用自己的劳动所得节约下来的钱多吃根油条，买只手表，女同志买件花衣服穿或在冬天买一瓶雪花膏用一用；再就是青年男女之间共同走一下路，谈了几句话，就认为内中有鬼，都把它说成是资产阶级思想，或丧失了道德，而进行批评，甚至斗得不得下台。这就是吹毛求疵，闹无原则的纠纷，对工作是没有什么帮助的。我们有些同志，有一种错觉，以为穷得连条裤子没有才算够党员的条件。劳动所得，节约的钱不用，穿差的吃差的，每天摆起面孔，沉闷得吓人，这才算叫道德。我们要防止这种偏向，但对原则错误决不能放松。

我们还要反对把马列主义当成个人的装饰品，见别人来了，口口声声马列主义，将吃饭、拉屎一切都当成原则；别人走了便个人自由主义，自己为所欲为。我们对违背党的政策方针和单纯的技术观点，以及放荡不羁的生活，要展开尖锐的思想斗争，进行批评和自我批评，这就是原则性的斗争。我们有些同志在思想斗争中，存在断章取义、片面看问题的倾向，其原因：一是水平不高，一是小资产阶级思想的片面性和农民思想的狭隘性，分不清是与非、原则问题与非原则问题，因此要加强学习，提高水平。

在开展对小资产阶级思想的批评和自我批评时，要把革命英雄主义和个人英雄主义分开。革命英雄主义是为了搞好革命事业，但我们要反对那种打击别人、抬高自己的个人英雄主义。如果我们没有革命的英雄主义，就不会有工作的积极性。有人说，积极工作就是拍马屁，想入党，这种嫉妒情绪是不对的，是应当反对的。

在反官僚主义时，应当把积极工作，埋头苦干而由于水平不高、能力不强、经验不足，致使工作效率不高的，或积极工作，任劳任怨而也有点官僚主义的，同那些饱食终日、无所用心、光闹名誉、闹地位、消极怠工的人区别开来。前者应是教育提高，后者则应展开严厉的批评和思想斗争。这就是说，我们不要把批评和自我批评低级化、庸俗化，要为坚持党的原则而斗争①。

在建党工作上，关门是不对的，拉夫凑数也是不对的，要积极、慎重、负责地进行建党。负责就包括积极、慎重两方面。吸收党员时，就要清楚了解发展对象的历史、思想意识、工作情况、要求等，方式不要生硬简单。青年团

---

① 以上内容选自李先念在湖北省直机关第一次党员代表大会上的讲话，1952 年 9 月 10 日，参见《建国以来李先念文稿》第一册，中央文献出版社 2011 年版，第 381—383 页。

在建党、提拔干部中是起了助手和后备军作用的，输送了一部分团员到党内来了，我们做团的工作同志应视为光荣，不要害怕，团垮不了，因为团同样也是要发展的。

　　培养干部与建党是互相联系的，要大胆放手提拔干部。培养、提拔干部是战略性的任务，历史上从来没有过像今天这样成熟的条件。因此，我们要大胆大量提拔新干部。有些老干部说："党不相信我们了。"我们说："党始终是相信老干部的，依靠老干部的，政策是不会变的。"但是，个别老干部光摆资格，他们变得非常坏，我们是不能相信的，资格是不能孤立存在的。从德、才上一般来说，老干部斗争历史长，经验多，较老练，有才干，德也好；而新干部呢？有热情，积极肯干，但缺少经验，不老练，易犯"左"倾幼稚病的错误，因此，新干部不能忙于当大家，还需要锻炼，这就是干部政策。工作发展，干部要调动，就要放手大量提拔一批，不但是为了需要，而且也有了条件。只有这样，才能争取主动，否则长期处于被动。因此，必须反对保守思想，反对小资产阶级的嫉妒心、平均主义与个人主义。工农老干部最苦恼的是缺乏文化，党要负责，个人也要负责，一定要设法解决①。

　　新老干部之间"三反"以前存在一些不团结的现象，生活上没有完全打成一片，有些地方存在相当严重的宗派情绪，这一情况"三反"中算是得到基本解决。当时，有的新干部说："老干部是官僚主义，旧人员是贪污分子，商人是'五毒'，唯有我清高。"这说明这个新干部思想不对头，也说明新老干部之间还不够融洽。因此，支部要好好动员一下，不分新老干部，不分工农干部与知识分子干部，不分男女干部都在一块进行活动，从工作上、学习上、生活上打成一片。今后每个科的科长和支部，对本科及支部所领导的群众，所有干部的名字、个性、要求、情绪等，都要了解，否则就是官僚主义。只有同群众打成一片，才能讲到团结。要关心大家的政治生活。今后，有些党的会议不但要吸收青年团员参加，而且要吸收民主人士参加。要关心群众切身利益，如疾病、文娱活动等。这样就一定会改善新老干部关系、党与非党及群众的关系②。

---

　　①　以上内容选自李先念在湖北省直机关第一次党员代表大会上的讲话，1952年9月10日。参见《建国以来李先念文稿》第一册，中央文献出版社2011年版，第383—384页。

　　②　选自李先念在湖北省直机关第一次党员代表大会上的讲话，1952年9月10日。参见《建国以来李先念文稿》第一册，中央文献出版社2011年版，第384—385页。

三、恢复和发展湖北省国民经济

我们夺取政权以后的任务很多，但归结起来，根本的就是要进行经济建设。早在土地改革开始的时候，中央就指出，必须把土地改革搞好，为经济建设打好基础。过去三年，党把重点放在政治、经济、文化的改革上是对的。现在各项改革完成了，遭受破坏的经济已经恢复，抗美援朝的战争也已基本结束，应当及时地把工作重点转移到经济建设上来，不断壮大我们的经济实力，逐步改变贫穷落后的面貌，才能使我们的政权更加巩固①。

共产党员应当努力学会做经济工作。这一问题，在我们党来说，不是今天开始提出的。多少年以前，我们党的领袖毛主席就号召我们必须注意经济工作。面临着革命的胜利，随着发展经济的客观条件逐步具备，又适时提出了学习经济工作的具体要求，制定发展我国经济的政策与方针，提出了经济工作的方法。关于经济工作的思想，在毛泽东思想宝库中占有极为重要的位置。七年以前，毛主席号召我们两三年内完全学会经济工作。中华人民共和国成立以后，他更严肃地指出：严重的经济建设任务摆在我们面前，我们熟悉的东西有些快要闲起来了，我们不熟悉的东西在强迫我们去做。我们必须学会自己不懂的东西，我们必须向一切内行的人们（不管什么人）学经济工作。

上述两种人②产生不愿做经济工作的一个共同原因，是忽视经济工作在革命斗争中的重要性，不懂得或者忽视了革命的根本目的是要解放与提高生产力，改善人民的物质生活、文化生活，归根结底革命是为了使人民经过自己的劳动而吃得好、住得好、穿得好、玩得好。为了这些就要搞好经济工作，学好经济工作。不然，社会主义美好的将来，是不会来的③。

我在财经工作上完全为外行，材料④中还很怕提得不当，请你有时间一阅。如有不对，请批示，毫不要客气。记得一九三八年在延安马列学院学经济

---

① 选自李先念在湖北省第二次农村工作会议上的报告，1953年4月1日。参见《李先念文选》，人民出版社1989年版，第150页。

② 两种人，指不愿做经济工作的两种人。一种是老干部，另一种是部分广大新干部。

③ 以上内容选自李先念：《纪念七一，百倍努力学好经济工作》，《新武汉报》1952年7月1日。

④ 材料，指报送时任政务院财政经济委员会副主任兼财政部部长薄一波的《关于湖北省一九五〇年财经工作的估价和一九五一年工作的几个问题》。

时，觉得事不关己，高高挂起，现在后悔不及了。不过，现在还有些兴趣向这个方面研究，然而我这样的人是万金油干部，难以专门化了。我省现有财经干部虽然有不少，但大部是留用人员与新学生，不但业务水平不高，在政治上尚不稳定，调不出骨干去充实，这是我们最苦闷之事①。

我们生产救灾的办法，基本上依靠群众的饱满情绪和艰巨的组织工作，加上还有一些救灾的经验，战胜灾荒就不成问题。回想过去有过比这次灾荒更大的困难也克服了，例如工农红军长征过雪山草地，既要行军作战，又不能生产，那时有谁帮助我们呢？不比今天的困难更大吗？今天我们提出不准饿死一个人，那时候饿死人的事情就很难避免了。又例如红军走后的苏区群众，当时的鄂豫皖、湘鄂西、湘鄂赣地区，国民党反动派烧抢屠杀，田地一片荒芜，房屋火烧数次，苏区的人民群众一面反抗一面也熬过来了。解放后这些荒芜的土地也开垦起来了，难道今天这么好的环境和条件还度不过去吗？还不能战胜灾荒吗？②

我们逐步实现国家的社会主义工业化，逐步实现对资本主义工商业和对个体农业、手工业的社会主义改造，根本的目的是发展社会生产力，在此基础上提高人民的生活水平。我们应该为此目的而努力奋斗③。

文化教育要考虑到经济发展的需要。我很主张办中级农业学校，这对发展国营农场和农业合作社，对指导农民改进生产技术，都有益处。人才特别是技术干部今天已感不足，今后问题会更加严重，要及早筹划④。

附：李先念关于把工作重点转到经济建设上来的讲话（节录）（一九五二年七月）

党的七届二中全会明确指出，在革命取得全国范围的胜利后，我们的工作重点要转到城市，转到经济建设。由于中南区是个新解放区，客观情况决定了开头两三年的工作不得不着重抓政治改革，包括农村的土

---

① 选自李先念给薄一波的信，1951 年 1 月 21 日。参见《李先念年谱》第二卷，中央文献出版社 2011 年版，第 178 页。

② 选自李先念在湖北省灾区农民代表会议上的讲话，1952 年 9 月 1 日。参见《李先念建国初期文稿选集》（一九四九年七月——一九五四年五月），中央文献出版社 2002 年版，第 398 页。

③ 选自李先念在中共湖北省第三次代表会议上的报告，1953 年 10 月 20 日。参见《李先念文选》，人民出版社 1989 年版，第 157 页。

④ 选自李先念给湖北省人民政府领导干部的信，1953 年 6 月 8 日。参见《李先念文选》，人民出版社 1989 年版，第 154 页。

地改革和城市的民主改革，这是完全必要的。现在农村的土地改革已全部完成，城市的民主改革也基本结束，这就为开展大规模的经济建设创造了不可缺少的前提。因此，我们必须跟上形势的发展，在思想上明确起来，今后的工作是集中主要的精力抓好增产节约，抓好经济建设。

就武汉全市情况来看，这个方针也是合乎实际的。武汉实行这个工作方针的出发点和根据是什么呢？这就是，经过抗美援朝、镇压反革命、"三反""五反"运动以及企业和街道的民主改革等活动，阻碍生产力发展的势力已经被打垮，人民群众的政治觉悟大大提高，强烈要求发展生产。我们已经具备了大力进行经济建设的社会条件。在这种情况下，如果不坚决实行以生产为中心的方针，我们就会落后于客观形势，落后于群众的要求和热情。当然，对反动势力还要继续保持革命的警觉性，但如果硬要等到反革命分子一个也没有了才转向经济建设，那就是舍本求末。我们在政治改革的椅子上已经坐了三年，今天必须朝经济建设的椅子方面转。中国长期的革命斗争，是为了夺取政权；而夺取政权又是为了发展生产，繁荣经济，改善人民生活，建设富强国家。如果生产搞不好，人民生活水平不能提高，人民同样会反对我们，人民民主专政是不能巩固的。过去我们在政治上已经打下了很好的基础，今后就是要在经济上打下基础，真正从经济根基上来巩固人民的政权。有的同志认为，"政治改革了，政权就巩固"。这有道理，但不完全。应当看到，经济建设搞好了，政权才能真正巩固。做好经济工作，本身就具有重要的政治意义。建国三年来我们稳定了物价，不仅为今后经济建设创造了有利条件，而且也是社会安定、人民政权巩固的有力保证。再如，荆江分洪是一项巨大的建设工程，它可以有力地防止洪水泛滥、保护江汉平原广大人民群众生命财产的安全。现在这个工程已经建成，大家可以看到，其政治影响是很大的。

现在一个很突出的问题是干部思想问题。我们的许多干部仍然钻到政治改革中出不来，对搞经济建设的重要性和迫切性认识很差，对经济工作缺乏起码的热情和兴趣。开会的时候，谈战争、谈土改、谈政治运动，他们津津乐道；一谈经济，就"开溜"。这种现象，不仅下级干部中有，高级干部中也有。更为普遍的是，我们的干部缺乏经济工作知识，缺乏经济管理经验。干部队伍的这种状况不改变，我们的工作就跟不上形势的发展，就很难把工作的重心转到经济建设上来。因此，干部思想必须来一个转变，充分重视经济工作，真正钻到经济建设中去，学会搞好经济工作的本领。现在，要有一大批干部转到经济战线上来。原来的军事干部、政治干部和"万金油"干部，要尽快成为在经济工作方面有特长的干部。现在不懂得经济还可以原谅，如果两三年之后还不懂经济，就是对党对人民不负责任。我们应该有学会做经济工作的信心和决心。只要把头"削尖"，真正钻进去，是一定能学会经济这门复杂的科学的。红军开始时并没有多少人懂军事科学，经过学习和实践，我们也就逐步学会了，党内涌现出一大批军事家，今天为什么就不能学会经济科学呢？

全国即将开展大规模的经济建设，武汉再过十年八年，有极大的可能成为全国工业中心之一。这就需要大量的干部。目前干部数量不足是一个很大的矛盾。现在大家都争着向上级要人，这不是解决矛盾的办法，关键在于是否敢于放手挑选、培养与提拔干部。这是各级党委的责任。如果不去把这个工作做好，就是"吃大米干饭不做事"。干部的"仓库"大得很，"仓库"不是在我们这里，而是在你们那里，就在你们的机关、工厂、学校里。三年来，我们总是说"群众发动起来了"，"工作成绩很大"等等，但为什么就不能从涌现出来的积极分子中解决干部问题呢？现在有的单位让大学毕业生当收发、做抄写工作，这是学非所用，大材小用。这种状况要改变。要把大专毕业生登记一下，要充分重视从知识分子中培养和选拔干部。

在政治改革中，我们坚决地依靠了群众，今后的经济建设，更要进一步坚决地、毫不动摇地依靠群众。依靠群众是我们的基本观念，群众路线是我们党的基本路线。因此，群众观点，群众路线，以及群众工作方法，必须贯彻到各项工作中去。有人以为政治改革要依靠群众，不靠不行，生产建设就不一样，可以只依靠行政领导和技术专家就行了。不错，进行经济建设是要加强行政领导，要充分发挥技术专家的作用，但是，如果不走群众路线，离开群众的智慧和热情，那就是单纯的行政观点和技术观点。行政领导如果与广大群众格格不入，官僚主义势必发展。技术专家如果脱离群众的实践，在政治上和技术上都不会有什么长进。我们共产党人，任何时期都必须依靠群众，一切工作都必须将群众发动和组织起来。为此，就要深入到群众中去，同他们交朋友、谈心，了解他们的基本要求，启发他们的觉悟，解决他们的问题。在工厂是联系工人，在农村是联系农民，在机关是联系干部，到哪里就要联系哪里的群众。总之，脱离群众，什么工作也做不好。

今后工作重点转到经济建设，但也不能放松政治改革。今年下半年的工作，可以分为两条战线：一条战线是生产建设，一条战线是政治改革。政治改革所以不能放松，是因为阶级敌人虽然受到了沉重的打击，但是残余分子还在进行破坏活动，而且斗争的方式更加巧妙、更加隐蔽。同时，政治改革的发展是不平衡的，有先进与后进之分，街道与机关、工厂企业的情况也不同，所以不能以一种公式生硬地去套。市委、区委在领导上要注意，有的要以增产为主，有的要以节约为主，有的是增产节约并重；有的可以完全转入生产建设，有的要在生产建设过程中进行政治改革补课，也还有的地方仍要以政治改革为主。街道和公安、司法机关的政治改革还没有搞，更要认真抓好这项工作。

在政治改革中，必须讲究实效，防止形式主义。目前有的农村出现了不管做什么事，都要搞扎根串连，访贫问苦，开大会小会诉苦，引起了农民的厌倦和不满。甚至有的农民对干部说："我只诉这一次苦了，行不行？"干部说："你不诉苦了，还想要不想要社会主义！"好像社会主义是诉苦诉出来似的。不了解群众的要求，搞这种形式主义，不是为人民服务，而是给人民添麻烦。

政治改革最后阶段是思想建设，要抓住主要问题，提出切合实际的要求，有针对性地做好思想教育工作。有的单位不是这样，却去管女同志穿裙子问题，这是封建思想作怪，硬要把共产党搞成孔夫子那样。有的地方把思想建设的目标提得很高很高，恨不得在短短的时间内就把那里的群众都训练成共产主义者，脱离了实际。今后要吸取这些经验教训，把政治改革搞得更好。

现阶段进行经济建设，要使五种经济成分各得其所。这里我着重讲一下正确处理同资产阶级的关系问题。民族资产阶级具有两面性，对它要既团结又斗争。要注意警惕和限制它的消极性，引导和发挥它的积极性。当它不老实的时候，就要瞪着眼看它一下，让它安分些；当它消极的时候，就要拍拍它的肩膀，使它积极起来。当前，最主要的，是要从人民的利益出发，利用资产阶级的积极性来发展生产。中国的经济还很落后，还不能完全取消资本主义经济，为什么不利用资本家的资金、管理技术来发展生产？就现在武汉市的情况来看，有些资产阶级分子还在反对共产党和工人阶级的领导，这一点我们必须注意警惕。但是，我们也必须注意继续克服"五反"运动以来一概排斥资产阶级的"左"的偏向，搞好公私关系、劳资关系。有一些劳资关系，形式上是劳方与资方的关系，但实际上包含有公私关系的内容。资本家是为了赚钱才去开工厂办企业的，如果无利可图，他就不开不办了。我们一些同志似乎不大懂得这一点，他们认为对资方限制越苛刻越好，结果使得资方无钱可赚，工厂开不了工，工人拿不到工资、开不了伙。这个问题得不到解决，既影响生产，又会使工人产生不满，埋怨政府。在这种情况下，解决好劳资关系，要首先从恰当解决公私关系着手。总之，同资产阶级的关系是很复杂的，我们必须学习和掌握党对资产阶级的政策。处理一些比较重要的事情，必须请示报告，以便及时正确地解决实际中遇到的问题，使资产阶级在增加生产、繁荣经济中能够发挥出应有的积极作用[1]。

四、兼任武汉市委书记、市长

解放初期武汉市和湖北省是平行的，同属中南局领导。我管湖北省的工作，对武汉市发生的"纪凯夫事件"[2]也不了解。后来我兼武汉市委书记和市

---

[1] 以上内容选自《李先念文选》，人民出版社1989年版，第140—146页。

[2] 1951年4月12日，武汉市立第二医院发生一起盗款案。当时任医务科员兼院长室文书的纪凯夫被诬为盗款人，先后两次被公安局逮捕。同年11月，经上级党委和人民政府组织联合检查组进行调查，弄清盗案真相，否定了对纪凯夫的诬陷。根据查清的事实，中南军政委员会对压制民主、侵犯人权和借端报复、阴谋陷害纪凯夫等的几名干部作了严肃的处理。此时，中央有关部门派赴武汉工作的干部，了解到此案的调查结果后，回京即向中央有关领导作了报告。这时，正值中央决定要开展"三反"运动，此事即作为一个典型事例反映到毛泽东那里。在毛泽东的督促下，中南局常委会作出决定，改组武汉市委和市政府党组，对几位主要领导人给予党内处分。中共中央任命李先念兼任武汉市委书记和市长。当时，武汉市有不少干部惴惴不安，担心被株连；而当时也确有个别派到武汉市去的同志把问题看得很重，认为还要查处一批干部。在这种情况下，李先念坚持对武汉市的工作进行实事求是的深入了解和全面分析，在这个基础上正式向中央写出报告，明确肯定武汉市的工作是认真贯彻执行了党的路线、方针、政策的，从而正确地保护并进一步调动了武汉市干部的积极性，不仅稳定了武汉市的工作，而且推动了武汉市的工作更加生气勃勃地向前发展。

长时也未过问过此事。不过对这一案件的处理，因为牵涉很多人，所以在中南局和武汉地区的干部中议论很多，有些人认为处理过重[1]。

三年来，在中南局的直接领导下，武汉市委坚持依靠工人改造企业，依靠群众改造城市，依靠干部改善机关的领导，政治改革和其他方面的工作都做得很好。今年以来开展"三反""五反"运动，也取得了重大胜利。不管市委发生过什么问题，总的看只是个别问题。所以，还是我刚到市委时说的那句话：武汉市委的工作成绩是主要的，武汉市的绝大多数干部是好的[2]。

我们的眼睛要向前看。干部与干部之间有意见和分歧，应暂时搁下来，过两三个月再来解决。通过目前的"三反"，进一步加强团结，武汉市的工作是可以搞好的。武汉市的干部并不算多，我们应该相信，大多数干部是好的，个别干部贪污也是有的。因此，只要思想上统一，上下左右依靠几十万工人阶级，一定可以搞好。我们一定要增强信心，这样才能提高干部，达到全党团结、联系广大群众的目的[3]。

一九五二年二月，李先念兼任武汉市委书记和市长。他在领导武汉市工作中提出，工作重心要转到经济建设上来。图为李先念（左一）在武汉市庆祝"五一"国际劳动节大会上。

[1]　选自李先念给薄一波的信，1987年6月7日。参见《李先念年谱》第六卷，中央文献出版社2011年版，第392页。

[2]　选自李先念在中共武汉市委扩大会议上的讲话，1952年7月。参见《李先念文选》，人民出版社1989年版，第140页。

[3]　选自李先念在中共武汉市委第一次全体委员会议上的讲话，1952年2月20日。参见《李先念年谱》第二卷，中央文献出版社2011年版，第274—275页。

武汉市干部短缺问题，要自力更生，大胆提拔。要通过到党校学习和参加行政会议，加强对新干部的培养。老干部要注意帮一下新干部，并加强自身文化和历史常识的学习。建党问题，既要放心，又要放手，稳步发展①。

我到武汉市工作已达八个月，工作上有一点成绩，多由全体同志努力。新的时代，新事物不断的发展，希望市委的同志兢兢业业地工作。我认为以前的市委坚决依靠工人群众，做出了很大成绩。缺点是市府党组与市委思想未能统一起来，而使工作受到阻碍，这是一个深刻的教训，希望大家牢记这一条②。

五、主管中南财经

背景：从一九五二年九月到一九五四年五月间，李先念在主持湖北省全面工作的同时，又先后担任中共中央中南局第三副书记、中南军政委员会（一九五三年一月改为中南行政委员会）副主席，并兼任中南财经委员会主任，主管中南区的财经工作。李先念和中南区有关领导人及中南财委，从全区实际出发，认真贯彻执行中国共产党在过渡时期的总路线和总任务，悉心探索工业建设、社会主义改造和财经等工作的特点与规律，积极推进中南区各项建设事业的发展。

我是坚决反对建厂的③。因为这太盲目，是在制造失业，制造社会经济的麻烦。现在全区加工厂不是不足，而是有余，其潜在能力根本没有发挥，并且还有一些家庭加工作坊。必须反对不顾社会经济情况而自搞系统，反对看不起已有的旧企业（不管是公营与私营），处处都要新式化；反对片面的经济核算，以为自己加工较之社会加工成本低。事实上作全盘打算的话，并非

---

① 选自李先念在中共武汉市委常委会议上的讲话，1952 年 8 月 26 日。参见《李先念年谱》第二卷，中央文献出版社 2011 年版，第 354 页。

② 选自李先念在中共武汉市委扩大会议上的讲话，1952 年 10 月 31 日。参见《李先念年谱》第二卷，中央文献出版社 2011 年版，第 378 页。

③ 1953 年初，中南粮食系统计划新建一批米面加工厂，李先念明确表示了不同意见。

如此①。

　　粮食的征购与配售，是党空前的一项工作，以前没有做过，没有经验。因此，估计有三种可能：一是任务完成，乱子极小或乱子很小；二是任务也完成，乱子很大；三是任务没完成，乱子更大。要力争第一种可能，避免后两种可能，必须全党努力。我们依靠乡干部、党团员以及广大群众，做好思想工作，充分地掌握情况和稳妥地执行政策，是有信心完成这个任务的②。

　　一九四九年十二月，李先念任中南军政委员会委员。图为一九五〇年九月李先念（左三）与邓子恢（左七）等同出席中南军政委员会第二次会议的各省市主要负责人在武汉合影。

　　我意在大力统销中适当购出一部分而将真正余粮卖出一部分，以满足市场需要。否则，不能保证供应，其结果透顶户③买不着粮食而真正余粮又充到市场高价出售，那我们就完全被动，完全有脱离群众的危险④。

　　① 选自李先念给中南财委副主任李一清、朱佩琮、聂洪钧的信，1953年5月18日。参见《李先念年谱》第二卷，中央文献出版社2011年版，第439—440页。

　　② 选自李先念在中共湖南省第五次代表会议上的讲话，1953年10月25日。参见《李先念传（1949—1992）》上，中央文献出版社2009年版，第261页。

　　③ 透顶户，即缺粮户。

　　④ 选自李先念给刘西尧的信，1953年12月26日。参见《李先念建国初期文稿选集》（一九四九年七月——一九五四年五月），中央文献出版社2002年版，第547页。

今天的基本问题是稳定农村生产关系，使贫雇农、中农以至富农一齐努力发展生产。假使我们的同志不根据这样的实际情况，离开农民个体经济的积极性，不进行耐心细致的思想教育工作，加以引导，而强迫农民马上去搞社会主义，就会加剧农村关系的不稳定性，使农业生产停滞以至倒退，那就会犯大的错误①。

我们要用艰苦的说服工作，并作出一些范例，使农民亲眼看见与亲身体验到互助合作的好处，在自愿的原则下，引导他们逐步走上合作化的道路。如果不是"逐步"而且"一步"，那就要犯"左"的错误；如果不加引导，让其自流，那就要犯右的错误②。

由于总路线的公布，我们和资产阶级的关系已发生了重大的变化。资产阶级中，一部分人看破了"红尘"，愿意接受国家领导，走社会主义改造的道路；另一部分人，还要看一看；少数人对社会主义改造还有对抗的情绪，一有机会，要兴风作浪，进行破坏。……就我们的工作来说，应根据主客观情况，正确地贯彻对资本主义工商业利用、限制、改造的政策，摆好公私关系。摆好公私关系的主要原则是，一方面要在增长社会主义经济比重和巩固对市场领导作用的前提下，扩大物资交流，调剂供求，稳定物价，促进工农业生产的发展；另一方面，又要利用现有资本主义工商业有利于国计民生的积极一面，来发展生产，繁荣经济，并且使其有利可得，能够适当地扩大生产经营。我们对资产阶级不仅改造他们的企业，而且也要改造人。如果只是"挤得掉"，而"用不上"，是不算本领的。只看到资产阶级坏的一面，看不到资产阶级在目前一定时期内仍能起积极作用的一面，是不全面的③。

现在农村改革基本完成，我们要进行以工业为重点的经济建设了。虽说农业也是为工业服务，但重点在工业，所以干部还是要坚决转。当然，不论如何抽调，农村总还要留一点"马克思"。别的省不了解。从我最近到湖北几个县了解的干部情况来看，"马克思"不是没有，我们不要光看见少数老的而看不

① 选自李先念在湖北省第二次农村工作会议上的报告，1953年4月1日。参见《李先念文选》，人民出版社1989年版，第150页。
② 选自李先念在中国共产党湖北省第三次代表会议上的报告，1953年10月20日。参见《李先念文选》，人民出版社1989年版，第156页。
③ 选自李先念在中共中央中南局委员会会议上的报告，1954年3月30日。参见《李先念文选》，人民出版社1989年版，第159—160页。

见新生力量。胜利后参加工作的大批新知识分子经过几年来的锻炼改造，已成长出不少比较优秀的干部。"三同"①是有缺点，但它对新干部的锻炼改造是有很大帮助的②。

六、主持兴建荆江分洪工程

背景：在中华人民共和国成立初期，李先念高度重视水利工作，始终把水利建设摆在发展农业、发展经济的突出位置。他领导湖北人民克服重重困难，加固堤防，防汛抗洪；大兴农田水利基本建设，抗旱保收，同水旱灾害进行了坚持不懈的斗争，取得了前所未有的水利建设成就。

湖北旱灾频繁，原有塘堰不能抵抗旱灾，必须兴修水利。就方针说，必须稳步前进，大、中、小水利工程相结合。

大、中型水利工程，得利多损失少者就干，损失大得利小者就不干。因为我们人多耕地少，每人只一亩多耕地，不能为修建水利工程而大量废掉农田③。

从生产着眼，就湖北的情况看，首先即是兴修水利问题。就水利本身看，在治本问题没有彻底解决以前（这需要相当长的时间），必须从治标和尽可能治本出发。依据这一情况，即是解决好挡、排、蓄三个问题，三者缺一，就难以保障不遭受大的水旱灾荒。这是大问题，也是广大干部和人民群众最苦恼的问题，更是关系到千百万人民生死的问题，因此，我们要严肃地去正视它④。

今天在座的有不少人是博士、专家，在水利工程上，我是外行，还得请你们多帮助喽。但是你们也不要瞧不起我，你们是"博士"，我也是"博士"呢，而且我十几岁就中了"博士"，不过，那是木匠"博士"⑤。

---

① 三同，指同吃、同住、同劳动，吃住在农民家中。

② 选自李先念在中南局全体委员会议上的发言提纲，1953 年 5 月 11 日。参见《李先念建国初期文稿选集》（一九四九年七月——一九五四年五月），中央文献出版社 2002 年版，第 506 页。

③ 以上内容选自李先念给湖北省人民政府领导干部的信，1953 年 5 月 21 日。参见《李先念文选》，人民出版社 1989 年版，第 153 页。

④ 选自《李先念建国初期文稿选集》（一九四九年七月——一九五四年五月），中央文献出版社 2002 年版，第 138—139 页。

⑤ 选自王学其等：《李先念在黄陂》，《伟大的人民公仆——怀念李先念同志》，中央文献出版社 1993 年版，第 531 页。

我讲的这个进军察里津故事，用三个星期修复要半年才能修复的大桥的故事①，这可是事实，而不是童话！谁光叫喊困难而不去想法克服困难，谁就是右倾，而我们革命工作者，就是不怕困难的！②

我总感觉，这次规模宏大的工程③计划是仓促而不确实的，一直到今天仍甚担心有问题。或者由于外行，顾虑过多（当然布可夫④来了，问题总可得到解决）。不过为了人民利益，提出疑虑，总不为错⑤。

我提议召集一次有技术干部、各县、各专区行政首长及农民代表参加的会议，好好总结一次经验。同时，建议事先给水利机关打个招呼，及早研究节省土地的技术措施，免得以后返工，多花钱又多费时间。总而言之，只要我们的各级领导同志和水利部门的工程技术人员，牢固地树立节省土地的观念，办法就一定会不少，成效也一定会很大⑥。

附一：林一山⑦的回忆

　　兴建长江防洪的关键工程——荆江分洪工程时，虽然中央、中南局都十分重视，但推动这一工程起主要作用的当属先念同志。……在周总理的直接关怀下，中南局全力以赴，建国初期在国家财力、物力、技术

---

①　1952年4月13日，在研究如何战胜困难，保证完成荆江分洪工程任务时，李先念讲述了苏联红军伏罗希洛夫元帅指挥抢修顿河大桥的故事：1918年4月，新生的苏维埃共和国遭到了来自国内外反对派四面八方的疯狂进攻。为了保护苏维埃，正在乌克兰英勇抗击德军进攻的红军乌克兰第五军军长伏罗希洛夫，接到列宁要他组织战略大转移——进军察里津的命令。参加这次进军的列车共八十列，装载着大量物资和五万军民，其中不少是妇女、儿童和老人。列车绵延三十俄里。当队伍进入顿河草原后，因顿河大桥被炸而遭到白军哥萨克军团的包围，形势万分危急。能不能尽快抢修好顿河大桥，就成为五万军民生死存亡的关键。顿河大桥被破坏得很厉害，如果按其破坏的程度进行常规施工，至少要花上半年时间。但伏罗希洛夫下达命令：以最大的努力和最快的时间抢修大桥，只准成功，不许失败！于是，顿河大桥的抢修工程开始夜以继日地进行。战士、工人、妇女，还有半大的孩子，大家万众一心，奋战在滔滔的顿河之上。负责工程技术的同志，开动脑筋，想方设法提高速度并保证质量。大家齐心协力，终于赶在白军进攻之前修好了大桥，从而创造了一个奇迹——本需要半年才能修好的顿河大桥，仅用三个星期就修复了！

②　选自李先念在荆江分洪工程的各级领导及技术人员会议上的发言，1952年4月13日。参见《李先念年谱》第二卷，中央文献出版社2011年版，第303—304页。

③　工程，指荆江分洪工程。

④　布可夫，苏联水利专家。

⑤　选自李先念给许子威、袁振并任士舜的信，1952年3月19日。参见《李先念传（1949—1992）》上，中央文献出版社2009年版，第231页。

⑥　选自李先念给湖北省人民政府领导干部的信，1953年5月21日。参见《李先念文选》，人民出版社1989年版，第153页。

⑦　林一山，时任荆江分洪工程总指挥部副总指挥。

力量都相当困难的情况下，只用了七十五天时间就奇迹般地完成了这一大型工程。这与先念同志的正确领导是分不开的①。

附二：李先念以荆江分洪委员会主任名义发表于一九五二年六月二十一日《长江日报》《湖北日报》的署名文章

庆祝荆江分洪工程预定计划的完工

伟大的荆江分洪工程和荆江大堤加固工程，自四月初开始动工至六月二十日左右止，为时仅两个多月，提前完成了原来预定的全部工程计划。这是前后方的指挥员、政治工作人员、技术工作者、医务人员、文化工作者，特别是三十万军工、民工、运输工人以及承制闸门的机器工人，响应毛主席"为广大人民的利益，争取荆江分洪工程的胜利"的号召，在短短的时间内，克服了一切困难，夜以继日，紧急施工的结果。

荆江两岸，是历史上长江水患最频繁的地区。多少年代以来，荆江两岸的千百万人民，便在长江汛期的洪水威胁下，过着忧患重重的

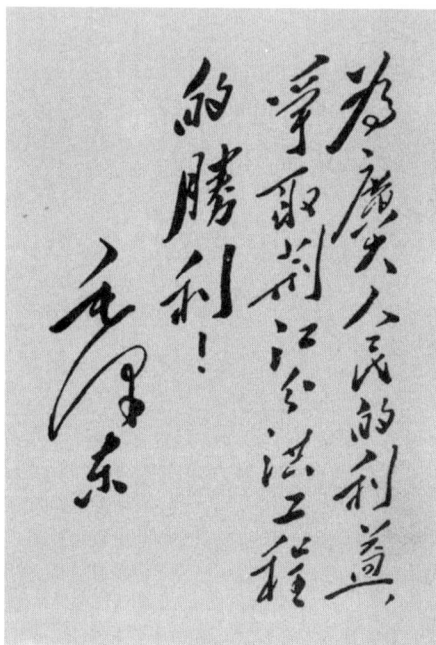

一九五二年，毛泽东在给荆江分洪工程全体员工的锦旗上题词：为广大人民的利益，争取荆江分洪工程的胜利！

日子。在历次荆江大堤溃决的灾难中，数百万亩肥沃的田地和成千成万人民的生命财产，惨遭洪水的洗荡。可是，历来的反动统治阶级，他们漠视人民的利益，对于千百万人民身受的灾难，置之不闻不问。特别是国民党反动统治集团，在他们的反动政策与他们腐败无能的统治下，不但未加治理，反而更加深了荆江大堤的危险程度。因为他们只是为一小

---

① 选自林一山：《李先念治水漫忆》，《伟大的人民公仆——怀念李先念同志》，中央文献出版社1993年版，第472页。

撮反动派与帝国主义的利益而服务。

　　现在有些人，一方面看见这一工程的成功，激动得欢欣鼓舞，另一方面却发出了一些疑问：短暂时间内能够完成这样大的工程吗？人们为什么有那样高的热情呢？为什么那样忘我地劳动呢？中国的人民，在共产党和毛主席的领导下，推翻了帝国主义、官僚资本主义和消灭了地主阶级的统治，建立了人民民主专政的制度，这是能够完成预定工程和人们以高度热情努力不懈的泉源。中国人民在推翻了国内外反动派的压迫与剥削之后，使社会生产力得到了迅速发展。荆江分洪工程的成就，正是反映了这一变化的例证，足以证明人民民主专政的优越性。

一九五二年四月，李先念任新中国第一个大型水利建设项目——荆江分洪工程委员会主任委员。图为七月一日李先念在荆江分洪工程竣工大会上为节制闸放水典礼剪彩。

　　新中国自从成立的第一天起，就以人民的利益为最高利益，展开了各项建设工作。为保证农业的发展与丰产运动的胜利，必须战胜自然的水旱灾害。因此，继根治淮河的伟大工程之后，在中央人民政府正确的决策下，开始了初步治理长江的艰巨的荆江分洪工程。现在完成了，便保障了荆江大堤的安全，并为根本治理长江的工作，准备了时间。因而，也就为祖国大规模的经济建设和国防建设准备了条件。

现在，荆江分洪工程已按预定计划完成了。全长一千零五十四公尺、五十四孔的太平口进洪闸和黄山头节制闸雄伟地矗立在荆江南岸分洪区的南北两端，通过黄天湖的新筑大堤横矗在安乡河的北岸，随时准备宣泄长江过高的洪水。全国人民将会因为这一伟大工程的胜利完成而欢呼，那些直接受益的两湖千百万人民，将会从心坎里发出感谢。参加荆江分洪工程的每一个人，都会因看到这一伟大工程经过了自己努力劳动而提前完成感到欣慰、喜悦和骄傲。的确，那些勤劳勇敢的劳动者，是我们完成荆江分洪工程的主要依靠。这与反动统治阶级在任何工程上有根本的区别。反动统治阶级只是为了少数人的利益，他们的工程是依靠封建地主，是依靠腐败无能的官僚机构，是依靠帝国主义的技术人员，大量地贪污浪费、偷工减料，群众在被奴役、被剥削、被鞭打的情况下干活，自然不会积极地改进方法，提高效率。然而，我们的荆江分洪工程，则是为了广大人民的利益，所以我们的工程是依靠了广大群众的力量，特别是依靠了最有觉悟最有组织性的人民解放军、翻身农民、工厂及运输战线上的工人，依靠了高度自觉为人民办事的行政与技术干部，依靠了社会主义国家的先进水利工程经验。

这次完成的荆江分洪工程，是祖国大规模经济建设的前奏，是根治长江的开端。正因为它是这样一个伟大的开端，认真总结这一工程中各个方面所创造和积累出来的丰富经验，克服我们已经走过的弯路，纠正我们的缺点，便成为十分必要的事情。

我们知道，我国新民主主义国家制度的优越性，是表现在各方面的。然而，它更生动、更现实地表现在当前祖国水利事业的建设上面。像荆江分洪这样伟大的水利工程，在一般资本主义国家的条件下，也是需要好多年才能完成的。而我们在毛主席和中央人民政府的坚强领导下，在全国人民的支援和物资调拨的高度统一下，两个多月便完成了预定的全部工程计划。

我们知道，只有工人阶级通过他的政党——共产党的领导，只有在人民政府的领导下，才能办得到，才能将局部利益服从全体利益。长江上游下游，北岸与南岸的照顾，器材人力整体调拨等，这在反动统治下是做不到的。另一方面，依靠工人阶级和劳动农民的联盟，团结各革命阶级与革命人民，我们曾经战胜了国内外的强大敌人，取得革命的胜利。今后我们仍然要依靠工农的强大联盟，进行大规模的国家建设。荆江分洪工程，正是工农联盟力量的伟大体现，正是当前祖国建设事业中工农联盟的典型。我们从东北、上海的钢铁，京津的器材，中南、西南调集的交通工具，汉口、衡阳承制的闸门，来自各地的工程技术人员，武汉的工人以及二十万来自湘、鄂的农民中，便可看出工农结合、群众结合的伟大力量。而荆江分洪工程所产生的经济效益，又正有利于发展我国的工农业生产，因而它又加强与巩固了工人阶级与农民的联盟。

我们知道，为了国家的迅速工业化，为了争取美好、自由、幸福的新生活，我们必须采取革命的精神和革命的办法来进行祖国的伟大建设事业。荆江分洪工程，正是采取革命精神和革命办法兴办水利工程的范例。在两个多月的紧张施工过程中，由于我们紧紧掌握依靠群众，相信群众的力量，才迅速地克服了各种困难，加强了劳动力的组织与调配，不断地提高了劳动效率，涌现了成千上万的英雄模范人物和单位。由于我们有苏联专家的帮助，由于我们强调了理论与实际结合、技术与群众结合，重视群众的创造与智慧，反对资产阶级保守的技术观点，充分

荆江分洪工程施工现场。

一九五四年七月，李先念亲临荆江分洪工程现场指导抗洪工作。

吸收苏联的先进经验，因而在劳动竞赛与合理化建议中，出现了改进技术的群众性运动。工程师王咸成、李芬、丁昱、刘瀛洲等人，因大胆修正了原闸门工程和闸基底板扎钢筋工程的设计，为国家节省了大量的财富。运输工程上由于打破了保守的航运观点，成功地推行了先进的"一列式拖带法"，不但大大加强了运输能力，并大大缩短了航时，因而提前一个月，超额完成了八十多万吨材料的运输任务。荆江分洪工程本身是一个庞大而复杂的组织工作，它是各种工作互相结合的伟大的集体力量。每一个参加这一伟大工程的人员，都受到了一次深刻的教育与锻炼，在工程技术、劳动组织、运输保管、供给卫生、政治工作等各方面，给将来的经济建设提供了可贵的经验。

我们的国家正在一天天向上，荆江分洪工程和荆江大堤加固工程的胜利完成，显示了我国人民无比的潜在力量，使我们对即将到来的大规模经济建设和祖国美丽的远景，更加充满信心！①

---

① 以上内容选自《建国以来李先念文稿》第一册，中央文献出版社 2011 年版，第 323—327 页。

第八章　将军管理经济

一、出任国务院副总理兼财政部长

我不日去京工作。我这个人你们都是知道的，深感心有余而力不足，理论水平低，文化程度有限，工作难免不犯过错。然而在中央直接领导下，尽可能少犯错误。今后请你们多加帮助，如有意见，必须提出，使我少犯主观毛病[1]。

到中央之后，只了解了一些情况，问题是重大而复杂的，我之能力胜任不了，与陈、邓[2]谈，但不允，只有勉强工作[3]。

一九五四年五月，李先念离开湖北前往北京，就任中央财政经济委员会副主任兼财政部长；九月任国务院副总理兼财政部长。图为十月国务院第一次全体会议与会人员合影。前排左起：章伯钧、李富春、邓子恢、陈云、周恩来、何香凝、彭德怀、贺龙、邓小平、乌兰夫、李先念。

---

[1]　选自李先念给时任中共上海市委代理第一书记陈丕显的信，1954 年 5 月 15 日。参见《建国以来李先念文稿》第一册，中央文献出版社 2011 年版，第 519 页。

[2]　陈，指陈云；邓，指邓小平。

[3]　选自李先念给王任重、刘子厚、刘建勋的信，1954 年 6 月 8 日。参见《李先念传（1949—1992）》上，中央文献出版社 2009 年版，第 300 页。

我这个人是打仗出身的，搞经济我没有把握，需要有人帮助。解放后毛主席要我当财政部长，我说我不行。毛主席说，你不行，就只有请蒋介石的人了。我说那不行，蒋介石的人还不如我，还是我来干好啦。经济问题很复杂，把整个经济从全局到局部，从宏观到微观都驾驭往往要费很大力气，稍微把握不住就会起不好的作用[1]。

要我干，你们两位[2]定要多帮助指导，千万不要撒手不管[3]。

我一生有两个老师，一个是徐帅，教会我打仗；一个是陈云同志，教我管经济[4]。

我是向总理、陈云同志学会做经济工作的[5]。

我们是管钱的人，我们必须以身作则，还要谦虚谨慎。只有先正自己，而后才能正人[6]。

在研究我国物价政策的时候，必须考察一下决定市场物价的历史条件。解放初期，我国经过十二年的战争和长期的通货膨胀，人民日夜不安于货币贬值和物价波动的痛苦；战争和物价的波动，使工农业生产受到很大的破坏，使工业品同农产品比价的差额大为扩大。同时，资本主义工商业当时在全国范围内还占着很大的比重，他们习惯于投机倒把，而国家从经济上支配市场的力量还很薄弱。这就是当时我们所面临的情况。显然，不立即制止投机活动，坚决地把市场物价稳定下来，就无法安定人民生活，恢复和发展生产。针对这种情况，党适时地采取了坚决稳定物价的方针，首先将各种物价在当时的水平上稳定下来，然后在这个基础上进一步作某些必要的调整，使之有利于发展生产和对资本主义工商业实行利用、限制、改造的要求[7]。

我们的国家还是一个经济上落后的国家，在这样落后的基础上，要想建设

---

① 选自李先念同金日成会谈纪要，1986 年 10 月 4 日。参见《李先念传（1949—1992）》上，中央文献出版社 2009 年版，第 300 页。

② 指邓小平、陈云。

③ 选自《缅怀陈云》，中央文献出版社 2000 年版，第 419—420 页。

④ 选自秦基伟等：《巨星陨落，五洲同悲》，《伟大的人民公仆——怀念李先念同志》，中央文献出版社 1993 年版，第 26—27 页。

⑤ 选自《李先念传（1949—1992）》上，中央文献出版社 2009 年版，第 319 页。

⑥ 选自新四军研究会等编：《李先念传奇之旅：从乡村木匠到国家主席》，红旗出版社 2009 年版，第 120—121 页。

⑦ 选自李先念在中国共产党第八次全国代表大会上的发言，1956 年 9 月 20 日。参见《李先念文选》，人民出版社 1989 年版，第 208—209 页。

成一个繁荣、幸福的社会主义国家，必须经过长期的艰苦奋斗的过程。我们必须以空前的规模和很快的速度进行经济建设，把国家的主要力量集中起来，使用在重要的经济建设方面。必须使国家的资金，使用得当，使用得合理，使每一文钱都能够发挥它最大作用。但是应该看到，我们的企业和政府部门中，直到现在还存在着相当严重的浪费和不合理的现象。我国社会主义积累的唯一可靠办法，就是内部积累，就是一面积极地增加生产，增加收入，扩大社会主义本身的积累；一面厉行节约、紧缩开支，把每一文钱用到最必需的地方，最大限度地发挥资金作用[1]。

关于产生浪费现象的思想根源，我完全同意陈云同志的分析。宽打不仅不能窄用，而且即使窄用了，也要造成资金的积压。许多同志确有大手大脚现象，对小的浪费毫不重视，其实微小的浪费，集中起来就是一个很大的数字。许多同志认为没有经验，浪费一点不可避免，但没有经验不一定就要浪费，反过来，很多浪费也绝不是因为没有经验。例如，把庆祝会开得那样排场，把大批废金属当作垃圾丢弃，这能说是没有经验吗？例如，商业经营中让那么多的活猪大批地死去，这难道说是完全由于客观原因，完全由于没有经验吗？还有少数同志，往往强调"特殊照顾"，特殊是应该加以照顾的，怕的是个别特殊发展扩大，就成了一般，统统都得照顾。这也是造成浪费现象的一个思想上的原因。克服上面所说的种种错误思想，肃清一切思想上的障碍，节约运动才能开展起来[2]。

节约是社会主义经济的方法，在整个经济建设过程中的任何时候都是头等重要的问题，而在目前社会主义建设和社会主义改造时期尤其重要。用大量的资金建设现代化的工业，特别是重工业，这是因为它们可以最迅速地改进国家的经济状况，从根本上提高全国人民的生活水平；但是，如果我们用这些资金来建设"现代化"办公室、宿舍、礼堂和其他非生产性建筑，那么，它们能对国家经济状况有什么贡献呢？很多企业和机关的领导者对于购置小汽车、沙发、地毯、钢丝床及其他高级消费品，对请客、送礼、招待纸烟水果等等，简直是习以为常了，几乎觉得非此不足以表现他们是在建设社会主义。恰恰相

① 选自李先念在第一届全国人民代表大会上的发言，1954年9月25日。参见《李先念年谱》第二卷，中央文献出版社2011年版，第303—304页。
② 选自李先念在中国共产党全国会议上的发言，1955年3月24日。参见《李先念文选》，人民出版社1989年版，第169—170页。

反！社会主义的好日子是需要艰苦奋斗来创造的；今天不艰苦奋斗，不积累资金，就永远不会有明天的好日子①。

附一：薄一波回忆李先念管理经济

他（李先念——编者注）是将军管理经济，管的又是全国的经济，许多事要从头学起。开始，我真有点为他担心。但先念同志却以他的聪明才智，很快交出合格答卷。为了党和人民的需要，他勤思苦学，努力向其他同志学习。他经常向陈云同志请教，也时常和我交换意见。在很短时间里，就适应了工作环境，很快进入了角色。他依据财贸工作的规律、特点，抓住主要环节，全面贯彻毛泽东同志提出的"发展经济，保障供给"的总方针，为包括第一个五年计划一百五十六个重点项目在内的全国大规模经济建设，统筹规划，挖掘财源，提供了资金保证。因而受到了周总理和陈云同志的好评，我和富春同志也都为他高兴。陈云同志打过一个比喻，说财贸工作就像磨盘里的麦子，会不断受到生产和消费两方面的挤压。我在做财经领导工作时，就经常感到被挤压得透不过气来，饭也吃不好，觉也睡不香，真可谓有苦难言。先念同志新来乍到，缺乏经验，又赶上第一个五年计划全面铺开，有限的财政收入与建设需要的支出之间，国民经济的供给与需求、积累与消费之间，矛盾十分尖锐。他顶住了这种压力，想方设法使一九五五年的全国财政收支保持平衡，并略有节余，为实现"一五"计划后两年的指标打下了较好的基础。在此后二十多年中，他作为财经工作的主要领导者之一，成了全党熟知的内行和专家②。

附二：李先念谈财政、信贷和物资必须统一平衡的问题（一九五七年一月二十七日）

一九五六年财政金融工作当中的主要经验是什么呢？根据我们的体会，就是财政、信贷和物资必须统一平衡。在这里物资平衡是统一平衡的基础，财政平衡则是统一平衡的关键。因为，财政和信贷最后都要归结到有没有物资，矛盾最后都集中到物资是否能够平衡。在我们国家，

---

① 选自《建国以来重要文献选编》第六卷，中央文献出版社 1993 年版，第 395、397 页。
② 选自薄一波：《领袖元帅与战友》，人民出版社 2008 年版，第 267 页。

财政收入不论税收和利润，都是以物资的生产和流通作基础的，财政收入中的每一文钱都代表着一定的物资。社会生产主要是由国家计划规定的，社会总产品的大部分又都经过财政和信贷的形式进行分配。因此，只要在正常收入的范围以内安排支出，不要有赤字，不要向银行透支，保持这个限度，大体上就可以做到信贷的平衡。财政和信贷平衡了，大体上整个物资也就是平衡的。一九五五年以前，在财政收多于支的情况下，我们并没有感到整个物资的紧张。一九五六年财政有赤字，货币发行增加较多，就出现了物资普遍紧张的现象。财政不平衡必然引起市场紧张，这个道理我们过去说了很多，只有经过一九五六年这一年，才体会得比较深刻。财政、信贷和物资三者必须统一平衡，是社会主义经济建设中必须遵循的一条客观规律。我们在工作中有多少收入，作哪些开支，办哪些事情，只能在客观允许的限度内安排，不能只根据主观愿望办事。我们也不能允许在供求法则的支配下，自发地变动价格，调节生产，自求平衡。因此，国家计划和国家预算的安排，必须主动地照顾三者的平衡，使之符合客观的规律①。

一九五六年六月十五日，李先念在一届全国人大三次会议上作《关于一九五五年国家决算和一九五六年国家预算的报告》，指出：生产和其他一切事业的发展都必须放在稳妥可靠的基础上。

① 选自李先念在各省、自治区、直辖市党委书记会议前准备的讲话稿，1957 年 1 月 27 日。参见《李先念文选》，人民出版社 1989 年版，第 223—224 页。

附三：毛泽东接见古巴银行行长切·格瓦拉时的谈话（一九六〇年十一月十九日）

毛泽东："你可能是世界上最年轻的国家银行行长了。"

格瓦拉说，自己没有读过任何一所金融学校或银行学校。

毛泽东："是啊，你不是经济学家，又没有银行家的头衔，可你却是古巴革命政府的银行行长。全古巴的钱，现在都抓在你的手里，揣在你的口袋里哟！""我们刚刚革命胜利夺取政权的时候，也是非常缺乏经济方面的管理人才的。中国革命战争进行了二十二年，越到后来，我们越注意培养各类干部。但是，我们培养的人手，总还是嫌不够用。于是，我们只好抓个大兵来管钱。事实证明，我们这样的做法也没什么不好的。我们的李先念同志就把中国的人民币和其他各种钱财管理得非常好！"[1]

二、在"大跃进"年代

去年[2]有一个时候，有些同志有这样的说法，粮食在我国已经不成为大问题了。我认为，这种说法未免言之过早。合作化以后，粮食状况有所好转，这是总的趋势。可是，那种认为粮食生产赶不上需要增长的矛盾，在合作化以后就可以一下子解决的想法，是过分天真了。合作化只是解决了生产关系问题，即所有制问题。随着合作社的巩固和发展，粮食会不断增产，但不可能马上就增产出几千亿斤粮食来。把农业发展纲要中设想的经过若干年努力才能达到的粮食指标，就是黄河以北亩产四百斤，黄河以南、淮河以北亩产五百斤，淮河以南亩产八百斤，当作合作化完成后就能达到的产量，把今后十二年的事当作眼前的事，那就是思想超过了实际。去年粮食收购完成得不很好，销售压不下去，都和这种思想有一定的关系[3]。

中央书记处研究感觉到有两种倾向，一种倾向是想跟人家要东西时就

---

[1] 选自陶铁编译：《完美的人——切·格瓦拉传》，海南出版社 2002 年版，第 276—277 页。

[2] 去年，指 1956 年。

[3] 选自李先念在全国粮食厅局长会议上的讲话，1957 年 3 月 4 日。参见《李先念文选》，人民出版社 1989 年版，第 228 页。

尽量吹，是愈大愈好，浮夸，工作做得少吹得多。事实上不是那样的，报纸的报道上也有这种现象，如一亩地收五万斤稻子我就不相信，并且报纸上公布照片，上面还站上了小孩，其实都是假的。在商业工作方面也有浮夸，如天津对新西兰卖的杀草剂，本来自己不能生产或生产有困难，就对外卖了货，造成了履行合同的困难。收购棉花也是如此，开始吹得很大，在武汉会议时说已入库四千一百万担，结果到现在还不到四千万担①。

一九五八年，我们五六千万人一起上，有时甚至九千万人办钢，这本身就挤掉一些其他事业，结果导致一些统计中存在严重的虚假成分。我们有些人干工作像唱戏，打扮得很好看，但走近一看不怎么样！发热时热到四十度，发冷时就降到零下几十度。在粮食问题上，我们都要始终坚持计划供应，要在丰收的基础上、计划用粮的原则下，吃饱吃好，过好日子②。

过去有国营、供销社和合作商店、合作小组。这几年搞成一个了，只剩下了国营。责任我是要负的，但实际上是被迫的，你们都合并了，我还有什么办法。一九五八年供销社合并到国营。公社化后借割掉资本主义尾巴为名把小商贩也给取消了。小商贩是资本主义范畴，但也可成为社会主义附庸。小商贩合到国营商业以后，成了三等干部：等发工资，等吃饭，等下班。取消了小商贩，取消了供销社，实际上是把传统的三类物资交流，串街叫卖，何时叫门何时开，半夜能买东西吃等经营方式取消了，物资交流断绝了。在经济上受到很大损失。手工业问题觉察得早。做件衣服都不容易，洗件衣服都很困难。我做了一条裤子，一个多月没做得，后来拿回来一看做成了女裤。买东西排队没时间，找人买到一件，人家还说是"走后门"，难死了③。

去年④手工业升级，一是集体升全民，一是小厂并大厂。在升级合并中喜

---

① 选自李先念在全国外贸厅局长会议上的讲话，1959年4月17日。参见《建国以来李先念文稿》第二册，中央文献出版社2011年版，第89页。

② 选自李先念在全国粮食厅局长会议上的讲话，1959年1月4日。参见《李先念年谱》第三卷，中央文献出版社2011年版，第108—109页。

③ 选自李先念在大区财贸办公室主任会议上的讲话，1961年6月。参见《建国以来李先念文稿》第二册，中央文献出版社2011年版，第145页。

④ 去年，指1958年。

欢搞"高、精、大"，把"低、粗、小"挤掉了，产品品种大大减少。据商业部调查，手工业产品减少了三四千种。有的地区规定，凡是"金字旁"的手工业生产都归到机械工业部门。机械工业部门是管大机械厂的，张小泉、王麻子的刀剪，也归了他们，他们哪里管得了！有些人为了搞地方工业，看中了手工业有人、有钱，就把它们全部或大部并到地方工业里去了。这种做法，我看不但要制止，还要回头调整[1]。

财政、信贷和物资三者必须统一平衡，是社会主义经济建设中必须遵循的一条客观规律[2]。

财政部门不能放卫星，财政不能放卫星！[3]财政放卫星，收入就会"过抢"[4]，支出就会滥花。财政部要是放卫星，提前五十天完成任务，后五十天还要超收，必然是加重企业和人民的负担[5]。

"大跃进"时，广大群众热情很高，我们领导上犯了高指标、瞎指挥、刮"共产风"的错误，结果损失很大[6]。

有的钢不是好钢，有的铁不像铁，有的无缝钢管一压就压坏了，放钢铁卫星也有的是假的，有一个县把五吨铁说成是一百吨铁，这是极其有害的。当前国民经济发展还不够协调，元帅单枪匹马，后面的人跟不上队。大家都去抓钢铁了，农产品收不上来，粮食运不到城市，城市居民吃不到蔬菜，比如武汉市吃不到"八卦汤"，原因听说是抓乌龟的人也去炼钢铁了，这是劳动力组织得不够好的结果。这些缺点不能说是路线性的错误，主要还是比例关系问题[7]。

一九五九年庐山会议时就发现了财政收入那么多，其中是否有"鬼"？

---

① 选自李先念在全国大中城市副食品和手工业生产会议上的讲话，1959 年 6 月 18 日。参见《李先念文选》，人民出版社 1989 年版，第 244 页。

② 选自李先念在各省、自治区、直辖市党委书记会议上的讲话，1957 年 1 月 27 日。参见《李先念文选》，人民出版社 1989 年版，第 223 页。

③ 1958 年夏粮丰收，浮夸风进一步加剧。各地在粮食等作物产量上接连放"卫星"。工业生产也在争放"卫星"。财贸战线当然会受到冲击。对此，李先念仍注重稳妥，坚持财政不能放"卫星"。

④ 湖北话，意思是强盗抢钱。

⑤ 选自访问李朋的谈话记录，2001 年 5 月 10 日。参见《李先念传（1949—1992）》上，中央文献出版社 2009 年版，第 429 页。

⑥ 选自《李先念论财政金融贸易》下卷，中国财政经济出版社 1992 年版，第 489 页。

⑦ 选自李先念在全国省市财政厅局长和银行分行行长武汉会议上的讲话，1958 年 12 月 10 日。参见《李先念年谱》第三卷，中央文献出版社 2011 年版，第 101 页。

提出要"捉鬼"。有些人还不同意，现在问题清楚了。工业损失六十亿元，商业损失有一百亿元（加上粮食、外贸数字还大），还有其他损失，等等。我看一九五八年至一九六〇年三年财政赤字总在三百亿元以上。这是一个极其深刻的教训[1]。

外贸工作发生过一些缺点错误。单就一九五八年来说，就出现过从需要考虑多、从可能考虑少，从主观考虑多、从客观考虑少，从局部考虑多、从整体考虑少的问题。有一个时期还提出了脱离实际的"大进大出"的方针。这些错误，我有责任，因为没有管好。

一九五八年的外贸工作中，有盲目性，也有虚夸现象。有些产品还没有定型，甚至工厂还没有影子，就同人家订合同，宣传上也有过分的地方。这种积极性实质上是盲目性，违反了实事求是、量力而行的原则。"万马奔腾"，还要勒住缰绳，不能成为"脱缰之马"。

有些同志，对"国内市场为主，国外市场为辅"，"自力更生为主，争取外援为辅"的方针，存在着片面的理解。我们是社会主义国家，又是六亿多人口的大国，进行建设当然要靠自己的努力，生产要以满足国内市场为主。但如果因此认为外贸工作不重要了，争取外援的工作无足轻重，扩大出口的工作可有可无，那是不对的。"自力更生为主"，决不排斥争取外援和互通有无。"国内市场为主"是指整个国民经济讲的，决不是所有商品都要以国内市场为主。如黑白瓜子、核桃仁、杏仁之类的东西，对国内人民生活无大影响，国际市场又畅销，就可以尽量出口[2]。

生产的发展和其他一切事业的发展都必须放在稳妥可靠的基础上。在反对保守主义的时候，必须同时反对急躁冒进的倾向，而这种倾向在过去几个月中，在许多部门和许多地区，都已经发生了。急躁冒进的结果并不能帮助社会主义事业的发展，而只能招致损失[3]。

[1]　选自李先念在国务院财贸办公室办公会议上的讲话，1962年12月29日。参见《李先念年谱》第三卷，中央文献出版社2011年版，第536页。

[2]　以上内容选自李先念在对外贸易干部会议上的讲话，1959年2月7日。参见《李先念文选》，人民出版社1989年版，第239—240页。

[3]　选自毛泽东对李先念所作的1956年预算报告中的一段话的标识。参见《建国以来毛泽东文稿》第七册，中央文献出版社1992年版，第32页。

一九五八年五月，李先念出席在北京举行的中共八大二次会议。这次会议，根据毛泽东的提议通过了社会主义建设总路线。图为李先念（左一）与毛泽东（左四）、邓小平（左五）、彭德怀（左二）、陈毅（左三）在中共八大二次会议上。

三、解决粮食危机

背景：在三年经济困难时期，李先念参与领导国民经济调整，提出许多切实可行的政策措施，并负责统一指挥全国粮棉油调运，为解决全国人民的吃饭问题，保障人民生活必需品的供应，渡过经济困难，呕心沥血地工作，对扭转困难局面发挥了重要作用。

我初上庐山[①]的时候，心里想解决一些当前工作中存在的具体问题，如粮食问题、副食品问题、手工业问题和财政金融问题。彭德怀的意见书里，有的地方也提到一些具体困难问题，在这一点上，我和他有一些类似的感觉。当然，我提出工作中的具体问题，是在完全拥护中央和毛主席英明领导，完全肯定总路线、肯定"大跃进"的基础上提出问题和要求解决问题的[②]。

---

① 指 1959 年中共中央在庐山召开的八届八中全会。

② 选自李先念在中共八届八中全会上的发言，1959 年 8 月 13 日。参见《李先念年谱》第三卷，中央文献出版社 2011 年版，第 174 页。

一九五九年至一九六〇年，为缓解"大跃进"造成的粮食供应极度紧张的状况，李先念做了大量的工作，以稳定市场、度过粮荒。图为一九六〇年三月三十日李先念在二届全国人大二次会议上作《关于一九五九年国家决算和一九六〇年国家预算草案的报告》。

一九五九年有人想把我打成右倾机会主义，我还不知道，正在算全国的粮食账。毛主席知道这件事后，找我去谈话。我到他家去的时候，他正躺在床上看书。他讲，杞国人来了。李先念，你是怎么搞的？报纸上讲形势大好，你老是泼冷水，讲什么都不好，你是怎么想的？我回答说，我不是杞人忧天。主席你不要听报纸上吹的那一套，形势不是大好，也不是小好，是一点也不好。老百姓在饿饭，已经饿死不少人，有些省一方面说粮食大丰收，一方面向我写报告要救济粮。我昨天一晚上没睡觉，和陈国栋、王磊商量，调粮搞救灾。原来筹备了一列车粮食准备调山东，结果山西来电报说他们饿死的人多，又把这一车粮食调到了山西。我还讲了解决当前困难的办法，就是用瓜菜代替，要许多老百姓有适当的自由。毛主席听完我的汇报后，一下子从床上坐起来，马上把秘书找来，叫通知开政治局紧急会议，研究全国的救灾问题。当我在会上发完言后，毛主席讲，李先念讲的都是老实话，不能打李先念的右倾机会主义分子，他讲的办法是行之有效的，你们要支持他的工作。我这才摆脱困境[1]。

现在[2]的粮食库存，北京、天津只够销四天；上海只够销两天；辽宁只够销六天。如果不加速调运补充库存，照当前这个样子下去，是会出乱子的。

现在最要紧的是，当机立断，按照今年六月上海会议的时候，中央关于紧急调运粮食的指示，为粮食运输让路，把粮食运输任务放在第一位，突击运输，迅速扭转局面。只要一抓，北京、天津、上海、辽宁的情况就会好转的。

---

[1]　选自《李先念年谱》第六卷，中央文献出版社2011年版，第517页。

[2]　现在，指1960年7月。

全国整个国家粮食库存比过去少，但是京、津、沪、辽更空。因此，要从全国交通要道各个城市抽调粮食，首先支援京、津、沪、辽。宁可中小城市紧张一点，也不能让京、津、沪、辽脱销。各省、区一定要大力支援大城市和工矿区，坚决保证完成粮食调出任务。现在冬小麦已经收完，早稻已开始收割，全国的粮食形势，比六月以前应当说是好得多了。现在许多地区，并不是没有粮食可调的问题，而主要是运不出来的问题。因此，一定要把运输问题切实解决①。

现在正是国家经济生活困难时期，老百姓的生活问题是天大的事，民以食为天啊！总理年龄比我们大，你们不知道他是怎样为老百姓日夜操劳。我们比他年轻，应该多干点，为总理分忧。要不然的话，对不起总理，也对不起人民啊！②

三年困难时期严重缺粮，给我们的教训太深刻了，也可以说是饿怕了。一九六〇年和一九六一年全国只有五亿斤能够调用的粮食，我们每天都要计算一些大城市粮食能够吃几天。有一次太原市只有三天的用粮，我们发一列火车粮食去，刚到阳泉，突然济南告急，又令火车转头到济南③。

去年④在粮食估产上，我们经验不足，把产量估高了，结果马上打烂了这个泥菩萨，所以在粮食问题上应该实事求是得好。粮食是摆在全党面前的最大困难，粮食工作要求量大质高，想逃避是不行的。目前的办法是：坚持低标准、瓜菜代；减少出口；减少工业用粮等⑤。

今年⑥进口五百万吨粮食，明年还要进口粮食，这是贯彻外贸为农业服务的方针，是贯彻以农业为基础的方针。这样是否降低工业发展速度？我们的答复是要降低些。如果有人提出不应降低，那好，你给五百万吨粮食。和农民的关系问题：农民的积极性不高，有一条就是向农民拿的多了，多产不能多吃。

① 以上内容选自李先念给周恩来的报告，1960年7月13日。参见《建国以来李先念文稿》第二册，中央文献出版社2011年版，第122—123页。

② 选自陈世基、卜金宝：《伟人风范后世师表——记李先念二三事》，《解放军报》2010年1月16日。

③ 选自李先念视察湖北时的谈话，1988年5月。参见《李先念传（1949—1992）》下，中央文献出版社2009年版，第1336页。

④ 去年，指1959年。

⑤ 选自李先念在国务院财贸办公室市场组、人民生活组会议上的讲话，1960年11月26日。参见《李先念年谱》第三卷，中央文献出版社2011年版，第274页。

⑥ 今年，指1961年。

广东中山县一个农民一年卖出一千七百斤粮食，一年只给留下二百五十斤粮食。这样不会长久的，长久下去农民是不干的，农民生产就没有积极性。进口粮食可向农民少要，是为了发挥农民的积极性和积极因素。农业搞好了，才能真正地稳步地不是忽高忽低地建设工业，才能真正地贯彻多快好省的方针。现在看来，这样的速度，农民是负担不了的，粮食不够，棉麻油上不去，被粮食拖了下来，因此大办粮食是个中心问题。进口五百万吨粮食，一百亿斤的作用是发挥农民积极性，从当前看是很有力的措施，是英明的正确的，粮食不进来坐卧不安[1]。

必须坚持自力更生的方针，国内所需要的粮食要依靠国内的生产来平衡。像我们这样人口众多的大国，粮食工作必须建立在自力更生的基础上。暂时进口一些粮食是必要的，但它只能是一个临时措施，决不能把平衡差额的希望过多地寄托在进口上[2]。

一九六〇年冬季以来，我们在处理国家和农民关系方面，采取了一系列的政策措施，主要是：降低了统购派购任务；扩大了奖售品种的范围；对完成国家统购派购任务以外的粮、油、猪等农产品实行换购（即奖售工业品）和议购（即由粮食部门、供销社等议价收购农产品）的办法；调整了许多农产品的收购价格，等等。这许多政策措施，对促进农业生产的恢复和发展起了重要的作用[3]。

市场好转的速度，比我们预计的要快些。市场好转，是农村"十二条""六十条"、以生产队为基本核算单位等一系列政策以及工业"七十条"贯彻执行的结果，是调整、巩固、充实、提高方针贯彻执行的结果[4]。

附一：杨少桥[5]的回忆

为了安排好粮食调拨，往往是先由粮食部党组同志打前站，同地方协商，然后由先念同志出面商谈，最后由周总理亲自定案。一九五九年

---

[1]　选自李先念在广东交际处向参加港澳出口工作会议的党员处长以上干部所作的报告，1961年3月16日。参见《建国以来李先念文稿》第二册，中央文献出版社2011年版，第139页。

[2]　选自《李先念论财政金融贸易》上卷，中国财政经济出版社1992年版，第473页。

[3]　选自李先念在全国财贸书记会议上的讲话，1964年2月24日。参见《李先念传（1949—1992）》上，中央文献出版社2009年版，第493页。

[4]　选自李先念给毛泽东的报告，1963年6月23日。参见《李先念文选》，人民出版社1989年版，第280页。

[5]　杨少桥，时任粮食部副部长。

以后，不仅年度粮食调拨计划由中央、国务院下达，季度计划也由中央安排下达。到了一九六〇年，有好多月份的调拨计划也都由中央通知各地执行。这些计划，都在先念同志那里研究好了后，才报请中央审定下达①。

附二：李先念就粮食问题给毛泽东的信（一九六一年五月十七日）

广州会议以后，我们派了五个调查组，由财贸各部党组书记率领，分赴河北、河南、山东、江苏、湖北等省调查。我也去了石家庄一趟。最近调查组回来作了汇报，反映了许多问题。在这封信里，汇报一下粮食问题的情况和我们的一些想法。随信送上粮食部陈国栋同志写的河北省石家庄地区藁城县的调查材料，这个材料有相当的代表性。

藁城是河北省的一个生产较好的县，产棉花也产粮食。一九五六年以前粮食不能自给，正常年景每年调入三五千万斤。一九五七年以后成为余粮县，年年调出粮食。但是调出的数字增加太快，一九五七年调出一千七百万斤，一九五八年一下子增加到五千万斤，一九五九年再增加到八千三百万斤，一九六〇年仍然调出六千七百万斤。粮食是增产的，由于调出太多，一挤口粮，二挤饲料，三挤棉花和油料。农民的口粮，一九五七年是三百七十九斤原粮，到一九六〇年只有三百斤了。这几年，猪减少了将近三分之二，牲口减少了一半多，棉田减少了将近四分之一，花生种植面积减少了将近一半，最后仍然影响到粮食生产，去年冬麦种得不好。这种情况，是同我们几年来征购任务过大的缺点分不开的。中央的"十二条"下达到藁城县后，纠正五风，进行退赔，现在又有"六十条"，干部和群众的积极性起来了，大家谈起政策，热烈拥护，满心欢喜。但是农民心里还有一个大疙瘩，究竟国家要多少粮食，很不放心。最近县委四级干部会议上，人们一听说国家今年又要调出八千万斤，比去年调的还要多，农民的口粮还吃不到三百斤原粮，都跺脚叹气，冷了半截，担心生产垮下去，今后日子更难过。征购任务顶了几天牛，分不下去。农民原来强烈要求把征购任务包死，但是一看任务

① 选自杨少桥：《为民食竭尽全力》，《伟大的人民公仆——怀念李先念同志》，中央文献出版社1993年版，第250页。

这么大，认为还不如不包。征购任务高，县里就按任务套产量，以购定产，这样包产就包高了，无产可超，农民不接受。五月初我到石家庄的时候，同陈国栋同志和地方的同志一起计算，这个县的调出任务至少要减少两千万斤，才能使农民吃到三百斤略多一点原粮（不包括自留地生产的粮食），才有可能使包产包得恰当，让农民分到一些超产粮，保护农民的生产积极性。

藁城县粮食任务顶牛的情况，在全国多数地方大体上都存在着。最近中央和各省委不少调查组和我们派出去的几个调查组都尖锐地反映了这个问题。姚依林同志从江苏昆山调查回来说，那里农民现在一天一斤稻谷，吃三顿稀饭。昆山是一个著名的高产县，粮食产量每人平均一千二百斤以上，过去的生活水平是一天吃一斤大米或者还多一点，一年合五百多斤稻谷。一个贫农社员对他说："请你给毛主席带个信，借一点粮食给我们吃，秋后一定归还，不然实在吃不饱，没劲干活。"如果略为照顾农民这种要求，比如把口粮从三百六十多斤提到三百八十多斤稻谷，苏州专区就要减少一亿斤大米的调出任务，那么，江苏省也就不能维持今年三月广州会议确定的包干调出任务了。许多地区都反映，如果国家购得过多，农民留得过少，在粮食分配方面，对于体现队与队之间、社员与社员之间的差别就会有很大影响，"六十条"也会大为减色。农民留得过少，顾了糊口，就难搞承认差别、多劳多吃；搞了承认差别、多劳多吃，就有一部分人难以糊口。从这方面看来，广州会议时设想的一九六一年到一九六二年度征购八百八十亿斤的盘子很难派下去。另一方面，从全国城市、工矿区和其他方面的需要看，征购八百八十亿斤还不够。假定今年粮食产量达到三千四百亿斤，还低于一九五七年的水平，但城市人口比一九五七年增加三千多万，城市销量增加一百多亿斤。看来，在两年大灾之后，在目前农业生产水平的情况下，既要调动农民的生产积极性，又要保证城市工矿区的需要，这是城乡之间一个很大很尖锐的矛盾。

目前国家粮食库存实在挖不动了，群众的底子也空了，余粮区、缺粮区都很紧。几个著名的高产区、余粮区实在调苦了，农民的生活水平大为降低。粗略估计，全国高产县有二百五十个到三百个，他们提供的商品粮食大约四百亿斤左右，占全部商品粮食八百多亿斤的将近一半，如果对这些地区过分多购多调，生产稳不住，就很危险。国家征购过多，余粮区口粮过低，这是一种全国范围内地区与地区之间的平均主义。当然，从灾区、缺粮区来看，农民生活比余粮区更苦，如果不能调入必要数量的粮食，农民体力不能恢复，牲畜继续减少，经济作物难保，也是很大的问题，国家还不能不从余粮区适当多调一些出来，要保护余粮区，又要照顾缺粮区，这是地区之间一个很大的矛盾。

最近粮食部了解，许多省的粮食征购盘子下降了，按现在各省自己掌握的盘子计算，大体只有八百四十亿斤左右，比广州会议时设想的八百八十亿斤减少四十亿斤（还可能减得更多）。征购指标减少了，广州会议确定地方上调给中央的一百二十亿斤到一百三十亿斤的指标，就维持不住了；缺粮省、市要求中央调入的数字则要增加。有些原来粮食自给的省，日子过不去，也要求调入。一九六一年到一九六二年度粮食收支的亏空，广州会议计算是七十亿斤。从现在各地反映来看，要扩大到一百五十亿斤左右。粮食亏空扩大，不仅关系到中央负责供应的京、津、沪、辽地区二千四百万城市人口，更关系到各省负责供应的一亿一千万城市人口。如果这一亿一千万人口的粮食供应稳不住，一挤农民口粮，二挤调拨任务，农民口粮又挤不动，必然减少上调或者要求增加调入，中央负责供应的京、津、沪、辽地区也就稳不住。这不仅是中央与地方的关系问题，实际上是全国城市与乡村、余粮区与缺粮区的关系问题。

当前在粮食分配上，一个是城市与乡村的矛盾，一个是余粮区与缺粮区的矛盾，前一个矛盾是主要的。主席在一九五五年关于农业合作化的报告中就曾经指出："我国的商品粮食和工业原料的生产水平，现在是很低的，而国家对于这些物资的需要却是一年一年地增大，这是一个尖锐的矛盾。"目前同一九五五年相比，由于连续受灾和工作中的缺点，产量降低了一些，城市和各方面的需要却增加了，矛盾更加尖锐了。一九六一到一九六二年度粮食收支，按各地提出的盘子，亏空达到一百五十亿斤左右，就是这个矛盾尖锐化的集中表现。

亏空怎样弥补？一条是农村坚持低标准，瓜菜代。这方面的文章可以说都在做。一九五五年"三定"标准，全国平均每人四百一十七斤原粮，当时实际吃到四百斤左右。一九六○到一九六一年度已经降到二百八十多斤，不能再低，一九六一到一九六二年度还要适当提高一点。所谓"低标准"，是指低于"三定"标准，而决不应当再低于一九六〇年的标准。另一条是进口粮食。这方面还有一些文章可做。广州会议时提出下个年度再进口七十亿斤，现在看来是不够的。估计尽最大努力，可以争取达到一百亿斤。再多了，一是国外货源不可靠，二是外汇不够，三是船只运载和港口吞吐都有困难。还要充分估计到敌人捣乱的可能性（如果发生风险，进不了那么多，征购和调拨任务要重新考虑）。即使能够如数进口一百亿斤，一百五十亿斤的亏空，还有五十亿斤没有找出解决的办法。乍一看来，所差数字并不很大，但这是"刀口上"的粮食，是城乡矛盾的焦点，是国家与农民争论的中心。怎么办呢？我们想来想去，想到可否减少一部分城市人口的问题。

关于当前的粮食问题，可以按两个方案设想：第一个方案，仍然按广州会议时的盘子，征购八百八十亿斤不减，地方上调一百二十亿到一百三十亿斤任务不变，城市人口基本维持；第二个方案，征购任务减到八百四十亿斤左右，地方上调任务也减少到一百亿斤，城市人口减少一个相当的数字。

究竟采取哪个方案好，这是一个很大很复杂的问题，必须城乡兼顾，适当安排。一定要把农民的生产积极性调动起来。现在农民口粮很低，人弱、畜少、肥缺，一些余粮区的生产有稳不住的危险，许多地方要求减少征购任务。当我们想到这些的时候，觉得征购任务实在应当减少。另一方面，工业生产一定要发展。这几年在三面红旗的指引下，大家拚（拼）命干，把钢铁、煤炭等工业搞出了一个可观的局面，为今后国民经济的发展打下了基础。目前工业生产必须调整、巩固、充实和提高。城市人口，减得少，不大解决问题，减得多，恐于工业不利。一想到这些，就感到城市减人困难很多，问题很大，心情很矛盾。农民要求减少征购任务，城市一亿三千万人要开饭。压口粮，进口，挖库存，这些法子都想了，日子还是过不去。这些时候，为粮食问题想寻求一个两全其美的办法，既照顾农民又保证城市需要，可是至今没有想好。反复考虑，还是两利相权取其重，两害相权取其轻，把调动农民积极性、发展农业生产放在第一位，采用第二个方案可能好一些。这样做，工业的发展速度暂时会慢一些，但从长期看，对国民经济的全面发展是有利的。把农业搞上去，有了粮食，有了原料，工业就比较容易上去。只要农业这着棋走活了，全局皆活。

在传达"六十条"的过程中，各地普遍要求把粮食征购任务包死，以利生产。这个要求是合理的，我们赞成。说来说去，问题在于包多少。藁城县和许多地方的调查材料说明，按第一个方案，征购八百八十亿斤，农民觉得重了，超产的可能性很小或者无产可超，许多地方包不下去。采取第二个方案，征购任务减低一点，农民才愿意包死，"六十条"里关于"包产指标一定要落实，一定要真正留有余地"的规定才能兑现。不过，采用第二个方案，也还要注意两点：一是任务虽然有所减少，即使八百四十亿斤的任务定下来，农民的口粮还是相当紧的，需要好好说服农民支援城市，支援工业建设。二是要把任务包死，就应当预先把灾歉减免的数字考虑在包干数字以内，以便对受灾地区进行减免照顾。总的原则是，各种地区在通常年景下都有产可超，经济作物区农民的口粮标准应当达到附近余粮队的水平。此外，还要说到，进口粮食万一发生较大的风险，上调任务还要增加。

最近，有些地区要求粮食征购任务一次包死，三年不变，也有的主张一年一包。我们倾向于一年一包的办法。包死之后，在农业增产的基础上如何增购，有三种不同的想法：一种是按定购基数增购百分之几；一种是每亩增购几斤；一种是恢复过去"三定"的办法，增产部分增购百分之四十（这种办法实际是活包，不是死包）。我们认为前两种办法农民好算账，可能好一些。粮食包干究竟采取哪种办法，可以由省、市、自治区党委自行决定。

现在，全党大办农业，大办粮食，"十二条""六十条"正在贯彻，加上近几年水利建设大发展，工业支援农业的力量也增强了，今后农业肯定要增产，前途是很好的。但是，农业的发展需要时间。最近两三年内，国家的粮食征购任务包死了，即使农业发展很快，连续获得较大的丰收，增产的部分基本上要留在农村，国家每年只能在增产的基础上略为增购一点。要让农民增加一点口粮，多养一些家畜家禽，增加一些畜力和肥料，把农业生产搞上去。

有些地方反映，农业劳动力已经大体够用。我们感到，当前的主要问题是城市人口过多，商品粮需要量大，农村难以负担。从农业本身看，要把农林牧副渔全面发展起来，要把粮、棉、油、麻、丝、茶、糖、菜、烟、果、药、杂全面发展起来，要把农田水利建设逐步搞起来，农村再增加一些劳动力，还是需要的，是大有可为的。还要看到，目前农民体力较弱，畜力缺乏，有些工作以人代畜，也需要增加劳动力。农村各种经营的发展是促进粮食生产的重要条件。对于劳动力要合理使用，厉行节约。劳动力的浪费是最大的浪费。当然，城市减人必须有周密的准备和妥善的安排，有计划有步骤地进行，决不可草率从事，以免引起过大的波动。

以上这些问题，是从粮食分配方面感触到的，很不全面。所提意见，涉及到工农业生产和国家建设的各个方面，关系重大。城市减人，在工业生产中会引起什么问题，我们没有摸，先把问题提出来①。

四、参与领导国民经济调整

背景：为了从根本上扭转经济困难局面，使国民经济走上健康发展的轨道，中共中央于一九六一年一月确定了"调整、巩固、充实、提高"的方针，开始进行国民经济的调整。李先念参与了对国民经济调整的领导工作，特别是在财贸工作的调整上作出了重要贡献。

为了克服国民经济发展中这一段期间出现的困难，必须实行"调整、巩固、充实、提高"的方针。现在是吃饭第一，建设第二。这样做，今后的建设速度将不是慢，而是快。打个比方说，人民大会堂，如果只有一个门，大家都要从这个门挤出去，结果是谁都出不去，倒不如互相让一让，一个一个地出去。

现在的问题与一九五六年的问题不同，那时问题小，一调整，就调整过来了；现在是建设规模大多了，调整过来不是一件容易的事情②。

"大跃进"中商业上有五个错误。一，所有制搞错了。经营方式有毛病也出自所有制的问题。要恢复夫妻店，要做到半夜敲门能够买到两盒烟。二，商业体制搞错了。三，经营管理上有很大毛病。总是"肉烂在锅里"，不搞经济

---

① 以上内容选自《李先念文选》，人民出版社 1989 年版，第 257—264 页。
② 以上内容选自《李先念论财政金融贸易》上卷，中国财政经济出版社 1992 年版，第 433—434 页。

核算。这不行，大账要算，小账也要算。四，分配改革和供应方法上，票证多了，又不能废除，但不废除群众意见又很大。五，价格。怕轮番提价，怕提了购进价连带提销售价，牵一发而动全身。要采取具体措施，切实改正这些错误①。

主席说：党的总路线是正确的，但光有正确的总路线还不够，还需要在正确的总路线的基础上有一系列的正确的具体政策，这样才能把工作搞好。民主革命时期，是反帝反封建和反对官僚资本主义三大敌人的，这个总路线是正确的；但是也犯了一些严重的错误。一直到后来经过延安整风，制定了一系列的正确的具体政策，才打倒了蒋介石。现在鼓足干劲，力争上游，多快好省地建设社会主义这条总路线是正确的，但也出了许多唯心主义，犯了不少错误。如有的提出："人有多大胆，地有多高产"，批评有条件论，主张无条件论。这都是唯心主义。结果饭还是不能不吃，不穿衣服还不行。为什么产生唯心主义，对客观可能性忽略了。就讲鼓足干劲吧。既包括主观能动性，也包括客观可能性。"鼓足"是主观能动性，"干劲"包括客观可能性。"力争上游"主要指的是客观可能性。建设社会主义，是客观可能性。总路线，是客观的，但有人就产生了唯心主义。客观规律不能以人的意志为转移，硬转是转不动的。硬转，粮少了，猪少了，小商品少了。违犯客观规律办事是不行的②。

有个时期把自由市场说得那么好，有些过分了。自由市场有片面性，它对社会主义经济有补充的一面，同时也有破坏的一面，有的地方破坏还不小。到底统购、派购对不对？我看没什么不对，问题是你"统"多少和"派"多少的问题。一只鸡生二十斤蛋，派三十斤当然是错误的，派二斤可不可以？我看农民是拥护的。我早就说过有两头猪派一头是没有反对的③。

利用小商小贩经营上的某些长处是必要的，但是应当把他们组织起来，成立共负盈亏的合作商店和各负盈亏的合作小组。同时要切实加强领导和管理。一是政治挂帅，二是经济措施，三是行政管理（对集市贸易也要有这三条）。不

---

① 选自李先念关于商业、粮食、手工业等方面的问题向毛泽东的报告，1961 年 5 月 26 日。参见《李先念传（1949—1992）》上，中央文献出版社 2009 年版，第 543 页。

② 选自李先念在大区财贸办公室主任会议上的讲话，1961 年 6 月。参见《建国以来李先念文稿》第二册，中央文献出版社 2011 年版，第 148 页。

③ 选自李先念在中共中央电话会议上的讲话，1961 年 11 月 6 日。参见《李先念年谱》第三卷，中央文献出版社 2011 年版，第 379 页。

能"开笼放鸟"，让它任意飞翔，而应该像放风筝那样，用一条线把他们牵住。你调皮，我就拉紧一点；太紧了，我又放松一点。在目前的情况下，应当比一九五七年紧一点，这是因为目前商品缺乏，他们容易钻空子，搞投机的缘故[1]。

商品分配有平均主义毛病。说票、证比人民币还多。有些东西是可以不采取凭证凭票的；有的我也很苦恼，还得凭票。究竟怎样办？我们的错误和问题在于没有一套分配制度和方法。特别是城乡商品分配，各占多大比例？虽然我们讲城乡都需要的商品应优先供应农村，但实际结果不是这样。把谁放在第一位，我看还是农民第一，工人第二，干部第三。

关于经济核算问题。我们有个怪理论，说："肉烂在锅里"，也不讲成本了。以表代账，光有金额账，没有商品账。须知降低成本，提高劳动效率是巩固社会主义制度的根本保障。陈云同志曾批评我们说，资本主义是大账乱，小账清，我们是大小账都糊涂。

从财贸角度看，这几年我们不讲经营管理了。对工业的关系，提出生产什么就收购什么，不讲质量了。一把菜刀五斤重，锅五分厚，热也炸，冷也炸。今后怎么办？锅的解决办法，是半年补起来，还是稳步前进。如果半年补起来，肯定还搞不好，看起来还是逐渐补起来。若半年补起来，不产锅的也产锅，一定质量不好。人家把市场放在第一位，把吃饭放在第一位，人们越尊重我们，我们越需要有底。铁锅生产要算三笔账，一是需要账，二是生产能力账，三是算生产原料账，算能用的账[2]。

大力增加日用工业品生产，力求花色品种丰富多彩。既要抓紧大宗商品的生产，又要抓紧小宗商品的生产；既要抓大众化商品的生产，又要抓紧高级消费品的生产。总之，要尽可能做到人民生活需要的大小商品，应有尽有。发卡子，锅刷子，鞋眼子，奶嘴子，这些看来似乎并不重要的商品，如果脱销，影响就很不好[3]。

商品究竟是多了还是少了？这个问题的认识还不一致。我们历史上有过经

---

[1]　选自李先念和姚依林联名给刘少奇的报告，1961 年 12 月 11 日。参见《建国以来李先念文稿》第二册，中央文献出版社 2011 年版，第 158 页。

[2]　以上内容选自李先念在大区财贸办公室主任会议上的讲话，1961 年 6 月。参见《建国以来李先念文稿》第二册，中央文献出版社 2011 年版，第 146—147 页。

[3]　李先念在全国财贸书记会议上的总结发言，1960 年 2 月 28 日。参见《李先念传（1949—1992）》上，中央文献出版社 2009 年版，第 503 页。

验，凡是说多了的时候就要注意少，凡是说少了的时候就要注意多。最近工业部门开会，有人说商品多了，要求降价；商业部门也有人说商品多了，要求降价或压缩生产。他们讲得很形象，说某某商品可以销几年，某某商品可以销十几年。我就不大相信。我看总的说来，不是多了，而是不足，特别是粮、棉、油等重要商品不足。有些显得多了一些的商品，也要具体分析，要分一下类，要区别对待。一类是鲜活商品，如猪、蛋、水果等。猪还是多点好，现在刚刚发展起来，如果不积极收购，打击了生产，就要犯大错误。多比少好，赔钱就赔点。葡萄情况不同，收多了要烂，价高了销不出去，可以适当把收购价降一点。还有一类是可以储存的商品，如五金、交电、化工商品。关于这类商品，不要说战争，只要是基建展开一点，就会紧张，现在已经出现了一些紧张情况。日用百货是不是多了？过去有过教训，一九六二年连发卡、奶嘴这些小东西都没有了。我看这些东西不能轻易说多。多了就储存起来。有人主张普遍降价，我不同意。计划经济是包括计划价格在内的，是不是非得一律降价赔钱处理？我看要具体分析，笼统说不行。要在国家计划指导下，适当考虑供求关系的影响，过多的降价会影响国家积累。处理价格问题一定要慎重，一定要实事求是[1]。

生产决定分配，分配影响生产。主席说：发展经济，保障供给。财政银行部门必须有政治观点、生产观点和群众观点。问题是，怎样才是正确的生产观点。从目前经济形势说，制止通货膨胀，保证正常的生产、正常的商品流转、正常的货币发行，这才是真正的生产观点。有些人说，银行贷款卡得太紧，逼得我要停产，你们的生产观点哪里去了？答复是：现在有些工厂，许多工人吃了饭，没有活干，不生产有什么"生产观点"可言？天津市的八个针织厂，目前的原料只够一个厂生产。生产任务不足，工人绝大部分时间在进行学习，学习是好事，但这不是办工厂，是办学校了。中央指示缩短生产战线，下边有些同志对形势不大了解，还在那里提"养精蓄锐，迎接高产"。如果对这样一些没有活干、应当停产的厂子也要支持，那么马克思主义就不灵了，马克思说劳动创造价值嘛！

另一种情况，有些厂子，产品质量次，成本高，劳动效率低，浪费了原料

---

[1] 选自李先念在财贸工作会议上的讲话，1965 年 4 月 21 日。参见《建国以来李先念文稿》第二册，中央文献出版社 2011 年版，第 286 页。

材料。据说，江西省地区县搞了五十个肥皂厂，成本很高，质量很差，甘油也不能提。他们占去了大量原料，而生产技术高的南昌化工厂，却缺乏制造肥皂的原料。唐山市灯泡厂生产一个灯泡，成本九角一分，质量不好，只能卖三角五分；上海生产的灯泡，每个成本二角三分，销价三角八分，质量好。如果要支持江西地区县的肥皂厂、唐山市灯泡厂这样一类工厂，那么，那些原料材料和燃料消耗少，成本低，质量好，品种多，劳动生产率高的企业，就不能保证正常生产。大家"喝稀饭"，撒胡椒面，例子是不胜枚举的。有人会说，不这样做，就会打击新生力量。我们说，如果这样下去，不但新生力量保不住，先进的老厂子也会拖垮。当前的问题是：原料只有这么多，应该首先保证先进厂的生产，不能让先进厂"挨饿"，来培养落后厂。

　　一种是吃了饭不干活，"坐吃山空"，一种是质次价高，浪费原料，不促使他关厂该怎么办？在原料有限的情况下，如果支持质次价高，必然打击物美价廉。至于"坐吃山空"，根本没有生产，也就谈不上什么"观点"了。如果不按计划，不加区别，不加排队，"那里需要那里贷，需要多少，贷多少"，一切亏损单位都可以靠财政补贴过日子，不管什么企业、什么生产、什么流通，都一样地要银行和财政支持，这不是全面的生产观点，从某种意义上说，是违反生产观点的。这样做，有好心，无好果，来了个通货膨胀，于生产更不利。

　　财政银行一定要为生产服务，为流通服务。计划内的，积极支持，计划外的，坚决堵住。如果计划本身有不合实际的地方，可以提出意见，报中央追加①。

　　我建议财政、银行部门的同志，下去听听农民的呼声，一年三百六十五天，花几天时间走走听听，不要光坐在屋里算账，否则危险之至②。

　　学习要加调查研究。调查研究，主要是实事求是。"实事"是客观存在，"求"是调查研究，"是"是事物的规律性。求有几种求法。在屋里想，问人，都是求。问别人很可能被人欺骗，主席在河南问食堂机械化，还不是被人骗了。在屋里想很可能片面。总之，想来想去，非有几年实践不可，总结经验，教育干部。教育干部是不容易的，打内战时，我是受到教育的。打了不少败仗，打了不少胜仗，也不清楚，经过延安整风，知道了不少理论问题。这次主

---

　　①　以上内容选自李先念在中国人民银行分行行长会议上的讲话，1962 年 4 月 20 日。参见《建国以来李先念文稿》第二册，中央文献出版社 2011 年版，第 172—173 页。

　　②　选自《李先念论财政金融贸易》上卷，中国财政经济出版社 1992 年版，第 438 页。

席叫我们读斯大林的《苏联社会主义经济问题》。这本书也讲了所有制，我们也懂也不懂[①]。

中央对国民经济实行"调整、巩固、充实、提高"的八字方针，是总结了近几年来经济工作的经验教训而提出来的。大家知道，三年"大跃进"，我们基本建设搞了不少，有些搞得不成功，有些不尽合理，有些事情现在看起来还是包袱。由于搞生产建设头脑发热，使财政、银行受到了很大冲击。当时一味强调政治挂帅，这种片面性发展到后来，似乎可以不要制度了。大破大立，实际是只破不立。争取财政经济状况的好转，必须实行集中统一。这就是说，全国的财力、物力和人力，必须按照中央的统一政策、统一计划和统一制度进行管理和使用。信贷工作要为生产服务是对的，但不问成本，不问需要，不问怎么用，送钱上门，要多少给多少，什么时候要就什么时候给，这根本不是正确的生产观点，不是真正的为生产服务[②]。

票子多了三四十亿元，商品同购买力的差额四五十亿元，物价上涨百分之二十以上，财政赤字三十多亿元，这四个概念是不是把情况估计严重了呢？据我个人的看法不严重。从根本上说，是反映了连续三年严重自然灾害的影响，反映了工作上的缺点和错误。缺点和错误的发生主要是由于我们对于社会主义建设缺乏经验，对客观情况调查研究不够，因而在工作中发生了许多缺点和错误。提倡棉花集中采摘、集中收购、集中入库，以为这样可以把棉花拿过来，却得罪了农民。粮食收购过头，农民很恼火。积累多了，农民受不了。商业的所有制，原本是国营、供销社、小商小贩三条渠道，现在是供销社同国营合了，最后把小商小贩也合了，一揽子包起来，叫做"斩断资本主义尾巴"，我看有一部分是尾巴，有一部分是积极作用的。收购鸡蛋任务重，收购员跑到鸡窝旁边看着鸡生蛋，一生下来就拿走。

市场、物价和货币是建立在生产基础上的。从流通方面可以解决一部分问题，但那是"二百二"——红药水的办法，彻底的手术还是在生产的方面。争取财政经济状况的逐步好转，根本问题在于《农业六十条》的贯彻执行，在于工农业生产的增长，在于城镇人口的压缩，在于整个国民经济的调整。同时，

---

① 选自李先念在大区财贸办公室主任会议上几次讲话的整理稿，1961 年 6 月中旬。参见《建国以来李先念文稿》第二册，中央文献出版社 2011 年版，第 149 页。

② 选自李先念在全国信贷员会议上的讲话，1962 年 7 月 12 日。参见《李先念年谱》第三卷，中央文献出版社 2011 年版，第 478—479 页。

也要对财贸工作认真地加以改进。国民经济的调整和生产的发展，需要一个过程，一段时间[①]。

五十年代我国向苏联借了些钱，后来中苏关系紧张，他们就要逼债，你们不知道逼债那种苦的味道。那讲的话才难听！当时中苏谈判，我是中方代表团团长，我对苏联代表团讲，他们不要欺人太甚，逼人也不要太逼狠了。中国人说话是算数的，到时候一定如数将钱还给你们。我们全国人民节衣缩食勒紧裤腰带，过了几年苦日子，结果把外债都还清楚了，还清了外债是一身轻松。困难有什么可怕，硬着头皮就顶过来了，共产党就是和困难顶着干的。外国人骂我们，把我们说的（得）一无是处，说我们是毛泽东的信徒。我就直率地回答他，我就是毛派，强硬的毛派[②]。

一九六二年一月，李先念出席在北京举行的中共中央扩大的工作会议。这次会议初步总结了"大跃进"中的经验教训。图为会议期间李先念（左二）与毛泽东（右一）、李富春（左一）、乌兰夫（右二）在一起。

一切机关、团体、企业都应当提倡勤俭节约，特别是对财政、银行、商业更要严格。因为这些企业直接管钱管物，稍事放松，歪风一起，必然要腐蚀一

---

① 选自李先念在中央工作会议上关于市场问题报告记录稿，1961 年 8 月 28 日。参见《李先念传（1949—1992）》上，中央文献出版社 2009 年版，第 524 页。

② 选自李先念谈话记录，1990 年 6 月 15 日。参见《李先念年谱》第六卷，中央文献出版社 2011 年版，第 518 页。

批人[①]。

在我国社会主义建设时期，勤俭节约、勤俭持家的原则是必须坚持的。但是，我们提倡勤俭持家的目的，是为了教育群众，不要只顾个人生活的改善，不顾国家建设的需要；是为了教育群众，生活水平要同当前生产发展的水平相适应，不要有过高的要求；是为了教育群众有计划地安排生活，不要一下子花得太多，过后又无法安排。因此，在勤俭持家的宣传教育中，要照顾到各种地区、各种人的实际情况，不要去限制群众的正当消费[②]。

现在[③]我们要鼓劲，不要像"空城计"中的司马懿那样胆子小。当然也不要像诸葛亮那样唱空城计。诸葛亮一生用兵是很谨慎的，唱空城计是没有办法的办法。革命干劲要鼓得足足的，但是不要急躁，不要强迫命令，要实干、穷干、苦干、巧干，扎扎实实地做工作。一切工作都从实际出发，讲究实效[④]。

附：薄一波的回忆

庐山会议"反右倾"的结果，是雪上加霜，使得本来就已经严重失调的国民经济继续恶化，发生了更大危机。六十年代初，党中央提出了对国民经济实行"调整、巩固、充实、提高"的八字方针，力图扭转困难局面，摆脱危机。在调查研究、总结教训的基础上，毛泽东同志首先主持起草了"农村六十条"（"农业六十条"——编者注）。根据党中央和国务院的统一部署，我主持搞了"工业七十条"，先念同志也主持搞了"商业工作四十条"和"手工业工作三十五条"，这些条例，都是贯彻八字方针的产物，比较符合当时的实际情况。一九六二年的中央

① 选自李先念将《群众反映》第五十七期上刊登的《江西省财贸先进代表会送礼招待、铺张浪费、大开后门》一文转给中共江西省委第一书记杨尚奎时写的信，1964 年 7 月 24 日。参见《建国以来李先念文稿》第二册，中央文献出版社 2011 年版，第 249 页。

② 选自李先念代中央草拟的《关于勤俭持家和移风易俗宣传中应当注意的一些问题的通知稿》，1965 年 2 月 20 日。参见《建国以来李先念文稿》第二册，中央文献出版社 2011 年版，第 272 页。

③ 1966 年 2 月，李先念深入河南省十个县了解抗旱情况，先后在两个会议上发表讲话。他在肯定河南省委做了很多工作，取得了很大成绩后，针对一部分干部思想不稳，有怨气或怕再挨批的情况，强调要抛弃私心杂念，正确开展批评和自我批评，提高思想认识，达到上下左右团结一致，鼓足干劲，依靠群众想办法，改变河南农业旱、涝、沙、碱、薄、浅、粗和吃国家统销粮的状况，并从多方面分析了河南改变面貌的有利条件，提出了一些具体办法。

④ 选自李先念在中共河南省委二届三次会议上的讲话，1966 年 2 月 15 日。参见《李先念传（1949—1992）》上，中央文献出版社 2009 年版，第 597 页。

工作会议，即七千人大会，虽是一次动员全党正视困难、克服困难的会议，提倡发扬民主，畅所欲言，"白天出气，晚上看戏"，但实际上并没有把困难揭透。一九六二年二月下旬，刘少奇同志在中南海西楼召开中央政治局常委扩大会议，我和先念同志都参加了。会议主要根据七千人大会的精神，对"大跃进"造成的经济困难形势进行深入分析，把七千人大会上没有涉及或未能展开讨论的问题讲透，并且提出了克服困难的具体措施。接着，国务院召开扩大会议，由陈云、富春、先念同志共同传达西楼会议精神。他们三人都作了报告，先念同志的报告题为《当前财政、信贷、市场方面存在的问题和应当采取的措施》。这三个报告，贯穿了七千人大会和西楼会议精神，把问题彻底摆开，提出的措施也比较具体，给与会同志很大启发。西楼会议结束后，党中央决定恢复中央财经小组，统管经济工作，陈云同志任组长，富春、先念同志任副组长。三月上旬，新恢复的中央财经小组举行第一次会议，进一步研究经济调整问题。会后，陈云同志因病休息。中央财经小组在周总理和两位副组长的主持下，继续研究调整国民经济的措施，于四月上旬提出了《关于讨论一九六二年调整计划的报告（草稿）》。五月初，党中央在北京召开工作会议，讨论西楼会议、国务院扩大会议、中央财经小组会议形成的文件，落实调整国民经济的部署。富春、先念同志和我，分别就调整一九六二年计划的有关问题作了说明。之后，中央财经小组吸收会议讨论的意见，修改和充实了《关于讨论一九六二年调整计划的报告》，并送请党中央、毛主席批准，于五月下旬发到全国贯彻执行，开始了国民经济的大幅度调整，取得了很好的效果。先念同志曾几次对我说：毛主席对这次国民经济大调整很满意，把我们几个管理经济的副总理称为"四大名旦"。我虽然一次也未听毛主席这么说过，但相信毛主席对我们工作确实比较满意。应当说，七千人大会后的西楼会议和国务院扩大会议、中央工作会议、中央财经小组会议，对于贯彻七千人大会的精神，从实际工作中纠"左"，实事求是地制定调整国民经济的具体措施，发挥了关键作用。在这个过程中，先念同志作出了积极的贡献[1]。

---

[1]　选自薄一波：《领袖元帅与战友》，中央文献出版社2008年版，第271—273页。

李先念同志关于当前财政、信贷和市场方面
存在的问题和应当采取的措施的报告
（记录稿，未经本人审阅）
（1962年2月26日在国务
院各部委党组成员会议上）

　　当前财政、信贷、市场方面存在的问题和几项措施。最近在少奇同
志主持下，中央讨论了这方面的问题，少奇同志批评财政部的报告（指
在扩大的中央工作会议之前向中央提出的财政报告）是掩盖矛盾而不是
揭露矛盾的报告。我完全同意少奇同志的批评。

　　财政、银行、市场存在的问题，许多数字还正在计算，今天引用的
数字估计性很大，可能把问题说得严重了，也可能说得还不够，只供大
家参考。

　　1.市场货币过多。当前票子的发行量大大超过了正常需要，如果不
采取措施，今年在去年年底市场流通量比25亿元的基础上，还可能被
迫得增发二十亿元或者更多。

　　2.市场供求逆差很大。1962年购买力和商品可供量之间的逆差，
即"供不应求"的差额在采取措施之前估计有五、六十亿元，可能多一
些，也可能少一些。

　　3.1962年财政赤字在采取措施之前估计也在六十亿元左右。

　　财政、信贷、物资三个平衡的关系，是否可以这样说，财政真正平
衡（综合平衡）了，信贷也大体上可以平衡；财政、信贷平衡了，物资

　　一九六二年二月二十六日，李先念在国务院各部委党组成员会议上作《关于当前财政、信贷
和市场方面存在的问题和应当采取的措施的报告》。这个报告被中共中央转发，成为指导经济调
整的重要文件。图为李先念的报告记录整理稿。

　　一九六二年四月，中共中央宣布陈云任中央财经小组组长，李富春、李先念任副组长，统管财经工作。图为一九六二年二月陈云与李先念在交谈。

第九章　在艰难岁月里

一、从不理解到抗争

姚文元的文章①，我就不知道。毛主席要不要批评吴晗，姚知道我不知道。我对姚的文章很不理解。事不关己，高高挂起。老革命遇到新问题，没有办法②。

我专门跑到第二外语学院去学习，去听辩论，很激烈。看了以后有个感觉，怎么辩论呢？同学们互相扣帽子，我说你是反革命，你说我是反党，一到少数就受压制。在这个中间，我没有想出应该怎么办。学习毛主席著作也压制民主，两派学生辩论，辩论成少数的时候，带着问题学习毛主席著作。我是带着这个问题学，你是带着那个问题学，念给少数派的恰恰是选主席讲反革命那一段，比如敌人如何狡猾，如何隐蔽等等。这样就被少数派抓住了，为什么要选那么一篇（段）让我们读？你们是不是把我们当成敌我矛盾了？把我们当成反革命？别的语录他不学，专门学那一段。所以，活学活用、带着问题学，各有各的带法。

学校开座谈会我带了一些人去听了。现在大概学校里反映的情况是两派，一派是支持工作队的，一派是坚决反对工作队的。两个学校都是如此。这两派现在就在那里吵，我们就去劝架，劝架还不容易劝开。对于工作队我和（薄）一波只是形式上不同，一波写了信，我比他"高明"，没有写信；他跟蒯大富作了辩论，我没有辩论。实际上思想是一个东西，就是支持工作队。所以横扫旧思想、旧习惯，我看就是要扫我们这个思想。实质就是怕乱。主席批评"很不理解，很不认真，很不得力"嘛，当着派工作队时，觉得这回可"理解"一下，"认真"一下，"得力"一下了吧！谁晓得压制民主。

---

① 文章，指《评新编历史剧〈海瑞罢官〉》。
② 选自李先念在财贸办公室和财贸政治部全体人员大会上的讲话记录稿，1966年8月24日。参见《李先念传（1949—1992）》上，中央文献出版社2009年版，第602页。

我现在不大讲话。当然讲一些"来当小学生"，"向你们学习"，"支持革命"，这样几句话可以，只能讲这么几句，你讲不好，把你抓住①。

对斗争方法②有一肚子意见③。

直到现在④，我对"文化大革命"的理解还是很不够的，今后还需要在实际斗争中，继续努力学习，继续提高。力争跟上主席思想，力争不犯错误和少犯错误。对犯错误路线的人，有各种不同的情况，要加以区别，不能打击一大片。一方面，犯错误的同志，要勇于承认错误，诚诚恳恳地向群众检讨错误，坚决地纠正错误。另一方面，对犯错误的同志，也要给予热情帮助。要从团结的愿望出发，经过批评与斗争，使矛盾得到解决，从而在新的基础上达到新的团结。无论什么情况，不许挑动群众斗群众，不许挑动学生斗学生⑤。

对你们⑥提的一些问题，我是有气的。造反要讲革命性、科学性、纪律性。你们的革命性是好的，但是非常不科学。很多左派讲的那些材料是似是而非的，是煽动性的东西。我们的青年人不能养成这样的作风。我们党历来提倡实事求是的作风，错了就要纠正。所以我今天正式讲，商业部党组恢复，财政部党组恢复，党组成员要继续工作！昨天有人问我，对陈云的问题，你为什么不揭发？我说我不揭发！我也不知道好多，就是知道的事情也不能讲。要讲得有个范围，要有条件的！你们现在的这种搞法是不好的，为什么不讲事实、摆道理呀？财政部的斗争会，就是一方面的意见，一讲不同意见就吼，这跟《十六条》相符合吗？这样的干法无论如何是不行的。造反好么，看用什么观点造，造反也要有个立场，没有立场乱造哇？我对你们造反团是相当忍耐的呀，我已经忍得相当够了！对那些部长，哪能一棍子打光呢？最近一段时间，我跟财贸系统的很多同志谈了话，我的谈话都是

---

① 以上内容选自李先念在中共八届十一中全会小组会议发言记录（二），1966 年 8 月 2 日。参见《李先念传（1949—1992）》上，中央文献出版社 2009 年版，第 606—607 页。

② 指 1967 年 1 月，在中央文革小组的鼓动下，北京一些大专院校和单位的造反派纠集在一起，冲击中南海，要求揪斗部分中央领导同志的行为。

③ 选自李先念与财政部、中国人民银行总行、外贸部等部门负责人的谈话，1968 年 4 月 5 日。参见《李先念传（1949—1992）》上，中央文献出版社 2009 年版，第 624 页。

④ 指在 1966 年 12 月 3 日李先念在财政部全体工作人员大会上讲话。

⑤ 选自李先念在财政部全体工作人员大会上的讲话，1966 年 12 月 3 日。参见《李先念年谱》第四卷，中央文献出版社 2011 年版，第 386 页。

⑥ 指财贸口各部和院校造反派代表。1967 年 1 月 25 日凌晨，周恩来、李先念接见了他们。

有根据的，我每一次谈话都是根据总理指示、根据主席指示谈的。希望同志们回去把总理的指示好好传达一下，恢复一些部长的工作，不然业务抓不好[1]。

一九六七年打了一个"二月逆流"，国务院只剩下我一个副总理协助总理的工作，突然一夜之间到处是打倒我的大字报，搞得我也不好出来工作。有一天，毛主席打电话要我陪他去看戏，在人民大会堂三楼看《沙家浜》。戏看完之后，毛主席对身边的人讲，你们为什么要打倒李先念呢？还说他是叛徒。李先念的历史我是完全清楚的，他哪一段时间在哪里干什么工作我都知道。在西路军，他是不下马的将军。站在旁边的江青等几个人都不敢做声，就这几句话，我就给解放出来了，再也没人打倒我了[2]。

一九七四年，李先念（前排左二）与毛泽东（前排左一）在一起。

附：李先念儿子李平的回忆

毛主席一生中说过两次李先念是好人，一次是在延安，一次是在"文革"期间[3]。

二、下放北郊木材厂

背景：一九六九年初，遭到围攻和批判的老一辈革命家，根据毛泽东

---

① 选自李先念在接见财贸口各部和院校造反派代表时的讲话，1967 年 1 月 25 日。参见《李先念年谱》第四卷，中央文献出版社 2011 年版，第 399—400 页。

② 选自李先念谈话记录，1990 年 6 月 15 日。参见《李先念年谱》第六卷，中央文献出版社 2011 年版，第 518 页。

③ 选自新四军研究会等编：《李先念传奇之旅——从乡村木匠到国家主席》，红旗出版社 2009 年版，第 279 页。

的指示，分别被下放到北京郊区的几个工厂劳动、调查研究，接受工人阶级的"再教育"。进入花甲之年的李先念被下放到北郊木材厂（今北京市天坛家具公司）。据不完全统计，从二月到八月，李先念到北郊木材厂去了二十二次，是他在新中国成立后下到一个基层单位时间最长、次数最多的时期。

我（到北郊木材厂——编者注）主要是来学习的，向同志们学习，接受再教育。主席让我调查研究，制度究竟怎么改法，税率为什么搞得那么复杂，听听同志们的意见，找一些人调查一下。再想座谈一下，关于财务、税收、物资、不合理的规章制度方面问题，还有福利费、附加工资等等，什么问题都可以谈。调查研究也是任务，但我还有工作，不能全部时间都在这里，一个礼拜可能有几天不能来，有些会议我要参加。你们① 看可不可以，不能耽误你们的时间② 。

一九六八年，李先念被下放到北京北郊木材厂劳动。图为北郊木材厂制材车间内景。

---

① 你们，指北京市北郊木材厂革委会、军宣队负责人等。
② 选自《李先念年谱》第四卷，中央文献出版社 2011 年版，第 563—564 页。

附：乔金旺①的回忆

李先念同志到北郊木材厂，军宣队事先已接到指示，要对他采取不冷不热的态度，并在称呼上也作了规定，一般不叫首长或李副总理，即使叫也不要太多了。因为军宣队领导人和一些队员，长期在他身边工作，和他很熟悉，对他很了解，很尊重，不让叫首长或李副总理觉得别扭，很难做到。先念同志一向平易近人，和蔼可亲，对我们这些警卫人员、工作人员、服务人员都很好，从不摆首长架子。因此，军宣队虽然表面上很谨慎，但实际上还是一如既往，尽量照顾好他。时值冬季，天气很冷，工厂条件很差，没有暖气，军宣队怕他着凉感冒，派人给他生炉子，烧开水。还指定我专门负责照顾先念同志的生活，安排工作活动等。后来先念同志每次和我谈起在北郊木材厂的情景时，都说那里的工人好，干部好，军宣队好，如果不是他们好，我还要被折腾②。

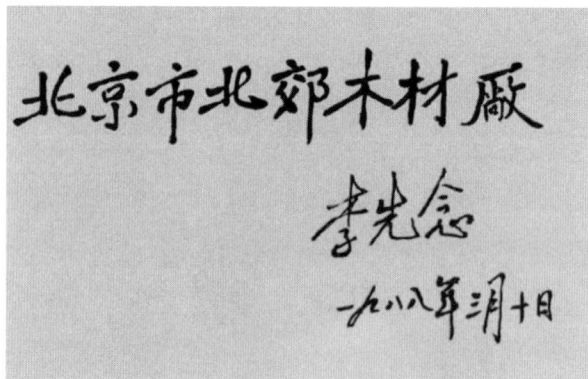

李先念为北京北郊木材厂题写的厂名。

三、协助周恩来苦撑危局

背景："文化大革命"期间，李先念同林彪、江青反革命集团进行了坚决斗争，被诬为"二月逆流"成员受到错误批判。在极其艰难的情况下，他忍辱

---

① 乔金旺，时任驻北郊木材厂军宣队副队长。
② 选自《李先念传（1949—1992）》上，中央文献出版社2009年版，第672页。

负重、顾全大局，倾注全力协助周恩来维系国民经济运转，使一大批在建和新建项目得以建成或加快建设进度。他积极配合和协助邓小平主持的全面整顿，为努力把国民经济搞上去付出大量心血。

对淮河、黄河、海河、长江①，要全面地、认真地逐段进行一次检查，不仅高水位不出危险，而且低水位也不能决口。要提高警惕，防止麻痹，在低水位时也不要麻痹②。

增加小五金商品出口，我看不很难办，只要抓紧抓好，就可能比现在增加一倍或几倍。因为小五金生产所需材料不多，必要时还可进口一些材料，我们有的是劳动力，现在的一些小厂或手工业工厂都可以增加生产。这些产品，不只国外需要，而且国内也很需要，不用怕多了积压，应当大力促进生产。问题在于一定要保证质量③。

要把武钢一米七轧机工程的建设当作重点项目来抓。要遵照毛主席关于"精心设计、精心施工"的指示，发扬敢打硬仗的作风，多快好省，保质保量地把这个工程建设好，如果这个项目搞起来了，可以说将是我国钢铁工业的一个转折，至少在钢材品种上会有很大增加。武钢还要努力寻找矿山，我想还是可以找得到的④。

我与秋里⑤同志召集过有关部门一次会议，研究过这套彩色显像管的设备进不进，大家意见应当进。因为靠自己攻关时间太长，满足不了当前急需。进口这套设备促进我们自力更生快些⑥。

我们进口一些先进设备，包括进口一些技术资料，是有必要的，这样做正是为了多快好省地建设社会主义。但是，决不能因为可以进口，而削弱自力更生、奋发图强的自信心。我们要有志气，不要当懒汉⑦。

---

①　由于全国主要河流几年没有进行治理，险情隐患丛生。进入雨季后，李先念随时注意各河流的汛情，要求水电部每天检查一次防洪工程修复情况和防汛措施，并向国务院值班室报告。

②　选自水电部军管会防汛办公室电话传达稿，1969年7月24日。参见《李先念传（1949—1992）》下，中央文献出版社2009年版，第691页。

③　选自《李先念文选》，人民出版社1989年版，第297页。

④　选自李先念对冶金工业《情况反映》第19期的批语，1974年12月7日。参见《李先念传（1949—1992）》下，中央文献出版社2009年版，第776页。

⑤　秋里，即余秋里，"文化大革命"期间任国家计委主任，协助国务院领导同志抓经济工作。

⑥　选自李先念对四机部《关于引进彩色显像管成套设备增加外汇的报告》的批语，1973年9月16日。参见《李先念传（1949—1992）》下，中央文献出版社2009年版，第773页。

⑦　选自《李先念文选》，人民出版社1989年版，第300页。

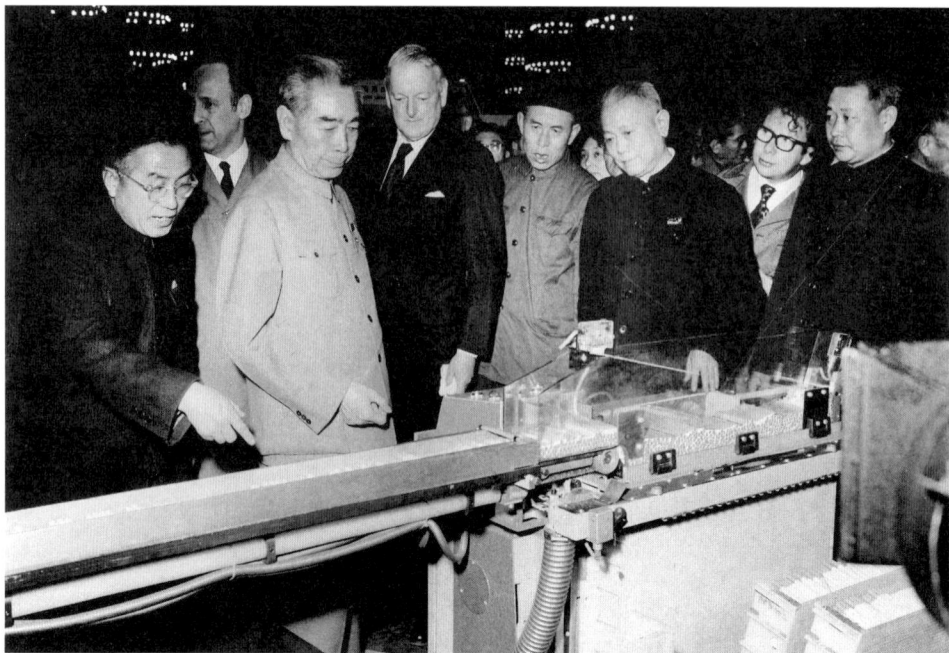

一九七三年三月三十一日，李先念（左六）与周恩来（左三）参观在北京举办的英国工业技术展览会。

有人①指责我，说我管理经济工作的那一套不行，保守了、过时了，应当批判。我不行，你那套就行吗？既无外债，又无内债不好，难道欠一屁股债就舒服了？你们是没有尝过逼债的滋味，当年苏联逼债，我们是勒紧裤带还债的，那时是多么艰难啊！国家为难，群众受罪，我们是用"低标准、瓜菜代"渡过困难的。真是不当家不知柴米贵，不生儿不知肚皮痛。我历来不反对举债，但要适度，要有能力偿还，赚的外汇、借的外债要用在点子上，而不要进口大量高档消费品、化妆品、高级轿车。我们要发展民族工业，保护民族工业，中国的产品要走向国际市场②。

长江可不能搞断了，（搞断了）千万人要骂娘的。大家考虑一下，客观一点，只能说服不能压服。我参与丹江口工程，我讲，要修丹江（水库），必须修船闸，不通航就不要修。宁肯少发十万千瓦电，也要保证通航。航运解决不

---

① 在 20 世纪 60 年代，外汇收入管理很严，全部用于进口高新技术、国防设备、国计民生的必需品，一点都不准乱用。1969 年军委办事组要进口六台高级小轿车，找到李先念，好话说尽，李先念就是坚持不批，理由是不符合外汇管理条例。对此，部分人便有意见，指责李先念。

② 选自漆林：《难忘的教诲 深切的怀念》，《李先念生平与思想研究》，中央文献出版社 2011 年版，第 197 页。

了，不能补救，不能搞飞船[①]。

　　总理已于二十一日开会[②]决定工程暂时停止，待设计基本定下来后再开始。这样大的且无经验的工程边勘测、边设计、边施工是不行的[③]。

　　我受的委屈也很多哪！还不好讲。前些时候有人说我总不倒，又说葛洲坝不该修。这也是问题，那也是问题，要算账，要追究责任。在会上有几个人叫得凶得很哪！那么大的气。我也发了火，我站起来讲，葛洲坝是周总理定的，我是支持的，总理死了，我就是罪魁祸首，你们要怎么样！叫了一阵子算了，也就不作声了，就那么回事！我到葛洲坝去了三次，有一回硬要把我拖去，我又发烧，又拉肚，是硬撑着去的，去了是支持搞上去。办个事难呐！不干的总比干的高明[④]。

　　对二汽我还是比较了解的。在林彪、江青两个反革命集团严重干扰破坏的情况

一九七〇年十二月二十四日，周恩来致函毛泽东等，提出"在'四五'计划中兴建葛洲坝水利工程是可行的"。经毛泽东批准，这项工程于一九七〇年十二月三十日正式开工。图为建成后的葛洲坝水利枢纽工程。

下，在远离大城市的武当山这个深山老林十分困难的条件下，一九七五年六月，二汽第一个车型——两点五吨军用越野车建成投产！那时，我就想来，但没来成。我对当时二汽的评价是"心齐、气顺、劲足"。现在听说你们最大的

---

　　① 选自《李先念传（1949—1992）》下，中央文献出版社2009年版，第717页。
　　② 1971年元旦，十万人举行了葛洲坝第一期工程开工典礼。然而，这样举世瞩目的工程，准备工作很不够，施工盲目性很大，没有经过反复论证的正式完整的设计方案，是在边勘测、边设计的情况下开工的，所以设计方案成了当时的关键问题。而水利专家对设计方案的分歧又很大，双方争论激烈，相持不下。1972年，国务院对葛洲坝枢纽工程再次重新审查。11月，周恩来三次主持会议，和李先念等业务组成员一起研究葛洲坝工程问题，根据实际情况，断然决定停工整顿，组织科学技术委员会，重新修改设计。
　　③ 李先念对修改葛洲坝工程设计问题的批语，1972年11月。参见《李先念传（1949—1992）》下，中央文献出版社2009年版，第718页。
　　④ 选自李先念谈话记录，1985年7月7日。参见《李先念传（1949—1992）》下，中央文献出版社2009年版，第1131页。

车型——五吨民用载货车，今年①又将投产，这是一件大事！这次一定要来看看，帮助你们解决一些常常是最困难的"尾巴工程"。热切希望二汽早日建成、建好。对二汽建设我最担心的有两个问题，一个是厂区布局问题，听说二汽在夹皮沟里搞"羊拉屎"，担心厂房建在分散的小山沟里怎么能搞大生产。一个是防洪问题，武当山地区是个"暴雨带"，你们厂区的头上顶有二十多个"尿盆"（水库），一旦垮下，会造成极大的损失②。

一九七八年一月，李先念在湖北十堰视察第二汽车制造厂。

二汽的防汛问题，真使人担心。从听了二汽同志汇报之后，就曾想到，搞得不好，山洪有冲掉第二汽车制造厂的可能性。这是否瞎喳喳呢？决不是。我

---

① 今年，指 1978 年。

② 选自黄正夏：《打开国门，建设国际一流企业——缅怀李先念 1978 年视察二汽》，《李先念生平与思想研究》，中央文献出版社 2011 年版，第 691—692 页。

虽然没有去，但湖北这地方还熟悉，确实有冲掉二汽的可能性。那里是个暴雨区，两天之内下一百七十五毫米的雨，算不了什么，这只能算小雨或中雨。真正是暴雨的话，一天之内，就可能下二百、三百、四百毫米，甚至更多。我是有这个印象的，可以查一查历史资料。

问题是既然已到了现在这个情况，我们就要想尽一切办法把这个水害问题真正地而不是虚假地，完全、彻底、干净解决完。决计不能让它出事。这是水电部、一机部、湖北省、十堰市和二汽的同志在继续完成二汽建设中的当务之急。这件事必须在今冬^①明春解决，决不能再拖，"拖"就是对党对国家对人民犯罪^②。

有人说我是"不倒翁"，只顾保自己；有人说我是八级泥瓦匠，只会和稀泥，不敢斗争，不讲原则；中原突围时一部分掉队干部意见更大，说我不管他们的死活，不站出来为他们说话，让他们背上历史包袱，这些人大部分集中在湖北、江苏、上海、北京也有少部分。还有人指着我说，"你怕个屁，不要当泥瓦匠，站出来和他们（四人帮）斗嘛，垮了就垮了，没什么了不起的"。我反问指责我的同志，"垮了有什么好处？对党有利，对国家有利，还是对你有利呀？你这是匹夫之勇"。国家有难，周总理苦撑危局，我们再躺倒不问事撂挑子，不是把权力交给"四人帮"一伙了吗？他们巴不得哩^③。

把国民经济搞上去，不仅要抓工业、农业生产，其中有个人民生活问题，这是个大问题。这是很普通的道理，不是什么深奥的学问。人总是要吃饭的，不仅要吃，还要吃得好一点。吃一点肉，吃一点油和其他副食。生活问题，包括衣食住行，还包括医疗卫生，看电影、看戏各个方面。但首先是吃的问题。农民生活要关心，工人生活要关心，城市人民生活也要关心^④。

---

① 今冬，指 1973 年冬天。

② 选自李先念对中央防汛指挥部《防汛简报》第 62 期的批语，1973 年 9 月 13 日。参见《李先念传（1949—1992）》下，中央文献出版社 2009 年版，第 714—715 页。

③ 选自漆林：《难忘的教诲 深切的怀念》，《李先念生平与思想研究》，中央文献出版社 2011 年版，第 201 页。

④ 选自李先念在国务院召开的生猪生产座谈会上的讲话，1975 年 9 月 7 日。参见《李先念传（1949—1992）》下，中央文献出版社 2009 年版，第 843 页。

一九七一年，李先念与周恩来在一起。

附一：余秋里对"四三"引进方案的回忆

一九七二年根据周恩来和李先念副总理的指示拟定的并由总理亲自审批的"四三"引进方案，即用四十三亿美金在三五年内引进一批国外的先进技术设备。……这个方案，国家计委于一九七三年一月二日正式上报国务院，很快即由李先念副总理和周总理审查同意，并报毛主席批准了。这是新中国成立以来第二次大规模的引进（第一次大规模引进是"一五"计划期间的一百五十六项），也是打破多年来西方国家对我国的封锁、禁运局面，发展我国同资本主义国家的贸易和经济技术合作的重大突破[①]。

附二：陈云的回忆

"文化大革命"期间，先念同志在十分艰难的情况下，协助周总理主持全国财经工作，使一大批在建和新建项目得以建成或加快了建设进度，其中包括攀枝花钢铁厂、武钢一米七轧机、十三套大化肥、四套大

---

① 选自《李先念传（1949—1992）》下，中央文献出版社 2009 年版，第 768—769 页。

化纤、焦枝铁路、襄渝铁路和胜利油田等，继续为我国社会主义现代化建设打基础①。

附三：李先念谈我国对外贸易的发展问题（一九七三年一月四日）

一、积极发展对外贸易。

我国的对外贸易，应有一个较大的发展。从对外关系上看，有些国家的政府代表团来了，不单是谈外交，还要谈贸易。我们同一些资本主义国家往往是先搞贸易，然后建交。从国内建设上看，也需要扩大同外国的经济技术交流，促进我国经济的发展。

发展对外贸易，首先是增加出口。根据我国的情况，手工业品、工艺品和土特产品是可以大力发展和增加出口的。去年这些商品的出口额，已占出口总额的百分之二十三。这些东西，在西方一些资本主义国家很少生产，但有市场，今后增加出口有可能。工艺品的生产，有一段时间，对题材认识不一致，现在大家的看法已比较一致，就是要遵照毛主席关于"百花齐放，推陈出新"和"古为今用，洋为中用"的方针，继承和发扬好的传统，努力创作新的题材。近几年工艺品生产有发展，但还很不够，有的只搞了些样品和展品，看起来很热闹，但没有成批生产，人家要买，又没有货。应该想方设法把品种、质量搞上去，努力增加产量。

我国地广人多，自然条件很好，资源丰富，到处可以发展土特产品，核桃、栗子、红枣、药材等都可以大量发展。许多野生植物也可以发动群众大量采集或栽种。这样，既可以增加出口，又可以适当满足国内市场的需要，增加国家和农民的收入，一举几得，有什么不好？有些地方片面理解以粮为纲，把多种经营挤掉了，请同志们注意。要全面地执行毛主席关于以粮为纲、全面发展的方针，发展粮、棉、油、麻、丝、茶、糖、菜、烟、果、药、杂等十二项生产，做到农、林、牧、副、渔五业并举。在大抓粮食的同时，努力把多种经营搞上去。多种经营，就包括重视可供出口的各种土特产品的生产和采集。

轻工业品、水产品也大有发展前途，大有文章可做。世界上许多工业发达国家的对外贸易，是靠进口原料加工成品出口的。我们不能完全

---

① 　选自陈云：《悼念李先念同志》，《人民日报》1992 年 7 月 23 日。

象（像）他们那样。我们出口的制成品主要用自己的原料加工。我们要充分利用本国资源，但有些东西，国内生产能力有余，原料不足，国际市场又有销路，也可以进口原料加工成品出口。比如，可以多进口些棉花、羊毛，加工成针棉织品和毛织品出口。也可以进口些木材加工成家具出口。上面只是举几个例子而已，可做的事情很多，要有计划地把这项工作开展起来。

总之，手工业品、工艺品、土特产品、水产品、轻工业品等都要搞。还有化工、机电、石油、煤炭、矿砂等产品，现在出口不多，随着生产的发展，今后也要逐步增加出口。这样，就要给些投资和设备，就要纳入计划。

出口商品的收购工作，过去也存在一些问题。时而叫东西少了，催增加生产；时而叫东西多了，不收购，让减少生产，总是怕积压、怕霉烂、怕背包袱。当然，积压、霉烂是不对的，但仓库里存着多少东西，究竟是些什么东西，往往又不知道。过去闹过"兔子"风潮，也闹过"抽纱"风潮，号召人家发展生产，多了又不收，提出一大堆苛刻条件，谁受得了！只顾自己方便，不讲党的政策，不顾群众利益，这是什么作风呢？收购工作涉及到内外贸的关系问题。外贸出口货源基本上是内贸收购的。商业部门在支援外贸出口方面做了大量工作，要继续把出口商品的收购当作（做）自己的事，经常抓，并要抓紧抓好。组织外贸出口货源，生产和收购都要加强计划性。但有些商品一时多了，也不要立即压缩生产，减少收购。我们有广大的国内市场，不能出口的可以转为内销，一般不存在过剩的问题。

外贸要统一对外，要互通情报，不要互相封锁。这是外贸工作中的一个重要问题。有些事情，我们自己拆自己的台，这股不正之风必须坚决纠正。外贸部要把各口岸之间、口岸和内地之间的关系协调好。外贸必须统一，不统一怎么得了！

二、加强调查研究。

外贸部、各公司、各口岸和驻外商务处的同志，无论如何要把调查研究搞起来。我们同外国人做生意，要熟悉人家的政治情况和经济情况，要随时掌握国际市场动态，做到心中有数。这是做好外贸工作的基本功。有些同志同一些国家搞了十几年贸易，还不了解人家的情况，不了解人家需要我们什么商品，我们能出口哪些商品。这怎么能做好工作呢？

国际政治、经济情况很复杂，国际市场动荡不定，商品价格时涨时落，货币经常贬值升值。如果调查研究工作搞不好，不了解情况，怎么能决定政策和办法呢？事情办不好，就会在政治上经济上给国家造成损失。反之，调查研究搞得好，情况掌握得准，就可以把政策搞对头，办法就多，工作就主动。

调查研究是很艰苦很细致的工作。真正做好调查研究，要有高度的政治责任心，下苦功夫，经常掌握国际上的各种资料和动态，肯动脑筋，学会应用马克思主义的方法，去观察问题、提出问题、分析问题和解决问题。这样，我们才能把事情办好，把生意做活。我们有些同志自己不注意调查研究，又不听取各方面的意见，办事主观片面，这种作风必须改正过来。

三、出口商品的价格问题。

国际市场与国内市场是两个不同性质的市场，有两种不同的价格。去年秋季广交会上，对于价格问题，发生了一场辩论。少数同志对于一些商品提价想不通，讲了一些怪理论。他们提出，出口商品的价格应该稳定，出口商品的作价原则应该按照内销商品的做法，成本加利润。还有的同志认为，涨价容易落价难，提价后会丢掉市场，等等。这些看法是错误的。这是把国际市场和国内市场混同起来了，说得严重一点，是没有常识。

我们国内市场的商品价格，是实行基本稳定、个别调整的方针。同外国资本家打交道，决不能把国内稳定物价的方针套到国际市场上去，也不能笼统地用成本加利润来定价。有一些同志说，在一届交易会上价格变动几次影响不好，不能体现社会主义对外贸易的新风尚。这种看法不对嘛！国际市场的价格是不以我们的意志为转移的。例如，去年有些商品，所有资本主义国家都提了价，我们买的小麦，价钱就高了百分之六十，你怎么去稳住？我们在世界贸易出口总额中仅占百分之一左右，影响很有限，怎么能把国际市场的商品价格稳住呢！即使我们有个别商品在国际市场上占优势，也要争取多卖一些钱，多为国家积累一点外汇。这就是说，这些商品的价格也是要根据国际市场上的需求状况来决定的，而不能采取稳定价格的方针。有的人说我们提价百分之二十，外国商人卖出也提价百分之二十，这不是加重了对各国人民的剥削吗？这真是一种怪议论。我们出口的绢花只卖十八美分，外国商人买去照样卖一点八美元，又作何解释呢！这么说的人，硬是想要我们吃大亏，外国资本家赚大钱！

国际市场价格与国内市场价格完全是两回事。国际市场的商品价格，由于供求关系的变化而经常上下波动，并不以哪一个国家产品成本的高低为转移。把国内规定的成本加利润的作价原则，运用到国际市场上去，在实践上是有害的，在道理上也讲不通。当然，并不是说外贸部门不要研究成本和利润的问题。这个问题应该研究，要用它来进行经济核算，衡量企业盈亏，提高我们的经营管理水平。问题是不应当把它作为确定出口商品价格的原则。

有人说涨价容易落价难，怕提价后丢掉市场。我看也不对，有涨有落嘛！难道你的商品降了价，人家还不高兴？同样的，国际市场降价，你不降也不行。国际市场提了价，你不提就便宜了资本家。只要我们提价提得合适，不会丢掉市场。有些商品出口价去年提了，今年国际市场有没有可能跌价呢？可能的。提了价，利润一大，就会刺激生产，就会出现供过于求的局面。销不了，价钱就会跌下来。国际市场是受供求关系指挥的，是受价值法则支配的。我们同资本家做生意，要学会运用这个规律，使外贸工作有利于国家建设①。

四、协助领导对外工作

背景：进入二十世纪七十年代，国际形势发生了重大变化。毛泽东、周恩来审时度势，及时对中国外交战略进行调整，作出了富有远见的重大决策，打开了外交工作的新局面。李先念在先后协助周恩来、邓小平、华国锋领导国内工作的同时，又以很大的精力协助他们抓对外工作。历史把李先念推到了外交工作的前台。

你们②总统是一九七二年来的，访问后，我们两个国家有一点关系了，以前既没有关系，也不通消息，只是每天看看记者的报道。你们总统来了以后，

---

① 以上内容选自李先念在全国外贸工作会议上的讲话，1973年1月4日。参见《李先念文选》，人民出版社1989年版，第302—307页。

② 你们，指1974年5月18日李先念会见的美国州长代表团。

两个国家发表了一个上海联合公报。联合公报中有一些共同点，有些各说各的，我们把我们的观点说清楚，你们总统把你们的观点说清楚，说明哪些是共同的，哪些不是共同的。

这里有个台湾问题。在上海公报上，你们总统承认了一条，即台湾海峡两边的中国人都承认只有一个中国……问题是哪个中国，是中华人民共和国还是"中华民国"。我们说法是，中华人民共和国是唯一合法的政府，蒋介石那个地方是一个省。

所谓"一中一台""一个国家，两个政府""台湾独立"，这话通通不行。什么"台湾地位未定"，这话不对，老早就确定了。这些都跟你们总统讲清楚了，公报上也写了。可是，西方国家有些政治家老是唱这些调调，我们不能同意，台湾问题怎么解决是我们自己的事情[①]。

中美关系正常化的关键是台湾问题，美国必须做到断交、撤军、废约。至于我们如何解放台湾，那是我们的事。

关于这个问题，我们是花岗岩脑袋，改变不了。

一九七二年二月二十四日，李先念（左四）与夫人林佳楣（左二）陪同美国总统理查德·米尔豪斯·尼克松（左五）与夫人帕特里夏·尼克松（左三）游览北京八达岭长城。二十八日，中美《联合公报》在上海发表，两国关系开始走向正常化。

---

① 选自李先念会见美国州长代表团时的谈话，1974 年 5 月 18 日。参见《李先念传（1949—1992）》下，中央文献出版社 2009 年版，第 921 页。

台湾问题不是意识形态问题，这是涉及两国关系，涉及我国领土和主权以及二次世界大战后一系列文件中规定的法律问题，是本质问题。在这个问题上，美国是欠中国债的。

中美两个国家有很多共同点，但完全一致不可能。但有一条，要不损伤两国正常化关系为好，不做这样的事情。有什么事情可以谈，可以开诚布公的谈。比如讲，美国国会通过一个法案，美台关系的法案，我们就不高兴①。

台湾是我们的一个大省，有一千六百万人。这是我们自己的事情，我们为什么不关心？我们要统一嘛！我试问一下，假使美国的檀香山或长岛组成另一个政府或受别国支持，那你们美国政府是什么态度？那你们美国人是怎样的感情？万斯②先生这次来说要双方努力。我们没有什么可努力的，我们再努力，是否要把我们的海南岛再让出来？我们还有什么要努力？是要美国政府努力。如果我们再努力，就要划出一个省去，成立另一个政府。双方努力的说法我们不同意③。

我们应把中美关系放在什么地位，放在实用主义地位，就事论事的地位，还是用战略的眼光看待中美关系？我看，应用战略的眼光看待中美关系。我们处理任何问题不只是从中国本身利益出发，更重要的是从全球利益出发。有些朋友对我们有疑，一方面希望我们强大，另一方面又怕我们强大了也侵略别人，实际上，我们的国策非常明显，反对霸权主义、维护世界和平。既然是一个真正的社会主义国家，即使再强大，也不能搞霸权主义。我们经常教育子孙后代不要侵略别人。我们不能过高估计自己，我们现在穷得很。但也不能过低估计自己，就是说，中国在世界上也不是没有分量的。我们块头大，有十亿人口，三十年来我们建立了一定的经济基础。有些朋友不大赞成战争不可避免的说法。但这是客观存在的，不讲不行，不讲就麻痹了人民。我们希望长久的和平，但有些人不给我们和平。因此，我们不赞成退却、让步、绥靖主义的思想④。

① 以上内容选自《李先念传（1949—1992）》下，中央文献出版社 2009 年版，第 921—923 页。

② 万斯，时任美国国务卿。

③ 选自李先念会见美国黑人专栏作家卡尔·罗恩一行谈话记录，1977 年 9 月 14 日。参见《李先念传（1949—1992）》下，中央文献出版社 2009 年版，第 922—923 页。

④ 选自李先念会见美国著名记者和作家哈里森·索尔兹伯里和夫人时的谈话，1980 年 7 月 25 日。参见《李先念年谱》第六卷，中央文献出版社 2011 年版，第 120 页。

一九七五年十二月一日，李先念（前排左三）陪
同邓小平（前排左二）在北京首都机场迎接来访的美
国总统杰拉尔德·福特（前排左一）一行。

现在麦克唐纳来访问 [①]，表示想改善和我们的关系。我们谈了一次。我们说，要承认就承认，不承认就拉倒。我们这个国家，不一定那么迫切非要人家承认。不承认，我们也可以过日子。当然承认了可以改善关系。我们总是希望朋友多一些。但不能欺负人。什么"台湾地位未定论"，台湾地位已经定了，是中国不可分割的领土，是中国的一个省。什么"一中一台""两个中国""台湾地位未定论""台湾独立运动"，都是胡说八道 [②]。

田中首相访问中国，跟周总理发表中日联合声明。在联合声明发表以后，有两年时间应该说中日关系是发展得很快的。但是，三木首相在任期间，我们的看法中日关系是后退了。福田首相就任首相以来，我们看到他积极方面，发表了一些有利于中日关系的讲话。但是，最近一个时期，特别

---

　　① 指英国友好人士马·麦克唐纳在 1971 年来北京同周恩来谈改善中英关系的情况。由于东南亚一些国家邻近台湾，多年和台湾关系密切，很想了解同中国建交如何解决与台湾关系问题。1971 年 10 月20 日，李先念向新加坡中华总商会工商业考察团介绍了英国友好人士马·麦克纳来北京同周恩来谈改善中英关系的情况。英国是最早承认中国的西方国家之一，但又不完全承认，有三个保留：即在台湾保留领事；在联合国投中国票，又投台湾票；不完全否认"台湾位未定"。因此，两国十几年来未升为大使级外交关系。李先念在谈话中是告诉客人一个重要原则，同中国建交必须断绝同台湾的外交关系。

　　② 选自李先念会见新加坡中华总商会工商业考察团谈话记录，1971 年 10 月 20 日。参见《李先念年谱》第五卷，中央文献出版社 2011 年版，第 150 页。

是（一九七七年——编者注）六月十日跟记者的谈话中有这么一句话，说是他"还没有时间来考虑中日关系"。这就公开告诉人们，福田首相把中日关系放在一个无足轻重的地位。因此，他这一句话就引起我们一点疑问，就是福田首相过去发表的那些中日友好的言论究竟有多少价值？我们有疑虑。

另外，就是"日韩大陆架协定"问题。我们一再提醒日本政府，没有取得中国政府的同意不要搞，我们不赞成这个协定。福田首相和日本政府要造成一个既成事实强加于我们。对这个问题，我们外交部提出了抗议，但是日本官方人士对我们的抗议持怎么一种观点呢？说中国不过是公开表明态度而已，不会采取什么行动。我们理解这就是说中国人不过是说说而已罢了。我们认为这个问题涉及到主权的问题。大使①阁下要离任，我们借这个机会讲一下，我们是坚持原则的，说话是算数的，我们对待这个问题态度是坚定的、严肃的、认真的。我们有一个感觉，日本政府在一定条件下，需要的话，就讲一点友好的话，但遇到另一个环境的时候，就发表一些有伤中国人民感情的言论，使人感到有点不愉快。如果你有机会的话，可以把这个意见转达给福田首相。但是，我们一贯的立场是希望中华人民共和国和日本发展友好关系。从我们的观点来看，两国的友好应该是对两国人民有利，中日两国没有理由不友好。过去毛主席在世的时候，跟日本朋友一再讲到，历史上的事已经过去了，问题是今后如何发展中日关系②。

尽管两国之间的社会制度不同，但不应该妨碍两国人民之间的来往，正如劳雷尔③先生刚才讲的，是美国人和蒋介石不让我们两国人民来往。他们怕我们把"赤祸"传染给你们。

怕我们传染你们，你们可以来传染我们一下嘛！这次尼克松来了，不是一个大传染吗？我们总是主张大国、小国、强国、弱国都应一律平等。不能说，我这个国家强些、大些，就可以欺负人家，颠覆人家和干涉人家的内政。如果这样的话，那世界将成为一个什么样子的呢？世界怎么会安宁呢？④

---

① 大使，指小川平四郎。

② 选自李先念会见即将离任的日本驻华大使小川平四郎的谈话，1977年6月25日。参见《建国以来李先念文稿》第四册，中央文献出版社2011年版，第30—31页。

③ 劳雷尔，时任菲律宾参议员。

④ 以上内容选自《李先念传（1949—1992）》下，中央文献出版社2009年版，第947页。

一九七九年十二月七日，李先念在北京会见来访的日本首相大平正芳。

五、批判极左思潮

一九七一年冬，他①病情已很严重，我在一个深夜里去医院看望他，他一把拉住我的手，滔滔不绝，说了许多感人肺腑的话，讲了林彪，也点了江青、张春桥、姚文元的名，为革命前途喜忧参半的心情，溢于言表。当他弥留之际，周总理委派叶帅和我去向他传达毛主席的口信："二月逆流"不是逆流，而是正流。可惜，这位从"文革"开始就挺身而出，大义凛然，威武不屈，坚决反对林彪、"四人帮"的伟大斗士，已是只能意会而口不能言了。如果他能再多活几年，亲眼看到"四人帮"覆灭，"文化大革命"的错误被全

一九七一年五月二日，陈毅与夫人张茜在北京寓所院内。

---

① 他，指陈毅。

党否定和纠正，那对他该是多么大的安慰啊！①

工作中出现的一些问题是一些思想认识问题，应当正面教育，总结经验，提高路线觉悟，有些同志一结合实际，不适当地把它联系在林彪的那个线上，这是不对的。我们自己在工作中的缺点错误，不能简单地说都是林彪路线造成的，统统挂在林彪的账上，为自己的缺点错误打掩护，一推了事，这样没有好处②。

对工业学大庆，"四人帮"一直说这样的混蛋话："大庆究竟是哪个司令部搞起来的？"拍了电影《创业》，群众看了很高兴，觉得很鼓舞人心。"四人帮"却气急败坏，又要查背景，又要抓后台，实际上是攻击周恩来总理。当时我对秋里③同志说，你是大庆的领导者，不能答复，康世恩④也不要答复。这不是不敢斗争，因为时机还不成熟。又如《大庆战歌》，一拍出来就给枪毙了，打入冷宫十年之久⑤。

干工作，要有一股气，有一股劲。要有革命干劲，要有纪律性。革命队伍能没有纪律？讲一讲二还不改，不讲纪律怎么行。要一年叫到头，不能总不改，屡教不改，那就叫死不悔改，怎么行呢？要讲点岗位责任制。"四人帮"把岗位责任制叫"单干"，把整顿企业说成是《红楼梦》里的整顿大观园。"四人帮"的谬论真多。要加强思想教育，摆清道理，我们谁想整人、把人整垮呢？整人是"四人帮"那一套。交通部的远洋公司也是个挨骂的公司，"风庆"轮就是那个公司的。"四人帮"把"风庆"轮可当成一个炮弹啦！当成一件不得了的事情，大闹政治局。还是小平同志敏感，这个问题一提出来，一下就顶住了，和江青吵了一架⑥。

毛主席提出安定团结的指示快一年了，为什么你⑦那里还有派性，政策不落实，还不安定团结？到底问题在哪里？我看关键在领导。少数人在捣乱，工人在着急，但那里的领导却软弱无力，不敢碰。有人硬给你捣乱，你还不去

---

① 选自李先念：《纪念陈毅元帅》，《人民日报》1991 年 8 月 28 日。

② 选自李先念在全国外贸会议上的讲话要点，1972 年 12 月 27 日。参见《李先念传（1949—1992）》下，中央文献出版社 2009 年版，第 744 页。

③ 秋里，即余秋里，"文化大革命"初期曾任石油工业部部长。

④ 康世恩，"文化大革命"期间曾任燃料化学工业部革委会主任、石油化学工业部部长等职。

⑤ 选自李先念在全国轻工业学大庆工作座谈会上的讲话，1977 年 1 月 24 日。参见《建国以来李先念文稿》第四册，中央文献出版社 2011 年版，第 2 页。

⑥ 选自李先念在疏港会议上的讲话，1977 年 6 月 16 日。参见《建国以来李先念文稿》第四册，中央文献出版社 2011 年版，第 27 页。

⑦ 1975 年 5 月 8 日，李先念主持钢铁工业座谈会开幕并讲话。他在指出钢铁工业存在的问题后，着重批评了派性，强调要改变领导班子的软弱无力状态，对派性严重又屡教不改的要采取组织措施。

解决? 有的领导班子中就有派性, 不团结。这些人脑子里丝毫没有党和国家的利益。对这些人的问题要严肃对待, 该处分的处分, 该调动的调动, 该批评的批评。对那些屡教不改的人, 老是迁就, 不处理, 怎么得了! 现在有多少人在实实在在做工作? 有那么一些人, 我们要干事, 不经过他, 他说你不民主; 经过他, 他的"民"搞不完, 搞得我们什么事情也干不成。还有些人, 运动时他来了, 干工作他就溜了。我们决不能让这些现象继续存在下去, 要进行整顿, 做事的留下, 不做事的调开①。

一九七五年一月, 李先念在四届全国人大一次会议主席台上。

我们要抓生产, 他们就说是"唯生产力论", 是"用生产压革命"; 我们要扭亏增盈, 他们就说是搞资产阶级的"利润挂帅"; 我们为了发展生产, 改善人民的吃穿问题, 要进口几套化肥和化纤设备, 引进外国的一些先进技术, 他们就说是"崇洋媚外""洋奴哲学", 是"把我国工业的命运系在外国资本家的裤腰带上"。总之, 谁要抓经济工作, 他们就给谁打棍子、戴帽子。这样一来, 就搞得我们经济部门的同志提心吊胆, 不敢抓工作, 也无法抓工作②。

六、协力粉碎"四人帮"

背景: 四五运动虽然被镇压下去, 但李先念却从这场伟大的群众运动中, 看到了人民群众反对"四人帮"的激烈情绪和强大力量, 促使他思考解决"四人帮"的问题。后来他在接见外宾和其他场合每当谈起解决"四人帮"问题时, 总是把人民群众的作用放在首位, 认为没有人民群众的力量, 没有四五运

---

　　① 选自李先念在钢铁工业座谈会上的讲话, 1975 年 5 月 8 日。参见《李先念文选》, 人民出版社 1989 年版, 第 309 页。

　　② 选自李先念在国家计委、财政部等部门汇报会上的讲话, 1977 年 1 月。参见《李先念文选》, 人民出版社 1989 年版, 第 311—312 页。

动，就不会有粉碎"四人帮"的决断。

粉碎"四人帮"，是有广泛的社会基础的，对"四人帮"，群众、干部、军队都不满，特别是七五年小平同志主持中央工作，形势发展很好，又来了个批邓反右，再加上不许悼念周总理，广大群众更加不满，结果爆发了四五运动[①]。

毛主席为什么要选一个第一副主席[②]？就是看到"四人帮"要篡党夺权，所以选华国锋同志为第一副主席。外国情报机构研究我们的问题，"第一"两个字没有研究出来。毛主席已经知道自己不行了，毛主席既然不行了，他们要闹事。这样，把华国锋同志放在第一，就合法化了，你们再闹就不合法了[③]。

在北海散步时，陈锡联说，对那四个人[④]要当心，他们是不好惹的[⑤]。

去年[⑥]十月，粉碎了"四人帮"，这是经华国锋同志提议并征得中央多数同志同意后实施的[⑦]。

我们想到一块（儿）了[⑧]，这正是我想说而未说的话，无论怎样先抓起来再说[⑨]。

当时，小平、陈云同志为考虑处置这两个反党集团成员问题几夜未睡好觉，我也是几夜未睡好[⑩]。

华国锋曾说过有什么问题，你们在政治局会议上提出来，他不好提。后来我在政治局会议上提出毛远新已完成历史任务了，应该回去了[⑪]。

---

① 选自李先念在中央工作会议上的发言稿，1980 年 12 月 22 日。参见《李先念传（1949—1992）》下，中央文献出版社 2009 年版，第 894 页。

② 毛泽东病重期间，提议华国锋为国务院代总理、总理，中共中央第一副主席，这为挫败"四人帮"妄图篡夺党和国家最高领导权的图谋，顺利解决"四人帮"问题，奠定了组织领导的合法条件。

③ 选自李先念会见英中了解协会主席费里克斯·林格的谈话记录，1977 年 6 月 12 日。参见《李先念传（1949—1992）》下，中央文献出版社 2009 年版，第 894—895 页。

④ 四个人，指"四人帮"。

⑤ 选自李先念谈话记录，1983 年 10 月 22 日。参见《李先念传（1949—1992）》下，中央文献出版社 2009 年版，第 895 页。

⑥ 去年，指 1976 年。

⑦ 选自李先念在国家计委、财政部等部门汇报会上的讲话，1977 年 1 月。参见《李先念文选》，人民出版社 1989 年版，第 311 页。

⑧ 1976 年 9 月 26 日，华国锋与李先念、吴德商定对"四人帮"采取隔离审查的问题。

⑨ 选自李先念谈话记录，1988 年 7 月 29 日。参见《李先念传（1949—1992）》下，中央文献出版社 2009 年版，第 903 页。

⑩ 选自新四军研究会等编：《李先念传奇之旅——从乡村木匠到国家主席》，红旗出版社 2009 年版，第 203 页。

⑪ 选自李先念谈话记录，1981 年 5 月 6 日。参见《李先念传（1949—1992）》下，中央文献出版社 2009 年版，第 905 页。

附一：华国锋的回忆

这时，我去找先念同志，对他说，现在同"四人帮"的斗争这样尖锐和复杂，你是不是不离开北京，就在北京养病，有什么事也好商量。当时我想我是从地方来的，对中央的许多事情心中无底，老同志不离开北京休养，有些事随时和老同志商量好办些。本来先念同志是可以到外地休养的，听我讲了以后，他决定留下来，不去外地了。

我请先念同志找叶帅后，我们三人的想法完全一致了。（一九七六年——编者注）九月十六日，在国务院会议厅开会，参加的有先念、吴德、陈锡联、纪登奎和陈永贵。我讲了要解决"四人帮"的问题，话音刚落，有位同志就说，对"四人帮"也应该区别对待，其他人没有发言，显然不能再深谈下去了。这使我感到范围大了不行，只能个别串连。

九月二十六日，和先念、吴德等人在国务院小礼堂看电影。电影放映时，我上厕所，先念同志也跟出来了。他问我有什么事情吗？我说，看完电影，你和吴德留下，有事商量。电影放映结束后我们三人就到小礼堂旁边的小休息室，我把对"四人帮"采取隔离审查问题向先念、吴德讲了……先念同志马上表示支持，吴德同志也表示支持[1]。

一九七六年，在粉碎"四人帮"的斗争中，李先念是主要决策人之一，为从危难中挽救党、挽救国家作出了重大贡献。图为十月二十四日李先念（左一）与华国锋（左二）、叶剑英（左三）在北京庆祝粉碎"四人帮"的群众大会上。

[1]　以上内容选自蒋冠庄、程振声访问华国锋谈话记录，2000 年 5 月 30 日。参见《李先念传（1949—1992）》下，中央文献出版社 2009 年版，第 891—892、902、903 页。

附二：陈云的回忆

在粉碎"四人帮"这场关系我们党和国家命运的斗争中，先念同志同叶帅一样起了重要作用。由于叶帅和先念同志在老干部中间很有威望，小平同志暗示他们找老干部谈话。我到叶帅那里，见到邓大姐谈完话出来。叶帅首先给我看了毛主席的一次谈话记录，其中有讲到党内有帮派的字样，然后问我怎么办？我说这场斗争不可避免。在叶帅和先念同志推动下，当时的中央下了决心，一举粉碎了"四人帮"，使我们的国家进入了新的历史发展时期[①]。

附三：李先念夫人林佳楣的回忆

先念同志曾说，他去叶帅处了。他们打开收音机，一边说一边写，写完了就把纸烧了。还说，已把叶帅的谈话情况报告了华国锋，是他们两人坐在一台车上谈的。为了不让司机听见，还把车里的玻璃摇起来了[②]。

[①] 选自陈云：《悼念李先念同志》，《人民日报》1992 年 7 月 23 日。
[②] 选自林佳楣的谈话记录，2000 年 11 月 7 日。参见《李先念传（1949—1992）》下，中央文献出版社 2009 年版，第 901 页。

第十章　参与开创改革开放历史新时期

一、稳定全国政局

背景：一九七六年十月粉碎"四人帮"后，迅速清除其影响，克乱求治，稳定政局是摆在党和人民面前的首要政治任务。李先念主张充分肯定毛泽东同志的历史地位和坚决维护毛泽东思想伟大旗帜，积极推动拨乱反正、平反冤假错案、落实干部政策，为稳定国家政治局势，发挥了重要作用。

尽管毛泽东同志在"文化大革命"中犯有错误，他仍然是我们的伟大领袖，毛泽东思想仍然是我们的宝贵财富。我们建国三十多年以来在经济工作中也有失误，一句话就是操之过急。在经济建设中毛泽东同志犯了一些错误，当然错误不能都算在他一个人头上，当时的中央领导同志，去世和在世的领导同志都有责任。[①]

一九七七年八月十二日至十八日，李先念出席中国共产党第十一次全国代表大会，并在十一届一中全会上当选为中共中央政治局常委、中央副主席、中央军委常委。图为李先念（左三）与叶剑英（左一）、邓小平（左二）在中共十一大主席台上。

---

① 选自李先念同圣多美和普林西比总统曼努埃尔·平托·达科斯塔的谈话，1983 年 7 月 28 日。参见《李先念年谱》第六卷，中央文献出版社 2011 年版，第 202 页。

　　这些人①对我们国家的经济建设确实有很大破坏。当然，破坏得最严重的是党的优良作风、优良传统。我们靠毛主席培养的理论联系实际、密切联系群众、批评和自我批评这三大作风，取得了民主革命和社会主义革命的胜利。"四人帮"把党的优良作风全给破坏了。"四人帮"把我们的经济也破坏了，搞经济工作的同志体会很多。"四人帮"这些人，专搞阴谋诡计，至于说到搞经济，他们只会胡叫乱骂。例如进口几套化纤设备，他们说是"崇洋媚外"，"卖国主义"。他们睁着眼睛说瞎话。要揭批"四人帮"对工业、农业的破坏②。

　　如果"两个凡是"不纠正，长期下去就不能够实事求是了嘛，冤案、假案、错案就不能得到纠正嘛，精神就不愉快嘛。"两个凡是"的观点是不能成立的，是错误的。坚持"两个凡是"的同志，好象（像）是高举毛主席旗帜，其实不然，是给毛主席帮倒忙，不合乎辩证法，不合乎历史唯物论③。

　　一九七七年七月，经过叶剑英、陈云、李先念等的努力，中共十届三中全会通过关于恢复邓小平职务等项决议。图为八月一日李先念（左一）与叶剑英（左三）、邓小平（左二）出席中国人民解放军建军五十周年招待会。

---

　　①　这些人，指"四人帮"。
　　②　选自李先念在全国轻工业学大庆工作座谈会上的讲话，1977 年 1 月 24 日。参见《建国以来李先念文稿》第四册，中央文献出版社 2011 年版，第 1 页。
　　③　选自陈丕显：《情萦楚荆，期望殷殷》，《伟大的人民公仆——怀念李先念同志》，中央文献出版社 1993 年版，第 108 页。

邓小平及时提出了坚持四项基本原则，当时如果不搞四个坚持，我们国家就会四分五裂。他站出来不久，我就对他讲，没有毛主席就没有新中国，如果批毛泽东，我们就会完全否定了自己，全国就会大乱。他很快接受了我的建议，找我和其他几个老同志商量，及时提出了坚持四项基本原则，稳定了全国的局势，是立了大功的。那一阵子，有一部分人反对毛泽东的调子还很高，如果我们国家像苏联批判斯大林那样搞，我们的党就分裂了，国家也就完蛋了，所以讲，邓小平功劳是显著的[①]。

现在摆在我们面前的是经济建设，九亿人要吃饭。如果一个党领导一个国家，它的工业、农业、文化教育不能有比例地、持久地、比较高速地发展的话，这个党、这个政府终究要受到人民的责难。人民是赞成马列主义的，但是马列主义归根到底是发展经济，发展生产，马列主义讲得天花乱坠，但人民肚子里没有饭吃，他就不相信你马列主义。因此，我们把中心工作转移过来，转移到重点搞经济建设。我们中国搞经济建设，要坚持社会主义方向，坚持无产阶级专政，坚持党的领导，坚持马列主义、毛泽东思想，离开这四个原则是行不通的[②]。

二、主持国务院日常全面工作

背景：从粉碎江青反革命集团到中共十一届三中全会的两年多时间里，正是全党从以阶级斗争为纲向以经济建设为中心转变的过渡阶段。担任国务院副总理职务的李先念，分工主持国务院日常的全面工作，并在中共十一届一中全会上当选为中共中央副主席。面对"文化大革命"造成的混乱、困难局面，他以"而今迈步从头越"的豪迈气概，勇挑重担，为恢复和发展国民经济，探索实现四个现代化的新路子，顺利完成全党工作重心的转移，进行了不懈的努力。

粮食问题是个大问题，话也讲得够多了。毛主席在世时，就不断地讲。

---

① 选自李先念谈话记录，1992 年 3 月 30 日。参见《李先念传（1949—1992）》下，中央文献出版社 2009 年版，第 1209 页。

② 选自李先念会见苏里南民主人民阵线代表团的谈话，1979 年 8 月 31 日。参见《李先念年谱》第六卷，中央文献出版社 2011 年版，第 68 页。

一九五三年实行粮食统购统销时就讲，一九五四年我们多购了几十亿斤粮食又讲，以后不断地讲，作过一系列的重要指示。我国是一个有几亿人口的大国，吃饭是第一件大事。周总理在世时，亲自抓粮食工作。有一个时期，周总理直接同各省谈粮食问题，几千万斤粮食都过问。中央书记处经常讨论粮食问题。"文化大革命"中，虽然有些地方一度出现不稳的因素，但中央领导同志还不断地讲粮食问题，开了会，毛主席亲自批发了中央四十四号文件，管了两年，好了两年。由于"四人帮"的干扰破坏，近两年工作松了，今年^①的粮食问题很尖锐。

粉碎"四人帮"后，李先念分工主持国务院的日常工作。图为一九七六年十二月二日李先念（左一）与陈锡联（左二）、郭沫若（左三）、聂荣臻（左四）在四届全国人大常委会第三次会议上。

在八月份的粮食会议上，我讲了一篇话。今天^②上午，我把那次讲话记录稿又看了一下。当时，我讲了大好形势，又讲了粮食工作方针。这就是：我们一定要立足于国内，立足于自力更生。不是说说而已，而是千方百计，依靠自己，不吃进口粮，收支平衡，并有节余。这是毛主席为我们规定的方针，是不能变的。今年的粮食工作，也应当是这个方针。去年，由于"四人帮"的干扰破坏，加上自然灾害严重，挖了库存；今年夏粮又减了产，粮食安排上可能有些困难。但是，只要全党重视，大抓粮食增产，大搞计划用粮、节约用粮，开源节流，

---

① 今年，指 1977 年。
② 今天，指 1977 年 10 月 21 日。

今年做到粮食收支平衡，也是有可能的。我们要经过极大的努力，千方百计争取这个好的前途。即使还出现一点差额，我们的精神应当是这样，我们的方针应当是这样。我讲的基本精神就是立足国内，自力更生地解决粮食问题。不仅今年要这样做，今后也要这样做。对于粮食工作的方针，思想上要非常明确，行动上决不能动摇。粮食问题是国民经济中的重大问题，决不能掉以轻心①。

我对粮食政策多少有点不同意见。我是同意多进口一点粮食的，但放松了自力更生，肯定会出问题。我国人多，大家紧张些过日子，可以弥补一百多亿斤的缺口；如稍一放松，一百多亿斤就弥补不了。可以说这是几十年的经验教训。一个时候进口风吹得太过分了，使精神状态不正常。大家都要减少收购和增加调入，调出省又要求减少调出，这种情况，我敢说日子不好混的。老实说，进口那么多粮食，没有那么多外汇支付，港口又如何卸得下呢？归根结底，还是回到自力更生上来②。

农田基本建设是千百万群众改造山河面貌的伟大行动，没有一个符合实际的、科学的规划，就会带来很大的盲目性，零敲碎打，小打小闹，乱打乱闹，今年挖，明年填，浪费劳动力，挫伤群众的积极性，就会事倍功半，就不能顽强地、热心地、持久地进行农田基本建设。群众说，"张书记挖，李书记填，王书记来了不知道怎么办？"在同一个地方，这个说"要吃馍，挖大沟"，那个说"要丰收，填大沟"。这是对我们的严肃批评，不能当作笑话。规划的好坏关系到农业的发展速度，是个带有方向、路线性的问题，一定要把规划搞好③。

搞农田基本建设要先易后难，要注意当年见效。但也有个啃骨头的问题，我赞成骨头也要啃一点。要增加点土地，非啃骨头不行。工业建设还要占点土地，但要不占或少占好地，有条件的地方要造点地、造点田。要与山争地，与河争地，与海争地。搞会战确实也有个合理负担的问题，有个受益不受益、受益先后的问题。这个问题，我还想调查一下，再作结论。恐怕国家要补助一点，但是大张口不行，国家搞不起。怎么补，要算个账。总之，要把农民引导到自力更生上去。工人也是如此，讲按劳分配，不能弄得斤斤计较。有一出戏《林

---

① 选自李先念在接见全国粮食会议和食品会议代表时的讲话，1977年10月21日。参见《建国以来李先念文稿》第四册，中央文献出版社2011年版，第57—58页。

② 选自李先念对粮食部《粮食汇报提纲》的批语，1979年2月13日。参见《建国以来李先念文稿》第四册，中央文献出版社2011年版，第165页。

③ 选自李先念在济南农田基本建设座谈会上的讲话，1978年5月10日。参见《建国以来李先念文稿》第四册，中央文献出版社2011年版，第109页。

冲夜奔》唱词里说："男儿有泪不轻弹，只因未到伤心处。"一九五六年评级时，有个人提了一级，躺倒不干，提两级还哭鼻子，反映到毛主席那里，主席借用这句话说，"男儿有泪不轻弹，只因未到评级时"。我们也不能"男儿有泪不轻弹，只是未到补助时"。刮共产风不行，但共产主义风格要大大发扬。山东的经验就是这样，各省也都是这样。补是要补一点，特别是非受益队，应该补一点。还有个"二公粮"的问题，你们说是小仓库。去年①我们批评了一下这件事，什么文工队、体育队、广播员，脱产干部特别多，都要吃生产队的粮食。这样就造成浪费，挤了国家的商品粮，又挤了社员口粮。这个事情不改，今后还要批。因为群众很不满意这种做法，既然群众不满意，你不改行吗？我建议要坚决地改。农田基本建设非搞不可，这里牵涉一个问题，全国究竟要补多少粮，比如说一百人，干一百天，补一百斤粮，全国一亿人上阵，就需要补一百亿斤粮。究竟怎么办？要研究。总之，要合理负担，国家、集体、个人三兼顾②。

我们的同志，共产党员，毛主席教育我们几十年了，"四人帮"说我们是"民主派""走资派"，我们说是革命派，这是在民主革命、社会主义革命中，经过考验，已经证明了的。既然是革命派，就要有一不怕苦、二不怕死的革命精神。如果一年不能见成效，还情有可原。二年还不见成效，应该受到批评。三年不见成效，我劝这样的同志应当自动下台，让给别人，包括我们这些人在其内。粮食上不去，猪也不长肉，油也没有，棉花也没有，鱼也没有，饭也吃不到，占着那个地方，霸着那个位置，有什么味道呢？没有味道嘛！我同一些同志就是这样讲的，因为很多都是熟人，我就说朋友归朋友，同志归同志，国家大事，不能像诸葛亮唱空城计。你们看过空城计没有？诸葛亮有点武断，不民主。有两个老君问他，西城是通向汉中咽喉之地，丞相你要拿个主意啊！诸葛亮说，国家事，何必要尔等担心。我们的事是人民的事啊，要对人民负责，如果人民不满意你，不能讲情面的啊。大家都是老同志，我们都是老熟人，但是问题还要说清楚。一年不见成效情有可原，二年不见成效应该批评，三年不见成效建议这样没有干劲的同志自动下台，不要让别人赶③。

东北的林业，在某种意义上说，我看不次于农业。黑龙江提出保护森林，

---

① 去年，指 1977 年。

② 以上内容选自李先念在济南农田基本建设座谈会上的讲话，1978 年 5 月 10 日。参见《建国以来李先念文稿》第四册，中央文献出版社 2011 年版，第 109、111—112 页。

③ 选自李先念在全国国营农场工作会议上的讲话，1978 年 1 月 24 日。参见《建国以来李先念文稿》第四册，中央文献出版社 2011 年版，第 80 页。

我说光提保护不够，要发展，要进攻，要造多于伐才行。要真植、真活、真成，这个问题全国还没有解决①。

现在浪费很大，刚才秋里②讲了一件纱多用十三斤棉花。我说节约不是要降低质量，要在提高质量的前提下，降低消耗定额。要讲经济核算。你们的产品，电是节约了还是多用了，煤耗是节约了还是增加了？要一个一个产品审查一下，和历史水平比较一下，看看劳动生产率和生产成本是高了还是低了？以前讲不得这些，"四人帮"说是什么"业务挂帅""利润挂帅"，名堂可多啦。对"利润挂帅""业务挂帅"，我们是要批的，那指的是不发动群众，不依靠群众，不讲无产阶级政治，不批判资本主义、修正主义。对这些当然要批判。如果是加强党的领导，依靠群众，把政治思想工作搞好，为什么不能讲，为什么不能讲业务、讲利润呢，要大讲嘛③。

发展轻工业意义很大。我并不是说发展重工业、国防工业意义不大。轻工业

一九七八年五月，李先念率北京、天津、河北等八个省市及农林部、水电部、财贸小组等部门的领导干部到山东、河北考察农田基本建设。图为李先念等在山东肥城农村座谈。

---

① 选自李先念视察东北三省时的讲话，1978 年 8 月。参见《建国以来李先念文稿》第四册，中央文献出版社 2011 年版，第 139 页。

② 秋里，即余秋里，时任国务院副总理兼国家计划委员会主任。

③ 选自李先念对粮食部《粮食汇报提纲》的批语，1979 年 2 月 13 日。参见《建国以来李先念文稿》第四册，中央文献出版社 2011 年版，第 165 页。

直接与人民生活联系。如果少产一百吨钢，群众不觉得；缺少一种日用品，他就骂娘。我看骂得对，能够解决的日用品为什么不解决？！当然，做不到的要向群众说明。我有亲身体会，例如"发卡"，一九五九年春天缺了，我们机关的女同志就骂：现在好得很，连发卡都买不到，披头散发。生产发卡，全国一年要一千几百吨钢材。那时天津没有小孩奶嘴，有个老太婆把孙子往商店柜台上一搁，说交给你们去养，还不准养瘦了。店员着急了，说：老奶奶，我们帮你解决。

大商品关系国计民生，如粮食、棉布、盐，要抓紧。你不吃要饿死，你不穿要冻死。现代人不能回到原始社会去，原始人是不穿衣服的。

什么叫小商品？你说小，人民说大。他需要一把锁，他认为锁是大商品，没有就骂娘。从国家看是小，他需要的就大了。这些问题，地方发挥积极性是可以解决的。我们搞工业，首先要从原材料搞起。原料很多，如造纸原料，现在说是木材、芦苇、稻草，是不是还有别的原料来源？没有原料基础，我说你那锅里是白开水，一点米也没有。毛主席叫做"无米之炊"[①]。

我国的远洋运输，虽然已有二十年的历史，但是前十几年自己的远洋轮很少，真正发展还是最近几年。我在两年前就提出要使用我国银行在国外吸收的存款购买船只，建立远洋船队。当然，我们这方面的工作经验还很不够，有待在今后不断摸索和提高。现在，我们已经有了一支远洋船队，但规模还小，今后要大大发展。远洋船队，除装运外贸部和其他部门的进出口物资外，应当积极开展对外业务。有钱不赚，是愚蠢的。交通部和外贸部要精打细算，争取多收一些外汇。外汇支出要厉行节约，哪怕是浪费一美元，都是不能容许的[②]。

葛洲坝这样大的工程，在我国水电建设史上还是第一个，必须坚持高标准、严要求、质量第一。这是党和人民赋予我们的历史重任。每走一步都要兢兢业业，科学是不能开玩笑的。

工程质量，务必做到一丝不苟，持之以恒，千万不能反反复复，好一阵坏一阵。因为这是百年大计，千年大计，马虎不得，如稍有疏忽，后患无穷[③]。

现在林彪、江青两个反革命集团都被打倒了，全国人民可以放手加快进行现代化建设了。但我国底子薄，基本上还是一穷二白，我们一定要解放思想，

① 以上内容选自李先念在全国轻工业学大庆工作座谈会上的讲话，1977年1月24日。参见《建国以来李先念文稿》第四册，中央文献出版社2011年版，第3—4页。

② 选自李先念给余秋里、王震、谷牧、康世恩及有关部门负责同志的信，1979年2月5日。参见《李先念年谱》第六卷，中央文献出版社2011年版，第8—9页。

③ 以上内容选自《李先念传（1949—1992）》下，中央文献出版社2009年版，第1008—1009页。

多派些同志出去，学习和引进国际先进技术经验，多订阅国际资料，寻找差距，才能赶上国际先进水平，建立国际一流企业。我们对重型关键设备及精密仪器仪表，国内当时不能制造的，一定要抓紧引进，一定要解放思想，敢于同外国人合作，不要怕，政权在我们手上，家是我们自己当。我们发展了经济，增加了就业，还收了税，不过是让外国人赚了些钱，怕什么？但也要防止外国人留一手，真正核心的东西，外国人是不会给我们的，关键还是自己努力[①]。

老实说我们国际知识不够，不是一般的不够而是很不够。因此要兢兢业业进行工作，要善于学习善于提高，脑子要敏锐，要花大力气。要知道那是一些资产阶级分子，而且有些是帝国主义者。不是说与狼打交道，要学狼叫吗？这句话是对的。是对，我们就要学着叫。

一九七八年四月二日，李先念与聂荣臻等在北京接见出席全国科学大会的代表。图为李先念（前排左二）与陈景润（前排左一）握手。

我总感觉开始有一点点倾向，认为外国人都是好的。如有这种倾向很不好。当然一切都说我们对也不好。总之我们要在独立自主、自力更生的前提下，引进世界先进技术。要用辩证法：不要搞形而上学[②]。

---

①　选自黄正夏：《打开国门，建设国际一流企业——缅怀李先念1978年视察二汽》，《李先念生平与思想研究》，中央文献出版社2011年版，第692页。

②　以上内容选自李先念对李强转呈中国技术进口公司《反映从日本进口的上海五百万吨钢铁厂谈判问题》的批语，1978年2月8日。参见《建国以来李先念文稿》第四册，中央文献出版社2011年版，第84页。

附一：李先念在国务院务虚会①上的讲话（节录）（一九七八年九月九日）加强综合平衡，在国家统一计划下发挥部门、地方和企业的积极性

我国二十八年经济建设的经验证明，要高速度地协调地发展国民经济，就一定要遵循客观经济规律，首先是国民经济有计划按比例发展的规律，搞好综合平衡。要统一认识，统一政策，统一计划，把中央部门、地方、企业的积极性有组织地、互相衔接而不是互相抵消地发挥出来，集中必要的力量打歼灭战，用重点带动全局。综合平衡搞得比较好，各方面的关系处理得比较好，工作就主动，群众的积极性就高，速度就比较快。综合平衡搞得不好，各方面的关系处理得不好，你挤我，我挤你，互相牵制，速度就上不去，甚至掉下来，挫伤干部和群众的积极性，损失国家和人民的财富，浪费时间，想快反而慢。马克思多次指出，按比例分配社会劳动，是一切社会生产共同的客观规律。社会主义社会的优越性之一，就在于能够自觉地通过计划，并且必须是留有余地的计划，来经常保持合理的比例。如果做不到甚至不顾这一点，那就必然造成严重的后果。人们常说平衡是相对的，不平衡是绝对的。这一哲学语言不但不能成为忽视经济活动需要综合平衡的借口，而且要求我们下大力量去搞好综合平衡，以便在不断出现的不平衡中，积极组织新的平衡。中央要搞好全国的综合平衡，各部要搞好本系统的综合平衡，省、地、县各级

一九七八年九月九日，李先念在国务院召开的务虚会上作总结，指出：要改革经济体制，积极从国外引进先进技术和设备。图为李先念《在国务院务虚会上的讲话》稿。

① 国务院务虚会于1978年7月6日至9月9日在北京举行。会议的主题是研究加快我国社会主义现代化建设的速度问题。会议强调要利用外国资金，引进国外先进技术设备。会议还讨论了经济管理体制的改革问题，指出要充分发挥经济手段和经济组织的作用，实行专业化，适当扩大企业自主权。但是，会议在发展国民经济问题上求成过急。

都要搞好本地区的综合平衡。中央和各级都必须安排好长远计划和年度计划之间的衔接。就是说，要处理好各种比例关系。只有这样，才能避免大起大落，实现持久的均衡发展的高速度。

现在，我们要把九亿人民动员起来，集中力量进行经济建设，大大提高农业、工业、交通运输业和其他各行各业的生产水平和技术水平。要建设起一批商品粮基地、经济作物基地和林业、牧业、渔业基地，建设起一批大型水利工程，建设起一批钢铁基地、煤炭基地、石油基地、大型电站，在全国逐步形成若干个比较强大的技术先进的综合性工业基地。要指挥好这样大规模的经济建设，就必须制订一个经过周密平衡的统一计划，严格地按照这个统一计划去行动。

搞好技术引进，努力扩大出口

实现四个现代化，必须坚持独立自主、自力更生的原则，但自力更生绝不是闭关自守。为了大大加快我们掌握世界先进技术的速度，必须积极从国外引进先进技术和设备。这比关起门来样样靠自己从头摸索，要快不知多少倍。

从国外引进先进技术和设备，是一项关系重大而又复杂艰巨的任务。必须集中必要的人力物力，动员有关的干部、技术人员和职工群众，齐心协力，积极地而又有条不紊地把这项工作做好。

引进先进技术，是要提高我国的生产技术水平、科学研究水平和经济管理水平，增强自力更生的能力，加快实现四个现代化的步伐。这个目的一定要明确。要努力引进我国当前急需的先进技术。为了抢时间，应该引进一些关键设备和成套设备，并且还要同时引进必要的工艺技术和设备制造技术，以提高我国的机械制造能力，提高设备自给率。当然，不允许花钱去买一些不那么先进又不适用的东西。就是买了先进的东西，如果消化不了，掌握不了制造技术，自己不能生产，那我们的技术水平还是提不高。象（像）前几年买了十三套大型化肥设备，由于没有同时引进图纸资料，加上其他原因，长期生产不出第十四套来，就是一个教训。对于引进的东西，我们要努力去消化它，发展它，争取创造出新东西。如果只引进不创造，就会永远落在别人后面，永远不能赶上和超过，那我们就是笨蛋。应该懂得，四个现代化是买不来的。那种什么都想买、一直买下去的懒汉思想，是永远也实现不了四个现代化的。

引进要力争少花钱多办事。新厂要建设一些，但大量的是要把新技术的引进同老企业的改造、改组结合起来，充分利用现有的厂址、厂房、设备和人员，做到事半功倍。老企业必须实行技术改造和经济改组，大大提高技术水平和专业化水平，尽快改变产品质量差、生产成本高、劳动生产率低、机构臃肿、管理混乱的落后状态。

确定引进项目时，要认真考虑和遵守下列原则：（1）凡是自己确实能制造的，即使质量性能比国外稍差一点，也要用自己的，但要努力实行技术改造，提高质量性能。（2）凡是引进制造技术，自己可以制造的，就不要买设备。（3）凡是买关键设备，自己可以配套的，就不要成套引进。（4）买成套设备，只要自己能制造一部分符合标准的设备，就要搞设备分交。（5）引进设备和技术，在产品系列和型号上要有统一规划，逐步形成我国自己的产品系列，不能同时从许多国家引进同样的东西，搞成"万国牌"。（6）技术复杂或规模较大的引进项目，可以聘请外国专家负责设计和帮助建设，建成后再留一段时间帮助我们掌握技术和管理。（7）要利用国外各种咨询机构，请他们提供技术情况和建议，以供选择。（8）引进技术专利或设备，在国内要通报有关部门，不能一家垄断，以免重复引进。（9）在引进技术的同时，要组织必要的科学技术力量进行研究，做到既能消化，又能创新[1]。

附二：袁庚[2]回忆李先念

那天[3]上午九时多，我和交通部副部长彭德清同志来到中南海李先念办公室外间的会客室等候。十时，李先念副主席在谷牧副总理的陪同下，走进会客室与我们一一握手。

一坐下，先念同志便向我问起招商局的情况。我将招商局的历史及现状做（作）了汇报。当我谈到要把香港充足的资金和先进的技术与内地廉价的土地、劳动力结合起来时，先念同志插话道："对，现在就是要把香港外汇和国内结合起来，不仅要结合广东，而且要和福建、上海

---

[1] 以上内容是李先念在国务院务虚会上的讲话六个部分中的第二、第三部分。选自《李先念文选》，人民出版社1989年版，第324—325、第332—333页。

[2] 袁庚，时任交通部外事局副局长、招商局副董事长、港澳工委航委书记。

[3] 那天，指1979年1月31日。

等连起来考虑！"听他这么一讲，我心里便有了底，赶忙说："我们准备先行一步，请中央在蛇口划出一块土地，创办招商局工业区。"我的话音刚落，先念同志便说："给你一块也可以，就给你这个半岛吧！你要赚外汇，要向国家交税，要和海关、财政、银行研究一下，不然你这一块地区搞特殊，他们是要管的。'普天之下，莫非王土'嘛！"

我当时简直不敢相信自己的眼睛和耳朵：先念同志手中的红铅笔，在宝安县地图上整个南头半岛一带，重重地画了一个圆弧。心情激动的我，于是犯了一个聪明一世，糊涂一时的不可饶恕的错误，竟没有随口接住先念同志画出的这片"王土"①。

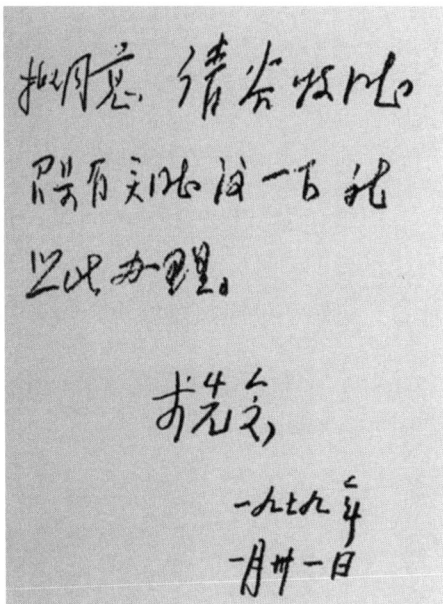

一九七九年一月三十一日，李先念对在广东宝安建立工业区（即后来的蛇口工业区）作出重要批示。图为李先念的批示。

三、积极推动新时期经济调整

背景：党的十一届三中全会作出把党的工作中心转移到经济建设上来、实行改革开放的历史性决策，实现了新中国成立以来党的历史上具有深远意义的伟大转折，开启了我国改革开放和社会主义现代化建设新时期。1979年4月，中共中央决定对国民经济进行为期三年的调整，实行"调整、改革、整顿、提高"的八字方针。李先念认真贯彻十一届三中全会确定的路线和全局部署，不断克服各种困难和阻力，积极推动国民经济在调整中前进。

二十年中大体是反右倾。有几年，一九六二年、一九六三年、一九六四年、一九六五年、一九六六年，计划刚比较接近一点客观规律就反了。粉碎

---

① 以上内容选自《追寻1978——中国改革开放纪元访谈录》，福建教育出版社1998年版，第521—522页。

"四人帮"以后，总体是正确的，但这个问题还没有解决。这次高指标①有点人为，首先我作自我批评。计划要调整，高了，急了，要退就退够。同意秋里意见，今明两年实际上是调整。已经失调，如果再编一个失调的计划，加重了失调。要平衡预算、平衡外汇、平衡市场、平衡信贷，不然被动②。

中央在提出八字方针的时候，曾经明确地指出过，这是一个积极的方针，不是消极的方针；是鼓劲的方针，不是泄气的方针；是一个保证我国现代化事业真正脚踏实地向前发展所必须采取的完全正确的方针③。

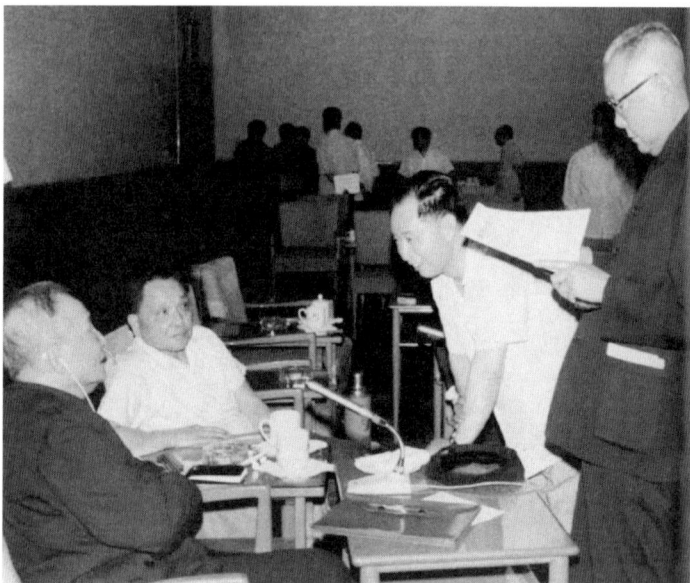

一九八一年六月，李先念（右一）在中共十一届六中全会召开期间与邓小平（左二）、陈云（左一）、胡耀邦（右二）在一起。这次会议通过了《关于建国以来党的若干历史问题的决议》。

调整、改革、整顿、提高这四个方面，调整是关键。我们所以这样说，是因为国民经济严重比例失调是当前经济发展的主要障碍④。

三十年来，我们的社会主义建设事业取得了伟大的成就，但也曾几经周

---

① 指《国务院关于下发 1979、1980 两年经济计划安排（草案）》中有关经济建设指标定得过高。

② 选自国务院会议记录，1979 年 3 月 6 日。参见《李先念年谱》第六卷，中央文献出版社 2011 年版，第 17 页。

③ 选自李先念在全国计划会议上的讲话，1979 年 12 月 20 日。参见《李先念文选》，人民出版社 1989 年版，第 404 页。

④ 选自李先念在全国计划会议上的讲话，1979 年 12 月 20 日。参见《李先念文选》，人民出版社 1989 年版，第 405 页。

折，走了一条曲折的道路。经济的发展，需要有一个循序前进的连续过程。国家实力的增强，需要长期的积累。忽上忽下，上得很猛，跌得很凶，不但损失很大，而且往往要花几年的时间来恢复元气。"大跃进"时，广大群众热情很高，我们领导上犯了高指标、瞎指挥、刮"共产风"的错误，结果损失很大，经过三年调整，才恢复过来。"文化大革命"动乱十年，林彪、"四人帮"干扰破坏造成的后果更加严重。经过这两年的恢复和发展，虽然取得了很大成效，但还要花三几年的时间来进行调整。这两次大的折腾在性质上是不同的，但它们在经济上都造成了极大的损失，而且还严重地挫伤了人民群众的积极性。这两次大折腾，还有一些小折腾，耽误了许多时间。现在，我们的国家稳定下来了，这是付出了很大的代价才得来的，我们应当十分珍惜。有了这样的局面，人民群众都希望国民经济发展得快一些，使国家早日富强起来，人民的生活能够得到比较大的改善。人民群众希望建设速度快一点，但他更要求不要再折腾，因为一折腾，建设速度再快也要落空，想快反而慢，人民的生活也改善不了，还要受苦。只有不折腾，整个国民经济才能稳定地持久地向前发展。人民群众的这种愿望，同经济发展的客观规律是一致的，是谁也不能违背的。按人民的意志办事，这是我们的职责。今后，工作中发生一些缺点、错误还是难免的，但一定要避免走大的弯路，小的折腾也要求避免①。

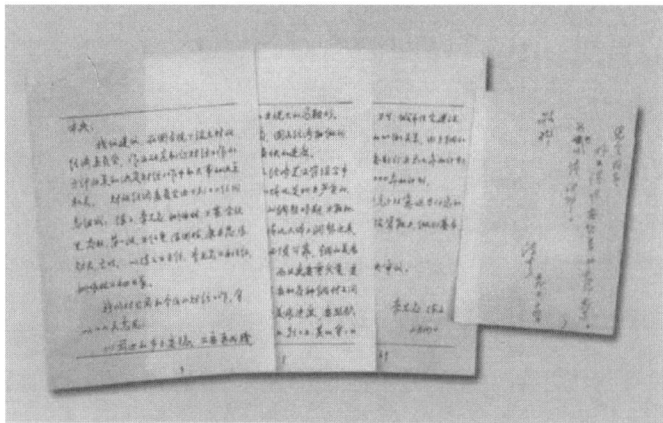

　　为扭转"文化大革命"造成的中国经济比例严重失调的现状，一九七九年三月十四日，李先念、陈云联名写信给中央，提出用两三年时间调整经济，把各方面比例失调情况大体上调整过来。

　　①　选自李先念在全国计划会议上的讲话，1979年12月20日。参见《李先念文选》，人民出版社1989年版，第396页。

（计委基建综合局送来的材料——编者注）反映去年^①以来中央所属机关要求建办公大楼、招待所、展览馆等建筑，就有四百多万平方米，有的规模太大，标准很高，基建局反映的意见是有道理的。我意在调整期间，对那些可建可不建的楼堂馆所，一律停建，对已建成的要作统一分配^②。

宝钢要"干到底"，这话是我讲的。"勇往直前"我也讲过。为什么这样讲？就是因为听到同志们有议论^③。听到议论之后总要有个决心，表示个态度，于是讲了这样两句话^④。

经济要搞好，首先是企业要搞好，要扩大企业自主权^⑤。

明后两年^⑥的计划，一定要搞一个平衡的计划，有些方面下来一点，看来是慢，但只要把各方面的关系调整好，国民经济就能持续地发展，实际是快不是慢。如果不下决心调整，再打高指标，就会加剧不平衡，再来一个折腾，想快反而慢。这种情况如果不改变，犹犹豫豫，动动摇摇，两三年很快就过去了，调整就会达不到预期目的。现在，我们要进一步把全党的认识统一起来，特别是领导干部首先要统一认识。大家有了共同语言，工作就好办了^⑦。

不用外资是蠢，滥用也蠢^⑧。

他^⑨提出来我们要善于同有三百多年历史的国际资产阶级打交道，我看这个问题提得好。利用外资这件事很复杂，许多问题还没有被我们所认识。我们要采取积极慎重的态度，兢兢业业做好工作，做到既充分利用外资，又善于利用外资。这项工作做好了，对于在我国实现四个现代化，将发挥重大的作用^⑩。

---

① 去年，指 1978 年。1979 年中共中央确定了三年调整的方针和部署后，在中央要求缩短基建战线的背景下，有些部门却我行我素，依然要求大建办公楼、招待所等。

② 选自李先念对国家计委基建综合局报送《中央党政军机关要求大建办公楼、招待所歪风要赶紧刹住》的情况反映的批示，1979 年 10 月 27 日。参见《李先念传（1949—1992）》下，中央文献出版社 2009 年版，第 1098 页。

③ 指在新时期经济调整时期宝钢建设要不要下马，众说纷纭，莫衷一是。

④ 选自《李先念传（1949—1992）》下，中央文献出版社 2009 年版，第 1100 页。

⑤ 选自贺耀敏：《扩权让利：国有企业改革的突破口——访袁宝华同志》，《百年潮》2003 年第 8 期。

⑥ 明后两年，指 1980、1981 年。

⑦ 选自李先念在省、市、自治区党委第一书记座谈会结束时的讲话，1979 年 10 月 5 日。参见《李先念年谱》第六卷，中央文献出版社 2011 年版，第 77 页。

⑧ 选自李先念在省、市、自治区党委第一书记座谈会结束时的讲话，1979 年 10 月 10 日。参见《建国以来李先念文稿》第四册，中央文献出版社 2011 年版，第 205 页。

⑨ 他，指谷牧，时任国务院副总理。

⑩ 选自李先念在全国计划会议上的讲话，1979 年 12 月 20 日。参见《李先念文选》，人民出版社 1989 年版，第 407 页。

一个国家要实现现代化，从根本上来说要依靠自己的努力。我们必须把立足点放在自己力量的基础上，继续坚持自力更生的方针，任何时候也不能离开这个方针。我们利用外资的目的，也是为了增强自力更生的能力，加快我国经济的发展速度。无论在生产建设方面，还是在科学技术方面，都要继续发扬自力更生的精神。与此同时，要有积极的态度，把外国的先进技术引进来，把外国好的管理经验学到手[1]。

对经济建设问题，首先要做自我批评。前一段把这个问题看的（得）太乐观了。只看到粉碎"四人帮"以后，经济恢复很快，财政收入增长幅度也较大。这是好的一面。但对经济建设中到底存在什么问题，没有完全弄清楚。对"四人帮"破坏的严重程度，国民经济到了崩溃的边缘认识不深刻，对比例失调，需要进行两三年的调整，也认识不足。比如，本来基本建设战线就很长，去年[2]又追加投资八十亿，加得多了，这是我们批准的。到处是问题，还想搞快一些，没注意到搞点别的东西，少搞点基本建设。明明知道基建项目多了，去年又新开工了一二百项。当然，新开工的项目，有的是对的，如煤矿、电厂、建材工业，肯定有的项目是不应该上的[3]。

小平同志讲，对这几年经济工作中的错误，主要是总结经验，这是非常正确的。我在国务院主持经济方面的日常工作，对这几年的错误也有重要责任。大家对调整决心很大。真把国民经济各种比例关系调整好，要做很多艰巨复杂的工作。经济体制的改革，方向是正确的，成绩是显著的。改革要继续进行，但要有利于调整，服从调整[4]。

我曾经讲过，三十二年来，在发展经济上，究竟我们是低速度吃亏多，还是高速度吃亏多？经验证明，还是高速度吃亏多。我这样讲，并不是否定切合实际的高速度，更不是主张搞低速度。安排速度总是要合情合理，实事求是，能够达到的速度而不去争取是不对的，但是，脱离实际，片面追求高指标、高速度，危害更大。能够达到的速度，在安排计划时也要留有余地，不能打得太

---

[1]　选自李先念在全国计划会议上的讲话，1979年12月20日。参见《李先念文选》，人民出版社1989年版，第407—408页。

[2]　去年，指1978年。

[3]　选自李先念在中共中央政治局会议上的发言，1979年3月21日。参见《建国以来李先念文稿》第四册，中央文献出版社2011年版，第174页。

[4]　选自李先念在中央工作会议上的讲话，1980年12月25日。参见《李先念文选》，人民出版社1989年版，第419页。

满，这有利于应付预想不到的情况和更好地调动群众的积极性。

人民希望我们的国家快一点发展起来，很快实现工业现代化，农业现代化，国防现代化，科学技术现代化。但是，人民还有一个心情，而且这个心情可能还超过前一个心情，就是再不要折腾了。过去折腾，在政治上是"以阶级斗争为纲"，搞"文化大革命"那样的折腾；在经济上是搞高指标，比如一九五八年"大跃进"那样的折腾。今天的中央，不会再搞那样的折腾，我看有这个把握。

三十二年的经验说明，我们出问题往往是在形势很好的时候。一九五八年为什么出来一次折腾呢？就是一九五七年经济形势很好。我今天大胆地讲，一九六六年如果经济上是一九六二年那个样子，大家都去搞饭吃，"文化大革命"就可能搞不起来。当然这只是一个因素。粉碎"四人帮"之后，不冒烟的工厂冒烟了，不开工的项目开工了，一九七七、一九七八年财政收入增加较多，经济形势一好转，脑子就有一点发热，摊子铺得过多过大。当然，十一届三中全会以后很快纠正了。现在，经过调整和实行一系列政策，农业形势是好的，工业形势也是好的。在这种情况下，我们要记取过去的经验教训，保持清醒的头脑，使经济发展速度实在一些。就是小平同志所讲的，不要有水分。水分往往是从高指标来的。在调整时期，真正扎扎实实的百分之四的速度不算低。陈云同志说这样有后劲，我很赞成①。

我们一定要从自己国家的实际出发，走出一条在社会主义制度下实现现代化的中国式的道路②。

附一：李先念在中央工作会议③上的讲话（节录）（一九七九年四月五日）

二　实现现代化的指导思想和调整的主要任务

在我国实现社会主义现代化，是毛泽东同志和他的战友周恩来等同志的遗愿，是全国各族人民的根本利益。我们这次调整国民经济，就是

---

① 以上内容选自李先念在中共中央政治局会议上的讲话，1981年9月2日。参见《李先念文选》，人民出版社1989年版，第423—424页。

② 选自《李先念传（1949—1992）》下，中央文献出版社2009年版，第1092页。

③ 1979年4月5日至28日，中共中央在北京召开了有各省、市、自治区和中央党政军机关主要负责人参加的中央工作会议，讨论经济问题。李先念代表党中央作重要讲话，全面分析了当时的经济形势，阐述了调整国民经济的必要性和方针任务。会议同意中央提出的对整个国民经济实行"调整、改革、整顿、提高"的方针，决定纠正前两年经济工作中的失误，并开始认真清理过去在这方面存在的"左"倾错误影响。

为了更好地向四个现代化的目标前进，把我们的国家建设成为社会主义强国。因此，对于在中国究竟怎样实现社会主义现代化，我们大家都应该很好地研究，以求得一个统一的、比较正确的认识。中央政治局和国务院最近议论了这个问题，认为我们搞现代化，一定要从中国的国情出发。我们办一切事情，都要遵循毛泽东同志一贯教导的理论和实际相结合的原则，坚持实事求是。搞现代化也是如此，首先要把"实事"弄清楚，然后才能从中找出它的规律。

我们是一个有九亿多人口的大国，其中百分之八十以上是农民。我们革命胜利三十年了，但经济还很落后，人民的生活水平低。我们的国家穷，搞现代化需要大量资金，人民又要改善生活，这就是矛盾；搞现代化，用人少，而我们有大量劳动力需要就业，这又是矛盾，如此等等。我们只能在这样的矛盾中来搞四化，这就是现实的情况，是我们规划建设蓝图时必须考虑的基本出发点。

三十年来正反两方面的经验已经反复证明，我们要加快经济建设的速度，改变贫穷落后的面貌，在中国实现四个现代化，必须坚持社会主义道路，坚持无产阶级专政，坚持共产党的领导，坚持马列主义、毛泽东思想。动摇以至离开了这四条基本原则，就根本不可能有全国安定团结的政治局面，就根本不可能在中国实现四个现代化。关于这个问题，邓小平同志最近在党的理论工作务虚会上的重要讲话中，已经作了充分的阐述。在这里，我着重从经济工作方面讲几点意见。

只有按比例，才有高速度。我们所说的按比例，就是要从前面说过的我国九亿多人口中有八亿农民这个基本特点出发，安排好工业同农业的比例和其他各方面的比例。农民是个大头，他们的生产和生活安排好了，整个中国就安定了。工业内部各种比例的安排，工业的发展，也要考虑农民和农业的要求。别的国家搞现代化，没有我们这么多人，没有这么多农民。再比如说，我们搞现代化，大工业要用电，小城镇工业要用电，社队工业要用电，农业也要用电，我们不能不考虑到这种情况。而我们有些同志在经济工作的安排上，往往不大注意这个问题。

我们的资金有限，技术力量不足，人口又多，搞现代化不能不考虑到先化什么后化什么的问题。一定要分清轻重缓急，有一个合理的安排。我们在采用先进技术的时候，首先要考虑那些对提高国力和加强国防具有关键作用的项目的迫切要求，对于那些只是着眼于减少使用劳动力的新技术，在一段时间里可以少搞以至暂时不搞。不分主次，不分先后，一说要搞现代化，就什么都想着按电钮，是不现实的，是不符合中国国情的，也是不必要和不可能的。在我们的国家里，先进的和比较落后的技术，大的中小的企业和手工业，在很长的时间内，将会同时存在，否则容纳不了那么多劳动力。如果投入了大量的资金和设备，只是减少了劳动力，而生产没有多大发展，节省下来的劳动力又无法安排，那就只能给自己增加困难。我们一定要使自动化、机械化、半机械化的生产以至各式各样的手工劳动都得到发展，充分利用我国的人力资源，向生产的广度和深度进军。工业的发展要这样办，农业的发展更要这样办。我们多年来的实践证明，即使设备比较落后的企业，只要大力开展技术革新，就是用（二十世纪）五十年代的装备，甚至半机械化的或手工的劳动，也可以生产出七十年代的高质量的产品。我们的现有企业，应该向这个方面努力。

我们搞现代化，首先要用大力气发挥现有企业的作用，同时要逐年新建一些必要的项目，但基本建设规模必须同国家的财力物力相适应，决不能超过农业这个基础所能负担的限度，这是经济稳定不稳定的界限。我们这样一个大国，经济稳定具有极为重要的意义。如果基建规模过大，职工人数增长过快，同农业可以提供的商品粮和其他生活资料不相适应，势必造成人为的紧张，难以维持，非被迫拉下来不可。为了避免基建规模过大，首先要安排好当年生产，适当安排好符合当前生产水平的人民的衣、食、住、用、行，再安排基本建设。在原材料供应紧张的时候，分配更要有个顺序。首先要保证生活必需品生产增长的最低限度的需要，其次要保证必要的生产资料生产增长的需要，剩余多少再用于基本建设。这种排队是必要的，是为了维持人民生活的基本需要，避免不适当地扩大基本建设。不这样做，破坏了当前生产，人民生活不能改善，积极性就起不来，四个现代化就化不了。生产发展快了，积累多了，人民生活也安排好了，基本建设的速度不但不会慢，而且会加快。

我们搞现代化，当然要引进外国的先进技术和进口先进设备，利用国外的资金，中央关于这方面的决策是完全正确的。但是，先引进什么，后引进什么，哪些该引进，哪些不该引进，也要按照上面所说的我国特点和根据这个特点确定的原则，作出妥善的安排，不能盲目地搞。我们引进的目的是为了增强我国自力更生的能力，因此要多引进制造技术和专利，逐步提高我们自己的制造能力。我们一定要坚持自力更生为主、争取外援为辅的方针，不能依赖借外债。引进项目，要切实考虑我们的配套能力、消化能力。利用外资，要充分考虑我们还本付息的偿还能力。什么都想买，我们没有那么多钱，是买不起的。把希望完全寄托在借外债上，是靠不住的，也是有危险的。

我们的现代化究竟怎么个搞法，这是一个很大的问题。以上几点想法，肯定说得很不完备，请大家充分发表意见。我们要在实践中不断总结经验，使我们的认识逐步完善起来。

总之，我们一定要从自己国家的实际出发，走出一条在社会主义制度下实现现代化的中国式的道路。我们这次提出要进行经济调整，就是要认真贯彻上述的指导思想，实现以下的主要任务：坚决地、逐步地把各方面严重失调的比例关系基本上调整过来，使整个国民经济真正纳入有计划、按比例健康发展的轨道；积极而又稳妥地改革工业管理和经济管理的体制，充分发挥中央、地方、企业和职工的积极性；继续整顿好现有企业，建立健全良好的生产秩序和工作秩序；通过调整、改革和整顿，大大提高管理水平和技术水平，更好地按客观经济规律办事。只要基本上实现了这些任务，必将使我们的现代化事业真正能够脚踏实地地稳步地高速度前进。

六　决心要大，工作要细

我们要完成艰巨复杂的国民经济的调整任务，必须首先统一各级领导干部的思想，进而统一全党和全国人民的思想，在各级党委和政府领导下，大家同心同德，坚定不移地来做好这项工作。

在我国实现四个现代化，是我们早经确定的战略目标。要实现这个战略目标，我们需要打好一系列的硬仗。现在，摆在我们面前的一个决定性的战役，就是把国民经济基本上调整好。这一仗打好了，以后的发展就会比较顺利；这一仗打不好，前进的阵地不巩固，人心就会涣散，士气就会低落，以后的事情就难办了。气可鼓而不可泄。我们一定要在前两年各项工作取得巨大成就的基础上，鼓足干劲，依靠广大人民群众，下决心解决好前进道路上可能遇到的各种问题，排除可能出现的各种阻力，坚决打好这一仗。

国民经济的调整，必然引起整个经济生活的许多变动。有的要发展得快一些，有的要发展得慢一些，有的要上，有的要下。这就必然涉及到地方、部门、企业以至个人的利益。发展的，上的，大家高兴，当然容易接受调整的方针。下的，淘汰的，有许多实际问题要解决，可能思想不通。比如说，基本建设要下一批项目，工业要关停一批企业，执行起来会有阻力。一部分职工要停工学习，有些要调动工作，搞不好会增加不安定的因素，有的甚至会闹事。党中央和国务院在作出调整国民经济的决策的时候，充分考虑了可能出现的问题，权衡了利弊得失，认为这个决心还是非下不可。对于可能发生的问题，我们思想上必须有准备，想好解决的措施，防患于未然。但是，执行中即使出点问题，也不要怕，更不能动摇我们的决心。动动摇摇，左顾右盼，东照顾西照顾，怕挨骂，怕得罪人，那就什么事情也办不成了。我们的广大共产党员、共青团员是好的，广大干部是好的，广大群众是好的，是通情达理的。应当相信，只要把工作做好了，是可以做到不出大的问题的。

决心不动摇，事情要办好，极其重要的一条，就是必须加强党的集中统一领导。在党中央和各级党委的领导下，明确划分各级党政机关的职权，加强政府系统的工作，发挥其职能作用，提高他们的权威。我们的各级领导同志特别是党和政府的高级干部，必须加强全局观念。凡是对全局有利的事情，大家都要勇于承担义务，坚决去办，而且一定要办好。凡是对全局不利的事情，即使从局部来看是必需的、有利的，也决不能办。要按照局部利益服从整体利益的原则，自觉地牺牲局部利益。这件事情，说起来容易，做起来难。但是，如果我们共产党人连这一点都做不到的话，那就不可能战胜前进道路上的困难。我们一定要加强组织性和纪律性，做到令行禁止，步调一致。（二十世纪）六十年代初的那次调整所以能够迅速收效，一个很重要的原因，就是那个时候各级领导的力量强，党内外的组织性和纪律性好，认真执行了民主集中制的原则。这一次，我们也必须十分强调这一点。如果不加强集中统一，不严明组织纪律，号令不执行，大局不照顾，那么大规模的复杂的调整任务是搞不好的。必须着重指出，党中央和国家领导机关决定了的事一定要坚决执行，重大问题要及时请示报告，不能各行其是。属于全国性的政策法令，在党中央和国家领导机关没有作出新的规定以前，任何地方和部门不得擅自变动。

为了完成调整任务，必须做好艰苦细致的工作。首先要做好思想政治工作，把情况说明白，把道理讲清楚，使大家的认识统一到党中央和国家领导机关的方针政策上来。同时，还要做好扎实、细致的组织工作。过去有许多事情往往是只提出了任务，提出了原则，但缺乏具体的实施办法，缺乏强有力的组织领导，结果流于形式，使任务落了空。这种情况必须下决心改变过来。比如，基本建设要下哪些项目，怎样下法？工业要关停哪些企业，怎么个关停法？都要经过认真的研究，订出切实可行的具体措施。如果只停留在一般号召上，那就会要么减不下来，要么减出乱子来。这次会议之后，要在国务院财政经济委员会的统一领导下，由计委、经委、建委、财政部、银行等综合经济部门会同各有关部委，立即组成精干的能够解决问题的工作小组，分赴各地，同省、市、自治区党委和政府一道，具体落实各项调整任务。

安定团结是实现四个现代化的根本条件。在国民经济的调整工作中，要处理好大量经济关系和社会关系方面的问题。在生产关系和上层建筑方面进行广泛的深刻的改革，更需要确保社会政治安定。我们的国家乱了十年，现在全国人心思定，人心思上，希望早日实现四个现代化，这就是大局，绝不允许任何人破坏这个大局。中央最近发出的几个文件，都一再强调了这个思想，做出了相应的各项决策，受到了全党和全国人民的热烈拥护，应该很好地贯彻执行。我们一定要认真搞好工作重点的转移，集中力量研究新长征中的各种新情况，解决各种新矛盾，领导群众发展生产，为加快现代化建设而斗争①。

---

① 以上内容是李先念在中央工作会议上的讲话六个部分中的第二、第六部分。选自《李先念文选》，人民出版社 1989 年版，第 354—358、375—378 页。

一九八二年九月十二日，李先念在中共十二届一中全会上当选为中央政治局常委。图为李先念（左五）与叶剑英（左三）、邓小平（左四）、陈云（左二）、徐向前（左一）、聂荣臻（左六）在全会上。

附二： 李先念在国务院财经委员会讨论上海宝山钢铁厂问题会议上的发言（一九七九年六月十六日）

赞成陈云同志的八条意见①，对宝钢都适用。

宝钢要"干到底"，这话是我讲的。"勇往直前"我也讲过。为什么这样讲？就是因为听到同志们有议论。有些议论是对的。听到议论之后总要有个决心，表示个态度，于是讲了这样两句话。

宝钢要总结经验教训。同意陈云同志讲的，宝钢上马仓促了。这不是追究哪一个人的责任，如果要追究，应当是我负责，因为我主持国务院的工作（陈云：搞四化没有经验，这是不可避免的）。由此联想到，我们批了不少工程，看来都要回头想一想，重新审查一下。一百二十项，实际上是一百二十个城市，规模都相当大，要重新考虑，包括批了的和没有批的。如我批的连云港（谷牧：从现在的投资能力来看，规模那样大，速度那样快，不可能），现在看来是快了，大了。我们搞单独一件事情或几件事情的本领还是有的，像建设十三套大化肥，基本按期建成（陈云：武钢一米七轧机的主体工程进展也是好的）；但是办那样大规模的事情就考虑不周。无非是从两方面看这

---

① 1979年6月16日，中共中央副主席陈云在国务院财经委员会全体会议上讲话中讲到的八条意见是：（一）干到底。这是先念同志的话，我赞成这个意见。（二）应该列的项目不要漏列。（三）买设备，同时也要买技术，买专利。（四）要提前练兵。（五）宝钢的负责人是谁？报告中说建委抓总，我同意。（六）对宝钢要有严格的要求，甚至要有点苛求。（七）冶金部有带动其他有关部门的责任。（八）冶金部要组织全体干部对宝钢问题展开一次讨论，采纳有益的意见。

个问题，一方面是没有经验，要接受教训；另一方面是好心肠，想快点"化"。总想有生之年不多了，希望把国家搞好一点，快一点，搞点"实"的起来。什么外交斗争？人家要看你的实力，没有实力，人家不理你那一套。我们的实力就是九亿人，还有点工业、农业的基础。重新研究一百二十项，包括小平、国锋同志最近提出的平果铝矿、攀枝花钢铁基地等等，要一起考虑。搞平果的铝矾土、攀枝花的钒钛，我是很积极的。因为每年要进口三十五万吨有色金属。一百二十项，"六五""七五"①也不一定能完成，但是要搞出一个轮廓来。这是第一点意见。

一九七八年十月三十一日，李先念视察上海宝山钢铁厂筹建工作。

第二点，鉴于宝钢的问题，我认为我们搞经济工作的同志要谦虚一点，谨慎一点。我们有一些经验，但就我个人来讲，搞工业对哪一行都没有经验。"文化大革命"中，我被推上这个舞台，胡乱抓一气就是了。粉碎"四人帮"以前，全国的形势总的讲是动荡的，大规模的建设不能搞。当然也有局部的安定，抓住一点或几点搞还可以。现在搞这样大的规模，没有经验。虽然有三十年了，但还是经验不足、不够。陈云同志提出，找一些人谈一谈，我看有好处。讲不同意见的人，不一定心肠不好（陈云：所谓全面看问题，就是要听不同的意见，你这样看，他那样

---

① "六五""七五"，即发展国民经济的第六个五年计划、第七个五年计划。

看，综合起来就全面了）。要防止片面性，要谦虚谨慎。

宝钢最初为什么定点在上海？因为上海有几个钢厂，每年要从鞍钢、本钢、马钢等地调进几百万吨铁，宝钢放在上海是为了解决调铁的问题。开始并不想搞这样大的规模，由于高炉很大，上海现有的钢厂吃不了这么多铁，发生"大茶壶小茶碗"的问题，于是就增加了炼钢、轧钢设备，这样就形成了一个完整的钢厂。另外，考虑上海的设备制造能力强，比别处高明，技术人员多，老工人有经验。放在上海可以充分利用这些有利条件，在建设施工中和投产以后能够保证质量。当然还有其他方面的原因。

谈到质量，这是个大问题。这次到武汉，找了七八个人谈话，武钢的总工程师说，从中央到基层，每天都问炼了多少炉钢，但是炼的是什么钢？什么品种？什么规格？质量怎样？很少过问。这个问题应该引起我们重视。宝钢一定要注意质量，建设过程中要注意节约，要想尽一切办法节约外汇和国内投资。要增加国内设备分交，减少设备进口，多引进"软件"。

这里特别讲一下买"软件"问题。日本走的是这条路子。我们买十三套大化肥吃亏的地方，就是专利、制造技术没有买回来，所以自己不能制造，这是经验教训。今后买设备一定要同时买制造技术、图纸资料和专利（陈云：这应该是一项大的政策）。我在中央工作会议上的讲话中讲了这一条。

第三点，赞成（小平同志提出的）成立技术管理委员会。过去我和秋里等同志议论过，想叫机械统筹管理委员会。现在我们不止有一个机械工业部，一至七机部、八机总局都是机械工业部。电力、水利、石油、煤炭、冶金、农机、纺织、铁道、交通等等部门也都有机械工业。需要制订（定）一些法，由一个部门统管起来。

搞四化，要从现在已有的工业基础出发。三十年来，我们承认做过一些蠢事，当然主要是林彪、"四人帮"的干扰破坏，但是应该看到也确实建设了一个不小的基础。尽管粗糙一点，水平还不高，但毕竟有了这样一个基础。如果看不到、不利用这个基础，就要犯错误。技术管理委员会成立起来以后，要注意这个问题，发挥现有基础的作用，同时要把引进的技术消化好。

一九八三年十一月二十四日，李先念视察上海宝山钢铁厂一期工程建设情况。

第四点，关于实现四化和提高生活的关系问题。我们历来主张在发展生产的基础上逐步提高人民生活。全国有九亿人，如果现在提出生活上赶美国、赶日本，那么我们什么也干不成，会更加贫困就是了。在这个问题上，当前有些议论我是不赞成的，我们不能和日本、美国比生活。

我对四化是充满信心的，对农业也很有信心。这次我回家乡看了看，农民的口粮，多的六百七十斤，少的也在五百斤以上。去年是大旱之年，达到这个水平不简单。有信心，但是要谨慎从事，不谨慎会破坏我们的信心。农业机械化问题，要根据具体情况具体分析。有的地方不分轻重缓急，不看实际需要，什么都"化"，我看没有必要。一个人平均几分地，你"化"了以后干什么去？听说浙江、江苏、湖北农村，他们要求把场院由土的变成水泥的，晒场能力提高几倍。这样的要求是有道理的。

这次会议讨论一下宝钢问题，对于统一思想，一致对外很有好处，很有必要。要做些宣传解释工作。各条战线都要齐心协力支持冶金部，把宝钢建设好①。

① 以上内容选自《建国以来李先念文稿》第四册，中央文献出版社2011年版，第189—192页。

第十一章　第三任共和国主席

一、当选中华人民共和国主席

背景：一九八三年六月，李先念在第六届全国人民代表大会第一次会议上，当选中华人民共和国第三任国家主席。他又是第十二届中共中央政治局常委，并兼任中央外事工作领导小组组长。在此期间，他为贯彻中共十二大、十三大确定的战略方针和部署，为履行共和国主席的神圣职责，为把中国社会主义现代化建设事业推向前进，为加强和发展中国同世界各国的友好合作关系，进行了多方面的活动，付出了大量的心血。

这次大会①，选举我担任中华人民共和国主席，是人民对我的信任，我很感谢。我将尽自己的微薄力量，同各位代表一起，同全国各族人民一起，为把

一九八三年六月，李先念在第六届全国人民代表大会第一次会议上当选为中华人民共和国主席。图为六月二十一日李先念在第六届全国人民代表大会第一次会议闭幕会上讲话。

---

① 这次大会，指第六届全国人民代表大会第一次会议。

我国社会主义现代化事业推向前进而努力①。

二、坚持四项基本原则，加强精神文明建设

我们在建设具有中国特色的社会主义的探索和实践中，仍然必须遵循毛泽东同志总结的一条根本经验，把马克思主义的普遍原理同中国的具体实践相结合。换句话说，要应用马克思主义的立场、观点、方法，来正确解决中国的实际问题。这样才经得起实践的检验。党对工作的指导是否正确，只有靠实践来检验。实践不但检验真理，还促进真理的发展②。

第一，要强调党的领导，这几年有点削弱。现在有党的领导，但究竟我们工厂里的同志、商店里的同志、学校里的同志是不是那么尊重党的领导，我有点怀疑。在工厂里，实行党委集体领导下的厂长分工负责制也好，实行厂长负责制也好，党委书记应该代表国家，厂长也应该代表国家。对这个问题，有个舆论，就是谁代表国家。党委书记、厂长如果不代表国家，要你干啥？代表国家是全局的，代表本厂工人利益的部分是局部的。局部要服从全局。小平同志强调要坚持四项基本原则，四项基本原则并没有过时。第二，按劳付酬和共产主义风格。在现阶段，我们应该实行按劳付酬，多劳多得，少劳少得，不劳不得。但是共产主义风格要不要？如果遇事就是为了钱，见了钱不要命，按劳付酬就搞不下去。要讲点风格，还是共产主义风格好。换句话说，就是要加强政治思想工作。大家只顾讲钱，别的都不讲，那么一个月增加工资二十块钱不行，四十块钱也不行，就是给他增加四百块钱还是不行，那是没有底的③。

党风问题关系到执政党生死存亡的问题。发扬党的优良传统，切实端正党风，大力加强党的建设，才能认真贯彻党的十一届三中全会以来的路线、方针、政策，坚持四项基本原则，反对资产阶级自由化，促进我国社会主义现代化建设。这样就能保证我国向着社会主义道路顺利发展，千百万革命先烈流血

---

① 选自李先念在第六届全国人民代表大会第一次会议闭幕式上的讲话，1983年6月21日。参见《李先念年谱》第六卷，中央文献出版社2011年版，第193页。
② 选自李先念同外宾几次谈话的摘录，1987年3月至6月。参见《李先念文选》，人民出版社1989年版，第483页。
③ 选自李先念在中央政治局第二十四次会议（扩大）上的发言，1985年2月18日。参见《李先念传（1949—1992）》下，中央文献出版社2009年版，第1161—1162页。

牺牲开创的事业，才不至于付诸东流①。

干劲一定要鼓，假话切不可讲。不鼓干劲，拖拖沓沓，四化就干不成。不说真话，爱讲假话，对干四化，对搞改革，是极大的破坏。过去我们吃的苦头够多的了。讲假话是党风不正的一种表现②。

要支持年轻的同志，不在位的老同志要支持，在位的老同志也应支持青年干部。要讲真话，不要讲假话。讲假话是可耻的，也是罪过。要团结，不要你拉一伙，我拉一伙，找靠山、摸气候，互相吹捧。希望老同志在带头维护党风党纪和发挥监督作用上，发挥更大的作用③。

开放会使资产阶级腐朽思想和丑恶作风等许多坏东西乘机而入，所以，反对资产阶级自由化的工作要长期坚持，正面教育要大大加强，不能放松，不能中断。我们当前的中心任务是发展社会生产力，同时要把社会风气、社会秩序搞好，才能全面显示社会主义制度的优越性。如果我们不能顶住资产阶级自由化这股歪风，人家会说中国共产党无能，而且会造成极大的危害。

一个十亿多人口的国家，必须靠党的领导，坚持正确方向，并动员全国人民的力量，进行长期的艰苦的奋斗，才能实现社会主义现代化。党的领导应该不断改善，更加适应新的形势和改革、开放的需要，但又决不能抛弃党长期坚持的优良传统，如实事求是，理论结合实际，密切联系群众，开展批评和自我批评，大公无私，全心全意为人民服务，艰苦奋斗，等等。当然，四项基本原则的任何一条都是不能违背的④。

附一：李先念对新华社《参考要闻》第七一五期刊登的《邵玉铭声称可通过香港使大陆脱离共产主义》的批语（一九八七年十二月二十九日）

送去台湾新闻局局长邵玉铭的发言，请一阅。此人的发言从反面提醒我们，党风是关系到党的生死存亡问题。

---

① 选自《李先念传（1949—1992）》下，中央文献出版社 2009 年版，第 1206 页。

② 选自李先念在江苏视察时的谈话，1985 年 12 月下旬。参见《李先念传（1949—1992）》下，中央文献出版社 2009 年版，第 1166—1167 页。

③ 选自李先念在武汉同部分离休老干部的谈话，1985 年 10 月 24 日。参见《李先念年谱》第六卷，中央文献出版社 2011 年版，第 334 页。

④ 以上内容选自李先念同外宾几次谈话的摘录，1987 年 3 月至 6 月。参见《李先念文选》，人民出版社 1989 年版，第 489—490 页。

我们党有光荣的传统和作风，有领导中国革命和建设的丰富经验，从总体上看，也是经得起执政和改革开放考验的，不愧是光荣、伟大、正确的党。但是党的历史经验也告诉我们，每当形势发生重大变化的时候，总会有个别党员经不住考验，丧失共产党人的纯洁性和气节。大革命失败后和抗日战争初期都发生过这类事情。全国解放前夕，毛泽东同志就提醒全党，胜利后要经得住糖衣炮弹的攻击。进入新的历史时期，全党要引以为戒。就当前看，暴露出来的各种不正之风是比较严重的，在社会上造成了很不好的影响，损害了党的声誉和威信，也阻碍了改革开放的深入进行。因此，在靠改革开放和制度建设来端正党风的同时，应该及时采取正确措施纠正不正之风。全党同志，尤其是各级领导干部要按照党员条件严格要求自己。要以全心全意为人民服务为宗旨，发扬党的理论联系实际、批评和自我批评、密切联系群众的优良作风；要说实话，办实事，不要互相吹捧和阿谀奉承，要抵制"闹而狠则仕""捧而狠则升"的错误倾向；要大公无私，艰苦奋斗，反对借改革开放和掌权之机"大抓一把"的丑恶行为；要提倡毫不利己、专门利人的精神，反对处处事事为自己打算的极端个人主义。总之，要保持共产党人的高尚情操。如果听凭不正之风继续蔓延的话，就会严重削弱党的战斗力。我相信，全党绝大多数同志在新的更为复杂的形势下，一定会经受住各种考验，使自己锻炼得更加成熟和坚强，邵玉铭的幻想一定会破灭。

以上所谈，仅供参考。

李先念
一九八七年十二月二十九日 [①]

附二：李先念同外宾几次谈话的摘录（一九八七年三月至六月）

一

坚持四项基本原则，即坚持社会主义道路，坚持人民民主专政即无产阶级专政，坚持共产党的领导，坚持马克思列宁主义、毛泽东思想，是我们立国治国之本。这四个坚持，是邓小平同志首先提出来的。一九七九年在拨乱反正中，有一些干部和青年从反"左"倒向右，认为

[①]　以上内容选自《建国以来李先念文稿》第四册，中央文献出版社2011年版，第289—290页。

社会主义不行了，人民民主专政应该取消，共产党的领导也可以不要，马列主义特别是毛泽东思想一无是处，社会上一度思想很混乱。在此种情况下，小平同志果断地提出必须坚持四项基本原则，决不能动摇。不多久，就把全国的政治局势稳住了。集中力量发展生产力，走有中国特色的社会主义道路，搞改革、开放，都是离不开四项基本原则的。否则，安定团结的政治局面不能巩固，也就无法调动广大人民群众的积极性，专心致志去搞经济建设。

四项基本原则中，最根本的是两条：共产党的领导和社会主义道路。我们党要领导人民扎扎实实地建设社会主义，除经济建设和经济体制改革外，也包括不断完善和发展社会主义民主和社会主义法制。我们反对资产阶级自由化，是因为那些人要否定四项基本原则。他们人数不多，但是有一定的能量，有的在党内还是负责干部。这些人既然反对共产党的领导，又何必继续留在党内？

走社会主义道路，建成社会主义，这是中国各族人民的愿望。走资本主义道路，中国人民不允许，世界上的革命人民也不赞成。外国垄断资本及其代理人中，有些居心不良的人，虽然指望中国走资本主义道路，但他们并不乐意一个有十亿多人口的大国变成独立的、发达的资本主义国家，因为这同他们的利益有冲突。他们只希望有一个受他们严密控制的资本主义的中国。从哪一方面看，中国都不能走资本主义道路。走资本主义道路，实际上是使中国重新陷入殖民地、半殖民地的泥潭。

二

国外一些人士总问中国的改革、开放政策会不会变。凡是人民拥护的东西，不会变，也变不了。这就是我们的答复。这几年我们推行改革、开放的政策，生产发展快，人民生活有较大提高，人民是拥护的。当然，如果我们做了违反四项基本原则的事，对人民的整体利益和长远利益有害，人民反对，那就不想变也得变。所以我们说，改革、开放和坚持四项基本原则是不可分的，是统一的，在执行中可以求得协调地进行。

在历史上，我们党在抗日战争时期，实行了一系列区别于国内战争时期的新的方针政策，以争取国民党坚持抗战，动员全国人民参加抗日。毛泽东同志在一九四一年写的一篇文章[①]中讲到，共产党员应该严肃地坚决地保持共产主义的纯洁性，同时应该坚决执行当时党所制定的各项政策。他要求每个党员，特别是干部，必须锻炼自己成为懂得马克思主义策略的战士。这样，就把坚持共产主义理想同当时的革命策略统一起来了，全党执行，取得了最好的效果。

借鉴抗日时期的成功经验，我们现在要抓好党的思想建设。首先要搞好党风，同时严肃党纪，执行并进一步完善党规党法。这件事，在新的历史时期，每个党组织，每个党员，都应毫不含糊地放到首要地位，以保证改革、开放政策的成功[②]。

三、推进经济体制改革

我们在革命时期搞供给制，解放初期提倡三个人的饭五个人吃，那时候只能这么办。后来形成了广大职工和干部都拿着"铁饭碗"、吃"大锅饭"的现象，长期没有改，确对生产不利，也违反马列主义的分配原则。所以我们在改革中坚决改掉吃"大锅饭"的现象，照按劳分配的原则办事。

实行按劳分配原则，就得允许和鼓励一部分多劳、好劳的人先富裕起来，允许和鼓励工作好、效益高的企业和地方先富裕起来，多得些，生活更好些。同时，我们社会主义国家的目标又是共同富裕，先富裕的要帮助不富裕的，分配不能过分悬殊，决不能听任两极分化。在目前生产力水平还很低的情况下，保证十亿多人口都能温饱，生活有保障，还是一条基本的国策[③]。

建国来出现过几次基建规模过大，很重要的一个原因就是没有把"力"的概念弄清楚。量"力"的界限在哪里？就是要保持财政收支、信贷存放、物资供求的平衡。财力是以物力作后盾的。从原则上讲，物资的分配，首先要保证生活必需品的生产部门的需要，其次要保证必需的生产资料生产的需要，实际上就是保证简单再生产。剩余的部分，除了必要的物资储备等以外，才可以用

---

① 指毛泽东 1941 年 4 月 19 日为《农村调查》一书写的跋。这篇跋以及同书的序言后来收入《毛泽东选集》第三卷，题为《〈农村调查〉的序言和跋》。

② 以上内容选自李先念同外宾几次谈话的摘录，1987 年 3 月至 6 月。参见《李先念文选》，人民出版社 1989 年版，第 483—486 页。

③ 以上内容选自李先念同外宾几次谈话的摘录，1987 年 3 月至 6 月。参见《李先念文选》，人民出版社 1989 年版，第 487 页。

来搞基本建设，安排扩大再生产。这就是"力"的界限。

基本建设量力而行的原则，是我们党根据多年实践总结出来的一条很重要的经验。在加强重点建设的时候，我们仍然要十分注意。违背了这条原则，就要摔跟头。在这方面，过去反反复复，我们是犯过错误的，有深刻的教训①。

过去我们搞社会主义经济建设，大家都很热心，但有些时候操之过急，不量力而行。本来只能挑八十斤的，硬要挑一百斤以上，弄出病来，五十斤也挑不成了，蠢不蠢？受了挫折，有的同志还不接受教训，一旦形势变好，又头脑发胀，要大干快上。不少部门、地方，搞基本建设特别起劲，搞楼堂馆所成风，财政和信贷都受不了，只好"压缩空气"。我们过去带兵打仗，打得赢就打，打不赢就跑，敏感得很，灵活得很。如果跑不了就会被消灭。搞经济建设更要注意，经济上如果出了大问题，有时要几年才能看到，而且跑也跑不了，没有别的出路只有大调整。我看搞经济工作有时比打仗还难，所以头脑更要非常清醒。

搞改革，要放权，要把企业搞活。从总体的趋势看，要放权，但是有些权必须国家掌握，不能什么都放。基建、消费、奖金、物价都容易失控，要经常注意控制，不能掉以轻心。陈云同志常讲，发展经济要有计划、按比例，要做综合平衡工作，主要抓财政、信贷、物资、外汇四个方面的平衡。我看还管用，否则容易乱套、折腾。

坚持实事求是这一条，是根本的。真抓好这一条，我们的事业才能立于不败之地②。

我问了一下我家乡的县长，养猪怎么样？他说你不要担心，现在一家一头猪，有的两头猪。他们价格再低也要养，但就是没有商品猪。原因在哪里，我想来想去，还是农副产品的合理比价问题。猪价如果不合理，商品猪一时多一时少的现象就难免不发生。不要以为农民不会算账，农民最会算账了，农民是最实际的经济学家③。

（对于反对投机倒把、倒买倒卖问题——编者注）我看过一个简报，北京

---

① 以上内容选自李先念在中央工作会议上的发言，1983年6月30日。参见《李先念文选》，人民出版社1989年版，第461—462页。

② 以上内容选自李先念同外宾几次谈话的摘录，1987年3月至6月。参见《李先念文选》，人民出版社1989年版，第487—488页。

③ 选自李先念在中央政治局第二十四次会议（扩大）上的发言，1985年2月18日。参见《李先念传（1949—1992）》下，中央文献出版社2009年版，第1163—1164页。

搞了三千个公司，其中大多数可能是皮包公司。这些公司要整顿。听说有一个地方有二十吨钢材，批发价格一吨六百九十块钱。第一个人去买，六百多块钱。他又卖给别人，马上八百块。第二个人再卖给第三个人，马上就是一千块。钢材根本没有动。最后，钢材发运到浙江，一吨要一千四百元。党的纪律检查委员会，应该是有权威的机构。陈云同志讲过，党的纪律决不应该"松绑"。这一条很重要，如果松了绑，问题就大了。没有严格的纪律，经济生活就会出现严重的混乱，改革也改不好。全党要支持纪律检查委员会的工作[①]。

从报纸上看到一个评论，叫"能挣善花"，既能挣钱，又能花钱。"能挣"有许多办法，并不都是靠劳动挣钱。投机倒把，偷人家的，抢人家的，这样的能挣就要反对。这个口号不准确[②]。

我说财政部是个菩萨财政部，有的人赚了那么多的钱，你为什么不收税？无产阶级的工具跑到哪里去了！为什么财政开支这么大？我看计划外的基本建设失控了，你管不住。这次省长会议[③]开得很好，使大家了解全局嘛！但我还没有听见哪一个省长说自己省里的钱多了，而有的省反过来要求照顾，当然穷省例外。去年货币发多了，需要好好总结一下经验[④]。

这个办法[⑤]可以先试一试。我看要挂得很好不容易，这是我的老经验。如果挂得不好的话，工厂可以偷工减料。有人告诉我，有个工厂过去一匹毛料布是五公斤半，现在是四公斤半，但价格却没有变。商业企业工资同经济高效益挂钩就更复杂了，挂得不好，短斤少两、以次充好等损害消费者利益的弊病都会出来。总之，挂钩问题，已经决定挂了，要制定出具体的实施办法，尽可能挂好、挂准[⑥]。

我那时[⑦]憋不住，就讲了一通。有些事搞得太不像话。票子发那么多，工厂、机关想窍门发奖金，什么国家利益，什么社会主义，都不要了。"上不封顶，

---

① 选自李先念在中央政治局第二十四次会议（扩大）上的发言，1985 年 2 月 18 日。参见《李先念传（1949—1992）》下，中央文献出版社 2009 年版，第 1163 页。

② 选自李先念在中央政治局第二十四次会议（扩大）上的发言，1985 年 2 月 18 日。参见《李先念年谱》第六卷，中央文献出版社 2011 年版，第 295 页。

③ 省长会议，指 1985 年 2 月 9 日至 14 日中央召开的首次全国省长会议。

④ 选自李先念在中央政治局第二十四次会议（扩大）上的发言，1985 年 2 月 18 日。参见《李先念传（1949—1992）》下，中央文献出版社 2009 年版，第 1163 页。

⑤ 指对于工业企业单位要逐步执行工资总额与上缴税利挂钩的办法。

⑥ 选自李先念在中央政治局第二十四次会议（扩大）上的发言，1985 年 2 月 18 日。参见《李先念传（1949—1992）》下，中央文献出版社 2009 年版，第 1162 页。

⑦ 那时，指 1985 年 2 月 18 日召开的中央政治局第二十四次会议（扩大）。

下不保底"这个口号就提得不准嘛！不保底，职工的基本生活要保证吧！不能叫别人饿饭呀！我们毕竟是搞社会主义嘛！小平同志也讲了，不能搞成两极分化嘛！搞成两极分化，我们工作就失败了。上不封顶就乱发，吃的、穿的也发，发几百元，发几千元，乱搞嘛！我这个国家主席一年工资四千多块，有的地方比我多几倍，我不是怕别人工资超过我，要正当，歪门邪道这算什么东西！厂长总还要代表国家利益，代表全民利益。光顾小团体，算什么社会主义①。

经济发展有自己的规律，我们要研究它，驾驭它，不能违背它。如果违背了它，它就会像洪水猛兽一样向我们扑来，毫不讲情面。我们要努力使更多的人学会驾驭经济规律的本事②。

我们实行改革、开放政策，要处理好计划和市场的关系。改革，是社会主义制度的自我完善和发展；开放，是把国外的先进科学技术和管理经验学到手，并利用一些外资。总之，说到底，是要加强社会主义物质文明和精神文明建设。改革、开放，决不是全盘西化，当然不是取消计划经济，只搞市场经济。发展商品经济，总体上就是要发展公有制为基础的社会主义商品经济，发展有计划的商品经济。

我们建设社会主义，还处在初级阶段，需要保存多种经济成分，互相促进。但我们的经济制度是全民所有制经济和集体所有制经济在国民经济中占主导地位。究竟主导到什么程度？要根据实际情况决定。总之要占主导地位就是了。这两部分经济，都是有计划的商品经济，当然可以用指令性计划，也可以用指导性计划。同时，搞经济计划也得充分利用经济手段，运用好价值规律，不能迷信行政命令。

依据目前的生产力水平，我们应有步骤地、适度地扩大市场调节，真正把经济搞活，做到活而不乱，循序前进，持续稳定发展。从前我们的计划统得过多，使经济失去活力。这方面搞得太厉害，与社会主义改造时期把小厂国有化，把小商贩、小手工业者合作化的毛病有关。这个毛病虽很快做了纠正，但计划管得过死的问题没有解决。到"文化大革命"，"左"到了极点，关闭集市贸易，到处割资本主义尾巴。这种做法，我们是从来不赞成的。

---

① 选自李先念谈话记录，1985年7月7日。参见《李先念传（1949—1992）》下，中央文献出版社2009年版，第1164页。

② 选自李先念在湖北的讲话记录稿，1985年11月15日。参见《李先念传（1949—1992）》下，中央文献出版社2009年版，第1166页。

正确处理计划和市场的关系，一是要对发展生产力有利，一是要对完善社会主义经济制度有利①。

四、关注重点工程建设

背景：集中财力、物力、人力，建设一批重点工程项目和大型企业，是中共中央关于党的十二大提出的分两步走战略部署中的第一步，即前十年打好基础的重要决策，也是中国现代化建设成功的重要保证。李先念担任国家主席期间，一直密切关注一些大型项目的建设和筹划。

中共十二大提出到本世纪末翻两番的目标，全党要千方百计去力争实现。省、地、县要根据自己的实际情况确定发展计划，尽最大努力去翻，而且要翻准、翻好。不能乱翻，乱翻了就可能栽个大跟头。不要为翻番，搞一刀切，搞层层加码。如果是脱离实际的高速度，那是假的，结果是欲速则不达。上比较大的项目要十分慎重，看准了，有条件才能上，条件不具备，不要勉强地上，勉强去登高，登高必跌重②。

关于三峡工程建设问题，从（二十世纪）五十年代我就接触此事，说过不少意见。一九八三年五月，我同钱正英同志详细交谈后，又给宋平、钱正英、林一山同志写了一封信，比较系统地谈了我的观点。看了这份清样后又有点想法，再提出来供参考。

三峡工程在我国水利建设史上是空前的，在世界上也是屈指可数的。这样大的工程，必然会遇到我们还想不到的各种复杂问题，一定会有许多科学技术问题要解决。可以说，建设这项工程是对我国科学技术能力和水平的一次大检查，大促进。许多科技领域，如水文地质、机械设备、工程建筑、发电输电、航运、防洪、灌溉等，都会不断创新。比如选择大机组就是一个新的课题。因此我们在三峡工程建设中，每一步、每一项都要依靠和发挥科学技术的力量。首先是水文地质科学，库区几百里，水深几百米以上，地质结构、地貌形态千差万别，只有把这些问题弄清楚，才能得出科学的结论，制定出预防可能发生

① 以上内容选自李先念同外宾几次谈话的摘录，1987年3月—6月。参见《李先念文选》，人民出版社1989年版，第486—487页。

② 选自李先念在湖北视察时的谈话要点，1985年11月。参见《李先念传（1949—1992）》下，中央文献出版社2009年版，第1166页。

的跑水、漏水、滑坡、断裂等有效措施。尤其是对石灰岩层，要妥善处理。总之，一定要把科学技术的应用和发展放在重要的位置上，并要切实可靠，这样对持不同意见的同志，才有说服力。

一九五八年三月，李先念（前排左三）与周恩来（前排左五）、李富春（前排左二）、王任重（前排左六）等及中外水利专家考察长江三峡水利工程坝址。

由于三峡工程处在我国中部地区，所以工程质量显得特别重要。从勘探、设计到施工的全部过程和每一步都要严格把住质量关，一定要保证做到整个建设工程万无一失，这是千年大计、万年大计，关系到长江流域亿万人民生命财产安全的问题，否则一旦出了大事，反利为害，将造成历史上空前的灾难，也会成为贻笑万年的丑事，即使我们在九泉之下也不得安宁[1]。

三峡工程是毛主席的遗愿，也是我做梦都想建三峡，三峡也是全国人民盼望的大工程，早日兴建三峡，以了却我们的心愿[2]。

---

[1] 以上内容选自李先念写给李鹏、宋平、钱正英、林一山的信，1987 年 5 月 9 日。参见《建国以来李先念文稿》第四册，中央文献出版社 2011 年版，第 283—284 页。

[2] 选自《李先念传（1949—1992）》下，中央文献出版社 2009 年版，第 1375 页。

我活着虽然看不到三峡工程建成，但是我还要看看坝址[①]。

一九八九年四月二十一日，李先念乘船考察长江三峡水利枢纽工程坝址——三斗坪。图为李先念在船上听取关于工程论证情况的汇报。

秦山核电站质量问题，我不了解情况，如果确实[②]，似应予以重视。为了保证安全，做到万无一失，必要时可推倒重来[③]。

搞建设一要尽力而为，二要量力而行，这是一个问题。第二个问题要质量第一，注意安全。化工企业到处都是管道、罐子，爆炸了不得了。一定要绝对安全，第二才是速度[④]。

五、倡导自力更生，搞好技术引进

我们总结了过去的经验，一方面还要坚持自力更生的方针，决不依赖别人搞现代化；另一方面，要坚持开放的政策，决不闭关锁国。解放后我们最早是同苏联、东欧国家搞经济合作，（二十世纪——编者注）六十年代起关系中断；这以前资本主义大国对我们搞封锁，经济贸易往来也很困难。我们只能强调靠

---

① 选自邹爱国等：《情满青山——李先念同志骨灰撒放记》，《人民日报》1992年7月8日。
② 指工程施工质量没有达到建造核反应堆的要求。
③ 选自《李先念传（1949—1992）》下，中央文献出版社2009年版，第1181页。
④ 以上内容选自李先念在江苏视察扬子乙烯工程时的谈话，1985年12月26日。参见《李先念传（1949—1992）》下，中央文献出版社2009年版，第1185页。

自己，自力更生。后来，与日本、美国等发达资本主义国家的关系发生变化，经济贸易来往日益发展。十一届三中全会后，下决心全面对外开放。世界各国的经济、科学技术、文化是相互为用的，在现代国际环境中，关起门来搞建设根本行不通。

我们的开放，不仅是让外国人来开几个工厂，主要是引进外国先进技术、先进管理经验，并且利用外国资金。外国人要出卖产品、技术，要向外投资，我们又需要，互相有利，彼此帮忙，有什么不好？有时可能要吃点亏，我们当然要注意不吃大亏。

现在一讲到开放，有些人就只想到向美国、西欧、日本开放。其实不然，我们不仅对美国、西欧、日本等发达国家开放，对社会主义国家开放，也向第三世界开放，实行南南合作。对第三世界开放，进行更好的经济合作，互助互利，意义重大。

能利用外资搞建设，这是一个有利条件。借外债，第一要借得到，而且条件比较优惠。第二要用得好，真能把生产搞上去，而且提高我们的经济和技术水平。第三还要还得起，争取利用外资创更多的外汇。这方面有许多好的经验，也有一些做得不好的教训，要总结，以便改进工作。

开放自然会带来一些问题，如有的人什么都想买外国的，产生依赖思想，以为光靠从外国进口就会实现现代化。这种思想当然很错误。自力更生的方针不能放弃，而且要努力学会"洋为中用"，防止上当受骗①。

要提倡自力更生，奋发图强。外国的先进技术要引进，先进管理经验要学习，但也不是什么都是外国的好，"连月亮也是外国的圆"。我看还是两句话，引进技术是为了自力更生，自力更生决不是闭关自守。引进、消化、吸收、创新，努力发展民族工业的提法就很好②。

对外实行开放政策，这是促进我国四化建设的长期措施，要继续坚持下去。但是在引进外国设备和技术的同时，更要注意发挥我国自己工业的能力，要把引进同提高自己工业水平结合起来。特别是引进的科学技术，即人们常说的软件，要注意消化和应用，变成自己的东西。国内能制造的设备和部件要尽

① 以上内容选自李先念同外宾几次谈话的摘录，1987 年 3—6 月。参见《李先念文选》，人民出版社 1989 年版，第 488—489 页。

② 选自李先念在江苏视察时的谈话，1985 年 12 月下旬。参见《李先念传（1949—1992）》下，中央文献出版社 2009 年版，第 1198—1199 页。

量采用，要保护自己的民族工业，自己能够制造的设备和部件，不采用，也都从外国买，这样实际上就打击了民族工业，不符合我们自力更生的基本方针，说严重一点，也是自己的一种耻辱①。

我看了（重申勤俭建国——编者注）非常高兴，还应该加一句奋发图强。奋发图强，勤俭建国。我们这个国家不是富得不得了啦！②

六、维护民族团结

达赖问题麻烦一点。在西藏人民中间，他的暴乱是犯了罪的，他没有执行中央跟他达成的协议。最近他还发表了一个东西骂我们，有两点：一是说我们在西藏问题上犯了错误；第二点是说阿沛③的声明是不可信的。要我写一封信④，不行。这么大的事情要报告中央⑤。

我们欢迎旅印藏胞回来，各处看看，提些意见。宗教不能用粗暴的办法消除掉。有信教的自由，也有不信教的自由。民族间应是平等的。今天还是这个政策。这是长期的，不是权宜之计。我们欢迎达赖回来。如果现在条件不成熟，可以不回来。再过几年，回来看一看也可以。回来，在北京住可以，去西藏住也可以。如果感到在国内不适合，还可以再出去。来去自由。有来往总比没有来往好。希望你们⑥回来看看。你们到甘、青、川、藏去看一看，我赞成⑦。

达赖问题我们表示过意见，如果他愿意回来我们表示欢迎，并给他适当的政治地位。如果他进行真正的宗教活动，我们不干预。如果他认为现在回来时机不合适，需要在外面多待一些时间，也可以。从西藏跑出去的其他人也一

---

①　选自李先念视察宝钢谈话要点，1983 年 11 月 24 日。参见《李先念传（1949—1992）》下，中央文献出版社 2009 年版，第 1198 页。

②　选自《李先念传（1949—1992）》下，中央文献出版社 2009 年版，第 1162 页。

③　阿沛，指阿沛·阿旺晋美。

④　1977 年 6 月，达赖喇嘛放风要回中国，通过英中了解协会主席费里克斯·格林给中国政府传话。格林曾去过西藏，同达赖喇嘛有过多次书信往来，知道达赖曾表示时机成熟时回中国。李先念会见他时，他提出由李先念写一封信提出一些保证，由他转给达赖。

⑤　选自李先念会见英中了解协会主席费里克斯·格林的谈话记录，1977 年 6 月 12 日。参见《李先念传（1949—1992）》下，中央文献出版社 2009 年版，第 1222 页。

⑥　你们，指旅印藏胞上层人士。

⑦　选自李先念接见旅印藏胞上层人士的谈话，1979 年 8 月 17 日。参见《李先念年谱》第六卷，中央文献出版社 2011 年版，第 63—64 页。

样，如果愿意回来也欢迎，保证他们的安全。我们说话算数，说到做到①。

我们是非常尊重达赖喇嘛的，但是他不尊重自己的国家——中国。他实际是在分裂中华人民共和国。拉萨和在国外的极少数藏人闹事，想把西藏从中国分裂出去，这是包括西藏人民在内的全体中国人民决不会同意的。我相信这样一条真理，对宗教问题和民族问题，无论如何不能采取粗暴政策，而要采取团结方针②。

我们尊重西藏的文化传统和风俗习惯。但达赖喇嘛要搞"独立"或"半独立"，这是绝对不能允许的。不仅中央政府不答应，人民也不答应。在中国历史上，凡是统一时，国家就繁荣昌盛，分裂时就会打仗。我们国家没有完全统一，还有个台湾问题。我们希望和平统一祖国③。

七、主持中央外事领导小组工作

背景：二十世纪八十年代，中国进入全面开创社会主义现代化建设的新时期。中共中央和国务院根据国际形势的发展变化，重新开始调整对外战略，制定了独立自主的和平外交总政策。李先念在任国家主席前后，主持中央外事工作领导小组工作，长达七年之久。他坚定不移地执行中国宪法所规定的对外政策总方针，密切注视国际局势的发展变化，积极参与领导外交战略的调整，及时研究处理对外工作中的重要问题，并身体力行，进行广泛而卓有成效的外交活动。

中央外事小组自一九八一年成立以来，做了许多工作，成绩是主要的。由于有中央的领导，小平同志掌握政策，工作比较好做。外事小组先后集中了一些有丰富外交工作经验的老同志，他们发挥了很大作用。许多重要问题，都是大家一起讨论的，依靠外交部和其他有关职能部门进行工作。总之，中央外事工作小组的工作，可以说上有天、下有地，这是做出成绩的主要原因。地球不大，国际问题很复杂，搞不好就影响很大，这是外事工作的一个特点，所以要

---

① 选自李先念会见尼泊尔比兰德拉·比尔·比克拉姆·沙阿·德瓦国王时的谈话，1979 年 8 月 27 日。参见《李先念年谱》第六卷，中央文献出版社 2011 年版，第 66 页。

② 李先念会见由尼泊尔全国评议会议长纳瓦·拉杰·苏贝蒂率领的尼泊尔全国评议会代表团时的谈话，1988 年 3 月 19 日。参见《李先念年谱》第六卷，中央文献出版社 2011 年版，第 334 页。

③ 选自李先念会见卢森堡大公储亨利亲王及其夫人一行时的谈话，1988 年 4 月 11 日。参见《李先念年谱》第六卷，中央文献出版社 2011 年版，第 442 页。

及时研究，提出建议，审慎行事①。

我国的外事工作，有高度的集中统一领导，有严格的组织纪律，有良好的分工协作，这是我们很好的传统。

长期以来，在毛泽东同志、周恩来同志、陈毅同志以及其他老一辈无产阶级革命家的精心培育下，我们的对外工作形成了一套比较完整的、能反映我们社会主义和民族优良传统的外交风格。这种风格，充分体现了我国在国际事务中独立自主的原则，爱国主义和国际主义相结合的思想，爱憎分明的立场，平等待人、求同存异的精神，说话算数、实事求是的严肃态度和艰苦朴素的作风。几十年来，我国在国际事务中能起这样大的作用，在国际上能有这样高的威望，是同我们在外事工作中发扬了这种外交风格分不开的。这种风格是很可贵的，我们一定要继续发扬光大②。

背景：一九八五年七月，李先念以国家主席名义首次对美国进行正式访问。

从一九七二年以来，中美两国领导人审时度势，共同努力，确定了指导两国关系的准则，并达成了一系列协议，为建立长期稳定的友好关系奠定了基础。今天的中美关系已经有了不小的发展。十多年前，很少有人能够预见到会有今天的水平！不过，我想指出，在今天的中美关系中仍然有着巨大的潜力有待发掘，也有一些障碍和困难有待克服。它犹如一株幼小的树苗，需要经过精心的培育和扶植，才有可能茁壮成长。新的形势需要我们作出新的努力，取得新的进展③。

中美关系中确实还存在一些障碍，这是正常的。说两国之间没有纠纷，没有不同意见，没有那么回事。有不同意见，不外乎两个解决办法：一是公开批评；二是谈判。总的精神是对话嘛！中美关系的发展要有稳定性和连续性，这是我们的愿望④。

① 选自李先念在中央外事工作领导小组会议上的讲话，1987 年 12 月 2 日。参见《李先念年谱》第六卷，中央文献出版社 2011 年版，第 424—425 页。

② 以上内容选自李先念在全国地方外事工作会议上的讲话，1981 年 9 月 11 日。参见《李先念文选》，人民出版社 1989 年版，第 426—428 页。

③ 选自《里根总统举行隆重仪式欢迎李主席 里根致欢迎辞 李先念致答辞 进一步发展中美友好关系符合两国人民的利益和愿望》，《人民日报》1985 年 7 月 24 日。

④ 选自钱其琛：《缅怀李先念同志在外交上的光辉业绩》，《伟大的人民公仆——怀念李先念同志》，中央文献出版社 1993 年版，第 140 页。

一九八五年七月二十三日，李先念访问美国时，在白宫同美国总统罗纳德·里根和夫人南希友好交谈。

不必讳言，中美之间仍然存在着分歧。我认为，对于那些一般性的分歧，我们可以各自保留意见而不妨碍彼此成为朋友。但对事关重大的分歧，如果不按原则很好处理，则势必构成发展中美友好关系的障碍。我这里指的是台湾问题。我希望这个问题能够按照中美两国政府历次公报的精神和各自承担的义务加以解决，以便两国摆脱这一问题的羁绊，集中精力去开辟中美友好合作的新天地[1]。

对苏联关系既要改善，又要稳妥。发展两国关系要"恰当"，应该说的要说，但态度要和气。我们宣传工作也要控制一下，对苏联不要骂，骂是骂不死人的，只有诸葛亮骂死王朗。总之，对苏关系既要前进，又要稳重，应该说的要说，但态度要和气[2]。

苏联的机电设备虽然显得笨重，但能"吃苦耐劳"，适合我们，应该积极引进苏联技术，改造我国工业企业[3]。

---

① 选自《李先念主席在里根总统举行的国宴上的讲话》，《人民日报》1985 年 7 月 25 日。

② 选自李先念在中央外事工作领导小组会议上的发言记录，1985 年 4 月 3 日。参见《李先念年谱》第六卷，中央文献出版社 2011 年版，第 303 页；《李先念传（1949—1992）》下，中央文献出版社 2009 年版，第 1263 页。

③ 选自李先念在中央外事工作领导小组会议上的发言记录，1985 年 4 月 3 日。参见《李先念传（1949—1992）》下，中央文献出版社 2009 年版，第 1263 页。

早在（二十世纪）六十年代，他①就以政治家的远大眼光和非凡勇气，力排障碍，同毛泽东主席一起毅然决定在我们两国之间建立外交关系，架起了宏伟的中法友谊的桥梁。我们也深切怀念蓬皮杜总统和周恩来总理，他们在患重病期间，仍坚持为中法友谊辛勤耕耘。他们为推动中法关系作出的巨大努力和贡献将永远铭刻在两国人民的心中②。

我们对发展中日关系是抱有诚意的。我们希望，两国政府和人民不仅现在保持友好，而且要千秋万代友好下去。恢复邦交后，两国关系有了新的发展，不仅政界人士，而且经济文化界人士、妇女、青年的交往都大大增加了。中国方面同日本许多政党也保持着良好的关系。中国政府现在实行的对外开放政策是在总结以前的经验教训，并全面研究国际关系的基础上确定的，是我们的一项基本国策。中国有句古话：人无信而不立。闭关自守的做法决不会在中国重演③。

我们一直认为中日友好不是权宜之计，而是千秋大业，老一代固然要为进一步发展中日关系继续多做工作，青年朋友更应多做努力。

日本在资金、技术等方面协助中国，我们感谢。但如果要用经济来要挟，提出附带条件的经济援助，即使是白送，我们也不要。中国共产党和中国人民是有骨气的，愈在艰难困苦之时，战斗力愈强，自力更生的精力也愈旺盛④。

自从中国开展反对资产阶级自由化以来，有些外国朋友担心中国对外开放政策会不会变。我可以郑重地告诉总督阁下⑤：自中国共产党召开十一届三中全会以来，我们的路线和各项政策是对的，建设成就也是很显著的。我们有什么理由改变我们的路线和政策呢！我们坚定不移地建设具有中国特色的社会主义，但党内有极个别人主张"全盘西化"，这就是我们反对资产阶级自由化的由来和必要。反对资产阶级自由化只是摆事实、讲道理、端正政治方向，绝不

---

①　他，指戴高乐将军。

②　选自《李先念主席在希拉克总理欢迎午宴上讲话　中法两国友谊和合作的发展令人满意》，《人民日报》1987年11月12日。

③　选自李先念会见日本众议院代表团时的谈话，1983年8月27日。参见《李先念年谱》第六卷，中央文献出版社2011年版，第208页。

④　钱其琛：《缅怀李先念同志在外交上的光辉业绩》，《伟大的人民公仆——怀念李先念同志》，中央文献出版社1993年版，第141—142页。

⑤　指加拿大总督让娜·索维。1987年3月17日，李先念主持仪式欢迎加拿大总督让娜·索维来华进行国事访问。

会扩大化。在对外开放方面，我们希望更加开放，更加加快速度[1]。

中国是第三世界的一员，是同第三世界站在一起的，是他们靠得住的朋友。我们绝不能交了新朋友，忘了老朋友，交了富朋友，忘了穷朋友[2]。

附：乔治·布什和基辛格对李先念的评价

李先念主席是一个很强硬的领导人，是一个不容易被人说服的人，是个不顺从别人意志的人。他立场坚定，从不让步，也许他不像周恩来总理那么外交，但他始终坚持立场，毫不含糊地代表中国利益[3]。

中国与美国的关系，在上个世纪八十年代得到稳步的改善。毋庸置疑，李先念主席在中国国内具体贯彻两国关系的改善方面发挥了不小的作用[4]。

一九八九年二月，李先念（左一）与邓小平在欢迎美国总统乔治·布什的午宴上。

---

[1]　选自李先念会见加拿大总督让娜·索维时的谈话，1987 年 3 月 17 日。参见《李先念年谱》第六卷，中央文献出版社 2011 年版，第 379—380 页。

[2]　选自李先念在全国地方外事工作会议上的讲话，1981 年 9 月 11 日。参见《李先念文选》，人民出版社 1989 年版，第 429 页。

[3]　选自访问乔治·布什的谈话记录，2003 年 10 月 17 日。参见《李先念传（1949—1992）》下，中央文献出版社 2009 年版，第 1259 页。

[4]　选自访问基辛格的谈话记录，2003 年 10 月 21 日。参见《李先念传（1949—1992）》下，中央文献出版社 2009 年版，第 1259 页。

八、推进祖国统一大业

　　背景：中国对香港、澳门恢复行使主权，是二十世纪八十年代摆在中国政府和人民面前一项迫切任务。李先念为香港、澳门回归作出巨大努力和卓越贡献。从二十世纪七十年代末开始，邓小平等中国领导人，把解决台湾问题，实现祖国完全统一的大业，作为全党和全国人民的一项重大任务。根据新的国际形势和台湾的实际情况，相继作出了新的决策。李先念是这些决策制定的参与者，又是积极的宣传者和执行者。李先念以极大的精力推进中国统一大业，维护国家主权和领土完整。

　　现在①我们对港澳市场也不能满足，连三万吨水泥拿不出来，大米也拿不出来。香港市场被别人拿去，我总不那么高兴，因为那是中国的地方，中国人占百分之九十九。我们在那里供应不那么好，所以台湾货进去了，美国货也进去了。为什么会出现这个情况呢？就是我们的同志不重视香港市场，对此市场马马虎虎，要自由主义，高兴就干，不高兴就不干。这样，香港同胞就要骂娘。骂娘的不是资产阶级而是劳动人民，是工人，因为工人吃了亏，吃亏他们就不高兴。所以，做好对香港供应的意义，各省不那么认识，中央有关部门也不那么认识。有关香港反映的材料不少，香港人是中国人，吃美国货他们不高兴，因为他们还有爱国的心情②。

　　香港问题的解决又是相当复杂和艰巨的。说它复杂、艰巨，是因为香港问题，不仅仅是一个恢复行使主权的问题。如果仅仅是这么一个问题，事情比较好办。复杂的问题是，我们恢复行使主权后，必须使香港继续保持稳定和繁荣，以便能够更好地维护香港居民的利益，更好地为我国四化建设服务。如果由于我们的政策不正确，或者没有正确地执行政策，香港搞乱了，不仅不能继续为我所用，反而成了我们的一个大包袱；这无论在政治上，还是经济上，对我们都是有害无益的。因此，我们就必须从实际出发，把高度的原则性和高度

---

　　①　1972 年 3 月 2 日，针对内地对港澳市场供应出现问题，李先念在外贸会议上，特别强调要加强对港澳市场的供应。

　　②　选自李先念在外贸会议上的讲话，1972 年 3 月 2 日。参见《李先念传（1949—1992）》下，中央文献出版社 2009 年版，第 1294 页。

的灵活性很好地结合起来。在恢复行使主权的前提下，采取一系列特殊政策，允许香港保留资本主义制度，五十年不变；允许由香港当地人自己管理，实行高度自治；照顾英国和其他国家在香港的利益。采取这样的政策，既容易为香港同胞接受，又容易取得英国和其他有关国家的合作，减少震动和阻力，更好地保持香港的稳定和繁荣。

为什么我们允许香港长期保留资本主义制度呢？为什么实行这种灵活政策呢？在伟大社会主义祖国的一个很小的局部允许保留资本主义制度，这确是我国革命和建设中遇到的一个新问题。同志们不妨回顾一下（二十世纪）五十年代我们对西藏的政策，当时我们允许西藏保留农奴制度，减少了阻力，实现了西藏的和平解放。如果不是因为后来达赖集团发动叛乱，我们是不会轻易改变这一政策的。同志们还可以看看现在我们对台湾的政策，对台湾除了要求它取消所谓"国号""国旗"，由中华人民共和国政府代表中国以外，其他都不改变。采取这样的政策当然是一种让步，但是换来的是国家的统一，这是符合中国人民的根本利益的①。

现在②中英要开始谈判，香港的主权一定要收回。去年撒切尔夫人访华后跑到香港，说什么关于香港过去签订的条约仍然有效，我们批了她一下。主权是不能讨论的，到时候我们一定要收回。至于香港主权收回后如何管理，保持什么样的制度，如何维护香港在经济上的繁荣，我们可以同英国谈判，可以讨论③。

要向英方说明主权和治权是不容谈判的。这几年我们要搞一些事情，首先是"港人治港"问题，港人有各种各样，治港要什么人，总不能什么人都要，起码条件应该是爱国者。其次，现行的香港法律基本上还实行，但必须作一些修改，修改什么内容要提出来。第三还是要做些基础工作、群众工作，不要怕说"左"了，右了。在经济方面，为使香港资金不外流，除了采取一些政策措施外，还应该想一些别的办法，对把港币贬值说成是"信任危机"一定要驳斥，要指出这是英国人搞的。谈判破裂不行，破裂要请示中央批准④。

① 选自李先念在港澳工作会议上的讲话，1984年3月1日。参见《建国以来李先念文稿》第四册，中央文献出版社2011年版，第248—249页。

② 现在，指1983年。

③ 选自李先念会见朝鲜最高人民会议代表团谈话记录，1983年7月6日。参见《李先念年谱》第六卷，中央文献出版社2011年版，第199页。

④ 选自李先念听取关于香港问题同英方代表第二阶段的谈判情况汇报后的谈话，1983年9月20日。参见《李先念年谱》第六卷，中央文献出版社2011年版，第214—215页；《李先念传（1949—1992）》下，中央文献出版社2009年版，第1306页。

　　为了解决香港问题，我们正在同英国进行谈判，并已取得了一定进展。我们希望经过谈判能就我恢复行使主权问题达成协议。从目前情况看，达成协议的可能性是存在的。但是，我们还必须看到，英国一定要力争保留它尽可能多的权益，不会轻易地同我们达成妥协，就是说，也不能排除谈判达不成协议的可能性，甚至有可能发生动乱。对于英国要有充分的估计，对英国的每一个动作都要想一想，不能掉以轻心。前些时候，英国在香港玩弄"信心牌""经济牌"，而使港币币值猛跌，经济发生混乱，甚至企图使香港问题国际化，这些都是证明。对此，我们应有充分的准备。如果香港发生严重混乱，我们就要考虑提前收回香港和收回的方式。即使一时影响香港的稳定和繁荣，也没有什么了不起。我们完全相信，在我们的正确政策指导下，香港最终还会繁荣起来的。当然，这是极而言之的话。我们仍要力争通过谈判恢复行使主权，力争保持香港的稳定繁荣[1]。

　　现在[2]，我们在香港的工作，已经进入了一个新的历史时期，我们的一切工作都要围绕恢复行使主权、保持稳定繁荣这个中心任务来进行。现在离一九九七年还有十三年，时间不是很多了。除了同英国政府进行谈判外，我们必须抓紧时间，做好各方面的准备工作：第一，要扎扎实实地做好基层群众工作和上层统战工作，争取绝大多数香港居民赞同和接受我们解决香港问题的方案，为将来恢复行使主权打下良好的群众基础。第二，从现在起就要积极注意发现和培养人才，为将来实行"港人治港"做好组织上的准备。第三，我们在香港的经济活动既要积极，又要稳妥。对有利于香港稳定繁荣和我国四化建设的事要努力做好，切不要利用一九九七年前的过渡时期去乱发洋财，不要因为自己考虑不周、行动不慎而背上包袱，更不要想在香港搞什么社会主义过渡，这对保持香港的稳定繁荣至关重要[3]。

　　在台湾问题上，我们也讲过我们的主张。统一后台湾可以实行自治，保持原有的生活方式，甚至还可以保持自己的军队。当然香港问题和台湾问题不完

---

　　[1]　选自李先念在港澳工作会议上的讲话，1984 年 3 月 1 日。参见《建国以来李先念文稿》第四册，中央文献出版社 2011 年版，第 249—250 页。

　　[2]　现在，指 1984 年。

　　[3]　选自李先念在港澳工作会议上的讲话，1984 年 3 月 1 日。参见《建国以来李先念文稿》第四册，中央文献出版社 2011 年版，第 250 页。

全一样。台湾当局说，他们要三民主义统一中国①，我们说要社会主义统一中国，统一后，台湾暂时，甚至好多年不实行社会主义也是可以的。三民主义统一中国怎么行呢？十亿人民不赞成三民主义统一中国，也不符合中国的实际情况。如果说三民主义适合中国的实际情况，是对的，那你蒋介石跑到台湾去干什么？把七八百万军队都丢了②。

的确希望祖国统一能在我们这一代人在世时实现，但这并不是逼台湾，而是为了使更多的台湾同胞了解我们对台的政策和迫切心情。我们提出"一国两制"，以实现台湾和大陆的统一，谁也不吃掉谁，可是台湾当局却天天喊用"三民主义"统一中国。这就说明，不是我们逼迫台湾当局，而是台湾当局时刻准备"重返大陆"③。

此次访美④，曾有"台独"人士求见，都为我们所拒绝。这也说明我们不同"台独"人士接触的原则⑤。

我们决不会拿原则做交易，更不会靠乞求过日子。任何人妄想侵犯我国主权，干涉我国内政，阻挠我国统一，我们都绝对不允许，永远不允许⑥。

我跟美国人讲，你们那个感情⑦是几个人的感情，我们方面则是十几亿人的感情，他们为什么不考虑十亿人的感情呢？⑧

各位⑨可能会问，为什么中国揪住光华寮问题⑩不放？是的，光华寮不过是

---

① 在中国政府提出"一国两制"作为解决台湾问题的基本方针后，台湾当局也改变了"反攻大陆"的口号，肯定"一个中国"的立场，表达和平统一的愿望，但又说要由他们统一，以三民主义来统一，实际上还是妄想由国民党进行统治。

② 选自李先念会见朝鲜最高人民会议代表团谈话记录，1983 年 7 月 6 日。参见《李先念传（1949—1992）》下，中央文献出版社 2009 年版，第 1318 页。

③ 选自《李先念传（1949—1992）》下，中央文献出版社 2009 年版，第 1327 页。

④ 指 1985 年 7 月中国国家主席李先念访美。

⑤ 选自《李先念传（1949—1992）》下，中央文献出版社 2009 年版，第 1327 页。

⑥ 选自李先念在春节团拜会上的讲话，1982 年 1 月 24 日。参见《人民日报》1982 年 1 月 25 日。

⑦ 指美国一些人企图继续干涉中国内政，制造两个中国，说什么"对台湾有特殊感情"。

⑧ 选自李先念会见澳大利亚议会代表团谈话记录，1981 年 7 月 4 日。参见《李先念传（1949—1992）》下，中央文献出版社 2009 年版，第 1317 页。

⑨ 1987 年 7 月 29 日，李先念在会见日本社会党国会议员访华团田边诚一行时，为了表明中国的立场，首先会见了随团的日本记者，着重谈了光华寮问题。

⑩ 1987 年日本在处理光华寮问题时，出现了公然制造"两个中国""一中一台"的事件。光华寮是位于日本京都地区的一所学生宿舍。虽然是 1950 年由台湾当局用公款买下来的，但它属于中国的国家财产。中日邦交正常化后，按照国际惯例，完全应该归中华人民共和国所有。事实上中国大陆留学生也一直在这里居住。后来台湾有人上诉日本京都地方法院，要求大陆留学生迁出光华寮。京都地方法院根据中日联合声明的精神作出裁定，驳回了原告的要求。但是后来，京都地方法院居然推翻了原来的判决，以中华人民共和国不能完全继承旧政府在外国的财产为由，将光华寮改判为台湾当局所有。这实际上是以司法裁判的形式公然制造"两个中国"或"一中一台"的政治问题。

一座房子，但这牵涉到究竟是一个中国还是两个中国或者是"一中一台"的原则问题。日本政府，包括中曾根首相，都说只有一个中国，但是光华寮的判决显然违背了中日联合声明和中日和平友好条约，也违背了国际准则。有的日本朋友议论，可以把光华寮买下来给中国。行不行呢？我说不行，这不是几个钱的事情，而是关系到国家领土主权的问题。希望日本政府有所作为，把光华寮问题处理好[1]。

我们[2]都是年近八十岁的老人了，人生七十古来稀，我们没有什么个人的企图，只希望我们的国家昌盛。

我们应向前看，使大陆、台湾搞好关系，早日实现国家的统一，使我们的国家发达兴旺，提高中国在世界上的地位[3]。

---

[1]　选自《李先念传（1949—1992）》下，中央文献出版社 2009 年版，第 1322 页。

[2]　指李先念与胡秋原。1988 年 9 月，台湾"立法委员""中国统一联盟"名誉主席胡秋原回大陆观光，探讨发展两岸关系问题。13 日，李先念会见并宴请了这位来自台湾的湖北老乡。两位老乡谈起国家统一问题，情真意切，语重心长。

[3]　以上内容选自《李先念传（1949—1992）》下，中央文献出版社 2009 年版，第 1327—1328 页。

第十二章　担任全国政协主席

一、全面推动政协建设

背景：一九八八年春，李先念当选为全国政协第七届委员会主席。在新的领导岗位上，他从人民政协的职能和特点出发，坚持和完善中国共产党领导的多党合作和政治协商制度，促进中国社会主义民主政治的建设和发展，团结全国各阶层、各民族、各党派的代表人士及海内外一切爱国人士，为保持社会的政治稳定，经济的协调发展，实现祖国的统一大业而奋斗不懈。

（人民政协）要真正做到风雨同舟、和衷共济，就要发扬民主，实事求是，认真协商，总结经验，以便在重大问题上达到一致的认识。在这样基础上的团结和稳定，才是牢固的团结和稳定①。

发扬民主，国家才有希望。不民主，国家就没有希望。即使再有学问的人，也要善于听取不同意见。顺耳的听起来很舒服，不同意见听起来很难受，这就要硬着头皮听不同意见。不同意见也不一定正确，那就要解释、等待。共产党也好，各个民主党派也好，各族人民也好，就是要服从真理，在真理面前人人平等②。

你总不能说开会时间同志们只能讲好话，不能讲坏话③。准讲什么，不准讲什么，总不能这样说，那成了什么民主啦。既然请他来开会，他就要讲话，你总不能只准讲一，不准讲二④。

---

① 选自李先念：《在全国政协七届二次会议闭幕会上的讲话》，《人民日报》1989 年 3 月 28 日。

② 选自李先念同出席全国七届政协一次会议各民主党派的主要负责人、无党派爱国人士和全国工商联的代表座谈时的讲话，1988 年 3 月 29 日。参见《李先念年谱》第六卷，中央文献出版社 2011 年版，第 437 页。

③ 在全国政协七届二次会议前夜，社会上出现一些不稳定因素，各种议论很多。有人顾虑反映到政协大会上来，可能会造成不好收拾的局面。

④ 选自李先念在全国政协委员会党组第七次会议上的发言记录，1989 年 3 月 6 日。参见《李先念传（1949—1992）》下，中央文献出版社 2009 年版，第 1372 页。

一九八八年三月二十四日，李先念（左二）与王任重（左三）、方毅（左四）、钱学森（左一）在全国政协七届一次会议开幕式主席台上。

同其他方面的民主建设一样，在实行共产党领导的多党合作、实行政治协商和民主监督等方面，还存在一些问题，还有一些不能令人满意的地方。我们必须不断改进，不断完善。在我们政协工作中，要加强共产党员同民主党派成员和各界人士的紧密合作，使各民主党派和各界爱国人士能够更加切实有效地参与重大决策之前的协商，实行对党和政府工作的民主监督，在国家政治生活中更好地发挥作用。我们还要继续努力，使政治协商和民主监督走向经常化和制度化。所有这些都是毫无疑义的。但是，在中国绝不能实行西方那样的多党制，搞什么反对党。有些坚持资产阶级自由化立场的人，想按照西方的多党制、轮流执政的思路来搞政治体制改革，实质上是妄图否定人民群众当家作主的社会主义民主制度，而实行西方资产阶级民主制度。那样做势必导致取消共产党的领导、否定社会主义。这是绝对不能允许的，我看，开个小口子也不行。这关系到我国的根本制度，是丝毫也不能动摇的。在这场动乱①中有人说，中国的八个民主党派可以成为"准反对党"，说各民主党派同共产党的关系可以是"小骂大帮忙"的关系，甚至说，如果民主党派的"尖锐意见比方励之还方励之，方励之就不起作用了"。这些说法都是完全错误的。这是对各民主党派的诬蔑，也是对共产党领导的多党合作和政治协商制度的严重歪曲②。

---

① 这场动乱，指 1989 年政治风波。

② 选自李先念：《在七届全国政协主席扩大会议上的讲话》，《人民日报》1989 年 10 月 12 日。

全国政协与地方政协不是领导关系，而是指导关系，其目的都是为了搞好政协的工作，帮助政府把工作搞好。希望地方政协的同志认真地提意见，以利我们改进工作。毛主席当年提出，没有调查研究就没有发言权，这话说得很好。没有了解情况就大发一通议论是不负责任的。我们政协必须加强调查研究工作，只有这样才能真正做好"政治协商、民主监督"。一句话，只有调查研究，才能参政议政[①]。

附：宋德敏[②]等的回忆

先念同志领导政协工作期间，给我们印象最深的，就是他总是从当前国际国内的形势出发，从大局出发，从国家和人民的根本利益出发，筹划和部署政协工作，始终使政协工作服从和服务于党和国家的总任务，充分发挥政协的作用。自一九八八年以来的这几年里，正是我国面临和经受了国际国内严峻形势的考验并获得稳定发展的时期。国际风云急剧变幻，国内局势一度动乱。经济建设和改革开放经过前几年的大发展转入治理整顿、深化改革，并为新的高速发展准备条件。在这种特定的情况下，怎样开展政协工作，是他所经常考虑的。所以当他同王任重副主席和其他副主席以及我们研究政协工作时，从来不是就政协谈政协，而是首先同我们谈国际形势，谈国家的经济状况，谈社会动向，谈党中央确定的全国任务，进而把政协工作同这种大形势和总任务联系起来，确定政协应当做什么和怎么做。他最关心和经常抓住不放的，一是我国经济持续协调稳定的发展和改革开放，一是我国在共产党领导下各族人民的团结和社会政治稳定。一句话，也就是党的一个中心、两个基本点的基本路线的全面贯彻执行。每次谈话之后，都使我们有豁然开朗之感，更加自觉地把政协工作同全党全国的中心任务紧紧联系起来。前几年先念同志身体比较好，一般都是亲自主持各种会议，会见各界人士，研究工作，商讨问题，还亲自会见海外客人和台港澳同胞。这两年因年老体弱，许多事委托王任重副主席和其他副主席去做，但重大问题他仍十分关心，经常找

---

① 选自李先念在各省、自治区、直辖市政协主席工作座谈会上的讲话，1988 年 4 月 13 日。参见《李先念年谱》第六卷，中央文献出版社 2011 年版，第 443 页。

② 宋德敏，曾任中国人民政治协商会议第七、八届全国委员会秘书长，全国政协机关原党组书记。

他们一起研究，并给予指示。甚至在住院治病期间都是如此①。

二、努力维护社会政治稳定

四项基本原则必须坚持，否则我们的事业没有根基，没有方向。这些年来，有些人可能丢得差不多了。

研究当代资本主义的新特点，或者叫资本主义的再认识，是必需的。但是，不能借此宣扬资本主义制度一切都好，指责社会主义制度一无是处。

只讲物质利益，不讲精神文明，不讲理想、信念，那我们的社会就变成一个思想混乱、精神空虚的社会。何况，现在我们并没有那么多物质。

党的领导必须加强，思想政治工作必须加强。这是我们党的优良传统，这几年都有所削弱。最近，中央强调提出这个问题，我完全赞成②。

政治稳定和经济稳定是相互作用、不可分割的。有了这两个稳定，也就会有整个社会稳定的局面。这样，我们的各项工作，才能有领导、有步骤、有秩序地进行。任何损害经济稳定和政治稳定的行为，任何违反四项基本原则和违反改革开放方针的做法，都将严重危害我们的事业，严重危害全国各族人民的根本利益，都必须坚决防止和反对③。

（一九八九年）四月份我在宜昌发高烧，北京派车来接我回去治疗……到了郑州，才清醒过来。他们在车上给我输液。回到北京后，我病情稍好转一点，秘书来向我汇报，他讲话时吞吞吐吐，说胡耀邦同志逝世之后，有十万人在天安门集合游行、静坐，局势很紧张。中央还发了"四·二六"社论。

我听完秘书的汇报后，当即给小平同志打了个电话，支持坚决平息动乱，支持小平同志的工作，尽快采取有力措施来平息北京的事态④。

一九八九年四五月份，我正在发高烧，八十多岁的人受不了，又休息不好，因为国家在生死存亡之际，作为一个共产党员也顾不得发烧了。如果说党不领导人民打退资产阶级进攻，我们今天是不是东欧啊？当时我们是这么认识

---

① 选自宋德敏等：《意志如钢——悼念全国政协主席李先念同志》，《人民日报》1992年8月18日。

② 以上内容选自《李先念传（1949—1992）》下，中央文献出版社2009年版，第1350页。

③ 选自李先念：《在全国政协七届二次会议闭幕会上的讲话》，《人民日报》1989年3月28日。

④ 以上内容选自李先念谈话记录，1989年8月6日。参见《李先念传（1949—1992）》下，中央文献出版社2009年版，第1355页。

的，这不是一般的群众闹事。有一次政治局会议我插了几句话，说现在是两个司令部的斗争，一个是资产阶级司令部，一个是无产阶级司令部。有些同志说我把问题提高了，我说不，一点不高[1]。

广大青年学生提出反对"官倒"，惩治腐败，促进民主，希望社会进步、国家富强，等等，愿望是好的，他们的许多要求也是合理的。我们的工作中确实存在失误，我们的队伍中确实有腐败现象，我们的民主和法制建设确实需要加强，学生们的愿望和要求，也是我们广大共产党员、各民主党派、广大知识分子和各界人士的共同愿望和要求，同党和政府的目标是一致的。他们所表达的愿望和要求，对帮助党和政府纠正失误、清除腐败，会起一定的推动作用，这是有积极意义的，党和人民不会看不到这一点。但是，现在这种任意采取罢课、游行、示威、绝食、静坐请愿的方式，我认为是不妥当的，也是不赞成的。因为这些方式于国、于民、于他们自己都不利，也无助于问题的解决，而且会被极少数人所利用，造成动乱，走向广大青年学生善良愿望的反面。事态的发展已经完全证明了这一点[2]。

一九八九年五月二十七日，李先念主持政协第七届全国委员会第十八次主席会议，传达学习中共中央关于反对动乱、维护社会安定的指示精神，坚决拥护中共中央和国务院作出的正确决策。

---

① 选自《李先念年谱》第六卷，中央文献出版社 2011 年版，第 519 页。
② 选自李先念：《在全国政协主席会议上的讲话》，《人民日报》1989 年 5 月 28 日。

一九八九年的动乱和反革命暴乱，是在国际国内特定的气候下发生的，情况确实错综复杂。因此，对青年学生和犯了一般性质错误的同志，应该宽大为怀，既往不咎，而且还要满腔热情地帮助和团结他们。但是，十多年来，在坚持四项基本原则和反对资产阶级自由化的反反复复的斗争中，那些面目已经暴露无遗，而且实践一再证明顽固坚持反动立场的人，让他们改也难。对这种人，就是要理直气壮地坚决予以处理，至少要在一定的范围内揭露其真正面目，让他们没有"市场"。绝对不能造成搞自由化的人不臭，反自由化的人不香的局面。不坚决反对自由化并同搞自由化的人划清界限，就不能团结大多数，不能有安定的局面①。

三、关心党和国家各项事业的发展

农业搞不上去，什么都不好办，什么四个现代化，一个现代化也没有②。

我国是有十亿人口的大国，谁也养不起，农业问题主要是粮食问题，"无粮不稳"，什么时候都不要忘记，睡觉的时候也要记住③。

抓好农业，才能稳定经济，稳定市场④。

要教育各级干部保护农民的耕地，不要随意浪费和侵占。一亩好的耕地，能收一千多斤甚至两千斤粮食，可以养活二三个人。占用这样一亩耕地就等于砸了二三个人的饭碗。从这个意义上讲，乱占耕地就等于犯罪⑤。

用化肥我是同意的，但不能光用化肥，也应该用有机肥料。（二十世纪）五十年代邓老⑥是分管农业的，他说过一句话，很生动，也很粗鲁。他说："中国的农业就是要靠两个屁股（指人粪、牛粪）。"他说的有道理，也很科学。化肥要用，但不能忽视有机肥料，没有有机肥料，地力就要下降。一旦到了地

---

① 选自李先念给江泽民并中共中央政治局常委的信，1991年6月12日。参见《李先念年谱》第六卷，中央文献出版社2011年版，第554页。

② 选自李先念在河北视察时的谈话要点，1988年4月。参见《李先念传（1949—1992）》下，中央文献出版社2009年版，第1335页。

③ 选自李先念给时任湖北省委书记关广富的信，1988年。参见《李先念传（1949—1992）》下，中央文献出版社2009年版，第1336页。

④ 选自李先念在大连视察时的谈话，1988年7月。参见《李先念传（1949—1992）》下，中央文献出版社2009年版，第1336页。

⑤ 选自《李先念年谱》第六卷，中央文献出版社2011年版，第445页。

⑥ 邓老，指邓子恢。

力下降的时候，哭也晚了①。

党的十一届三中全会制定的路线、方针、政策是正确的，坚持这一条不能动摇。要重视发展农业，保证粮食稳产高产，要依靠政策调动群众积极性，依靠科技提高生产水平。要十分珍惜耕地，中国人多地少，乱占一亩耕地就等于是谋害三条人命。要抓好水利设施的配套。要抓好农村教育事业，教育是立国之本，没有文化是搞不了现代化的。过去，农民肚子里有点油水，就花钱去修庙宇敬菩萨。我们要引导农民花钱去建学校办教育，把娃娃们培养好。要大力发展地方工业，发展乡镇企业，把地方搞富，把群众搞富，共产党打天下，就是叫人民群众过好日子，老是贫穷算什么社会主义②。

中国是个大国，该集中的不集中，该统一的不统一，四化建设很难成功。

改革也好，开放也好，中央手里必须有一把"米"，才能把"鸡"叫过来。如果连"鸡"都叫不过来，中央不掌握经济实力，没有权威，就很难做到集中统一。

改革开放快十年了，取得了很大成绩，也出现了一些问题。小平同志最近讲，要集中统一，要总结经验，抓住了要害。我很赞成。确实应该很好讨论，认真总结，真正总结出几条来。

随着经济的发展，相应地增发一些票子，是正常的。但是，财政挤银行，银行发票子，而且连续了好几年，这是不符合经济规律的。作为财经工作者，应该知道这个基本常识。银行也有银行的问题，有的时候也发热，乱贷款。

财政有赤字，在一定数量内，一年、两年还说得过去，发生了问题了比较好解决。连续好几年赤字，到底是什么原因，怎样解决，要有认真的总结，研究出一些办法才好③。

关于借外债问题，我一再强调三点，也可以说是我的三原则：一是不可不借，不可多借，能够不借外债最好。二是用得好，这是关键。就是说要用在重要的生产方面，发挥比较好的效益。如果用在买什么电冰箱、电视机等生活消费品方面，是要吃大亏的。三是还得起。杀人偿命，借债还钱。借外债必须考虑偿还能力④。

---

① 选自《李先念传（1949—1992）》下，中央文献出版社2009年版，第1338页。
② 选自《故乡人民深切悼念李先念主席》，《人民日报》1992年6月29日。
③ 以上内容选自《李先念传（1949—1992）》下，中央文献出版社2009年版，第1348—1350页。
④ 选自李先念同湖北省和武汉市领导座谈时的讲话，1988年6月。参见《李先念传（1949—1992）》下，中央文献出版社2009年版，第1343页。

现在有些地方风气不好，说假话、大话，报喜不报忧。企业管理不讲质量，事故不断，这些都是有历史教训的。现如今管理经济工作的人，有多少懂得大庆的"三老四严"①？又有几个人按照"鞍钢宪法"②管理企业？我们花代价总结的经验不用，而那些发达的工业化国家却在学习我们的管理办法，这不值得反思吗？③

附：李先念关于经济发展规划几点想法给江泽民的信（一九九○年十二月二十一日）

江泽民同志：

中共中央关于制定十年规划和"八五"计划的建议，仔细听读了一遍，总的说是赞成的，现在这个样子已经算不错了。

有几点想法，供你参考：

一、《建议》的基本指导方针中提到，要保持财政、信贷、物资、外汇的各自平衡和综合平衡，这是多年不提了的，我听了非常高兴。我担心的是不容易做到。从目前情况和明年的计划安排看，固定资产投资规模、信贷投放和货币发行规模仍然不小，赤字也压不下来，这是一个很大的潜在危险。在十年规划和"八五"计划的制定和执行中，要特别注意防止出大问题。

二、在财政体制改革中提到，把经常性预算和建设性预算分开。经常性预算坚持不打赤字，这是完全正确的；建设性预算可以举借内外债，这就一定要有一套行之有效的约束办法，坚决防止失控。

三、在经济体制改革部分中提到，坚持公有制为主体，增强国有大中型企业活力等等，这些原则是很好的。但是，目前私营企业、乡镇企业和三资企业很有"活力"，而国营企业特别是大中型企业（包括工业和商业）却困难重重。这种私挤公、小挤大的现象如不改变，而且任其发展，公有制为主导就是一句空话。《建议》中原则都有了，关键是要

---

① 大庆的"三老四严"，指对待革命事业，要当老实人，说老实话，办老实事；对待工作，要有严格的要求，严密的组织，严肃的态度，严明的纪律。

② "鞍钢宪法"，指实行干部参加劳动，工人参加管理，改革不合理的规章制度，工人群众、领导干部和技术人员相结合管理企业。

③ 选自漆林：《难忘的教诲 深切的怀念》，《李先念生平与思想研究》，中央文献出版社2011年版，第198页。

有具体措施，并且能够坚持实行。

四、《建议》中关于科技体制改革和知识分子政策的方针都很好。我的意见：一是对有关国民经济发展的重大科技项目，要给人给钱、组织攻关；二是要有一套把科技成果和经济建设相互结合的有效办法，但是要改善知识分子的工作条件和生活待遇。这几件事都要抓住不放，有切实的办法一件一件解决，不能光是一般号召。关于这个问题，前不久我写过一封信，意思就是要"起步走"，这里就不多说了。

五、我们的国家大，情况复杂，发展很不平衡，需要解决的问题很多，经济工作难度确实很大，采取谨慎的态度，逐步地解决问题，这是对的。但是，在工作方法上我觉得应该尽量克服一般化和面面俱到的做法，要抓住一些关系全局的关键问题，一个一个地深入研究，彻底把情况搞透，真正把各方面的好意见集中起来，订出具体措施，并且抓住不放，一抓到底，直到问题真正解决为止。

六、现在国内还存在一些不安定因素，还存在阶级斗争，资产阶级自由化思潮的影响仍不可低估；国际局势也动荡不定，存在一些不利因素，还可能出现预料不到的事变。凡事预则立，不预则废。我们要充分考虑这些情况，考虑到可能出现的最困难局面。在制订和实施社会发展计划时，要具体地、充分地体现坚持四项基本原则，坚持公有制为主体，加强和改善党的领导，坚持独立自主、自力更生，防止和平演变等重大原则和方针，力争做到有备无患。

现在经济工作中存在的问题，很多是长期积累下来的，你们的难处我都知道。上面提到的这些问题，其实你们也是清楚的。有些事只好慢慢来。但是，适当集中、治理整顿、调整产业结构、理顺经济关系、完善和深化改革措施的决心，一定不能动摇，要有锲而不舍的精神。

我多年不管经济工作了，情况了解得不多，不知道说的对不对，只供你参考。

李先念
一九九〇年十二月二十一日 ①

---

① 以上内容选自《李先念传（1949—1992）》下，中央文献出版社 2009 年版，第 1362—1364 页。

四、关注扶贫和老区发展

中央、国务院批准我出任"中国贫困地区发展基金会"名誉会长，我意：一、国外的赞助，可以接受，但不要卑躬屈膝、低三下四到处"化缘"；二、国内外赞助的钱，一定要用在贫困地区发展生产上，绝对不能挪作他用；三、贫困地区归根结底要依靠广大群众，以艰苦奋斗、自力更生的精神，努力发展生产，特别是农林牧副渔各业生产，否则永远也不可能改变贫困面貌[①]。

一九八九年三月十三日，李先念出席在人民大会堂举行的中国贫困地区发展基金会成立会，并出任名誉会长。

搞好扶贫，造福当代，荫及子孙，功在千秋[②]。

沿海经济比较发达的地区与贫困地区，通过干部交流，促进贫困地区的经济发展，是扶贫工作的一项创举。

在党中央和国务院领导下，我们的扶贫开发工作取得了很大成绩。贫困地区人民已经基本上解决了温饱问题，但是标准低，不稳定，困难多，一遇自然灾害，仍有复贫的可能，绝不可能掉以轻心。扶贫济困，是我国人民的传统美德。共同富裕，是我们社会主义的奋斗目标。我们应当在自力更生为主的方针下，通过先富帮后富，发达帮贫困地区，促进改革开放，促进经济协作，尽快把我国的国民经济搞上去。扶贫工作是一项伟大的事业。扶贫工作也要进一步

---

① 选自李先念给项南、林乎加、朱荣的信，1989年2月1日。参见《李先念年谱》第六卷，中央文献出版社2011年版，第466页。

② 选自《李先念传（1949—1992）》下，中央文献出版社2009年版，第1376页。

解放思想、深化改革。要努力探索扶贫开发的新路子，加快扶贫开发的步伐，推动贫困地区经济的全面发展①。

要尽快改变老区仍然贫穷的面貌，国家当然要大力扶持，但重要的是群众不能丢掉艰苦创业的精神，基层干部要充分调动并保护群众的积极性。同时要教育青少年，把艰苦奋斗的传统一代一代传下去，无论在什么时候，丢掉了这个精神和传统就什么事情也干不成。老区经济建设要上台阶，关键是要发展生产②。

过去家乡人民闹革命都很勇敢，那里的人民多好啊！没有他们的支持，革命是不能成功的。老区人民对革命做出的牺牲太多了，如果我们不能让他们富起来，不能让家家户户都富起来，我们就太对不起他们了③。

如果说我现在有什么心思的话，那就是老区的建设怎样加快。这些年来，我想了两件事：一是在陕北建设一个大化工基地，充分利用陕北的煤和石油，带动整个大西北的经济腾飞；二是在四川建设一个大的冶金基地，用贵州的煤，冶炼攀枝花的矿石，综合开发，推进整个大西南经济的发展④。

① 选自李先念致中国扶贫基金会举办的经济较发达地区与贫困地区干部交流工作座谈会的贺信，1992年5月27日。参见《李先念年谱》第六卷，中央文献出版社2011年版，第580页。
② 选自《李先念年谱》第六卷，中央文献出版社2011年版，第444页。
③ 选自耿协南：《难忘的教诲，无尽的思念》，《伟大的人民公仆——怀念李先念同志》，中央文献出版社1993年版，第509—510页。
④ 选自邹爱国等：《情满青山——李先念同志骨灰撒放记》，《人民日报》1992年7月8日。

第十三章　情怀与风范

一、谦虚谨慎　襟怀广阔

我是一穷二白，一无所有，什么工作方法，指挥水平，领导艺术，都是学来的[①]。

如说西路军左支队出山后打安西是李特主张的，不对头。不能说对的都是我指挥的，打了败仗就是李特的。那是我决定的，当时不晓得有那么多敌人，想发个"洋财"[②]。

有个别同志，在七大以后犯了比较严重的错误，是属于政治上的一些问题，但是他们都作了检讨，而且都是很有工作能力的同志，我认为这些同志都是很好的。不能说犯了错误的人就是一生错下去。拿我这个人来说，我也是历史上犯过严重错误的，张国焘路线，不管是盲目的也好，怎么也得算一条，七大以后的工作中也有错误。但是我想，今天在中央领导之下，总是想不犯大错误就是了[③]。

在提中央委员会候选名单的时候，我没有提过意见的，但是在刚才政治局候选人名单公布之后，对我来说，等于晴天霹雳，心情极端沉重。无论从哪方面来讲，能力和资历，就在中央工作的时间来说，不应当提到我的。比我能力强、资历深和在中央长久工作的同志多。将我的名字摆上，对党对我个人都是不好的。而且应当说到，我的年龄虽然比党内一些同志小些，但身体也不好，经常头痛，因此，不行、不顺，我算是最突出的。为此，我真心请求将我的名字删掉。还是让我在中央机关做一点工作，这对我还是一个锻炼。这是我的衷心话。时间急迫，心情不安，要求中央慎重考虑[④]。

---

① 选自洪学智等：《他永远活在人民心中——痛悼李先念同志》，《人民日报》1992 年 7 月 20 日。

② 选自李先念同秦基伟等人的谈话，1982 年 11 月 9 日。参见《李先念年谱》第六卷，中央文献出版社 2011 年版，第 171 页。

③ 选自李先念在中共八大预备会议第二次会议上的发言，1956 年 9 月 10 日。参见《建国以来李先念文稿》第二册，中央文献出版社 2011 年版，第 57 页。

④ 选自李先念给陈云、邓小平并报中央、毛泽东的信，1956 年 9 月 27 日。参见《李先念年谱》第二卷，中央文献出版社 2011 年版，第 676 页。

一九五六年九月十五日至二十七日，李先念（中间前排左六）出席在北京举行的中国共产党第八次全国代表大会，并在八届一中全会上当选为中央政治局委员。

党中央历来反对浮夸。财政部门有无浮夸风呢？我看是有的。我向来不同意财政放卫星。但有的仍放了卫星。有的是寅吃卯粮，有的是未收先报。命令风有，瞎指挥风也有。工作中的缺点，主要应由财政部负责，首先是由我负责①。

考虑到小平、陈云同志在我们党内的突出贡献和他们的历史地位，剑英同志和我曾建议把小平、陈云往前排，这次会议②也有些同志提出类似建议。小平、陈云和其他常委认为，还是不变动为好，以免引起国内外不必要的猜测。这是一件大事，所以常委决定一并提请全会以投票方式决定，并希望大家一致同意政治局的这个建议③。

我认为，作为一个国家领导人，处理重大问题，即使是自己负责的日常工作，谨慎一点，周到一点，多花些时间和精力作调查研究，反复酝酿和讨论，是必要和值得的④。

① 选自《李先念论财政金融贸易》上卷，中国财政经济出版社 1992 年版，第 439—440 页。
② 这次会议，指十一届六中全会。
③ 选自《李先念年谱》第六卷，中央文献出版社 2011 年版，第 143 页。
④ 选自《李先念文选》，人民出版社 1989 年版，第 493 页。

附：李先念回忆毛泽东在一九五五年关于授衔问题与他的谈话

毛泽东：军队要实行授衔，给你授什么衔呀？

李先念：我什么衔都不要，在你领导下，当一名上士班长，有工作干就行了。

毛泽东：那好。我们想到一起去了。你不要军衔，可是红四方面军要评出一位大将，你看评谁好啊？

李先念：论资历凭条件，比较合适的不会有争议的就是王树声同志了①。

二、坚持原则　实事求是

我不是文艺工作者，写不了文艺作品，搞不了音乐，演不了戏，唱不了歌，说的都是外行话。我本人虽是个门外汉，却很喜爱文学。喜爱文学，喜爱艺术，这是多数人的共同兴趣，工农兵及一切人民都是喜爱文艺的。但究竟他们喜爱什么样的文艺？是喜欢革命的文艺，为他们服务的文艺。我们的文艺工作应该走什么路线呢？是走多数人的路线，还是走少数人的路线呢？这就是首先应该研究，应该解决的问题。我们的文艺应该是为大多数人民服务，不是为少数人——帝国主义、官僚资产阶级及地主阶级服务的。这一点，首先应该在观点上确定。对为帝国主义、官僚资产阶级、地主阶级服务的文艺，应与它进行无情斗争；对站在小资产阶级立场，把自己的作品当作小资产阶级的自我表现的文艺，也应加以批判。这就是我们文艺工作者要走的道路。要是不确定这条路线，不站稳这个立场，你的文章、诗歌、音乐等再好，艺术再高，也是没有人喜爱的。因为不适合于劳动人民，劳动人民就要摒弃它！反革命的、反人民的"文学家""艺术家""哲学家""科学家"，不管他的文章写得怎么好，总还是替反动统治阶级服务，早就被人民赶开了，丢掉了，丢到厕所里去了。为工农兵服务，才是正确的方向，工农兵才欢迎你。

文艺的目的是什么呢？一个文学家写了一篇文章，一个音乐家写了一支曲子，一个诗人写了一首诗，是为什么要写要作的呢？应该是为人民大众的，为新民主主义的建设。不能把笔一丢，不问目的就算了事。有的人非常自私，只管"艺术""美丽""灵感"，效果如何却放开不管。效果怎么样？应该检查。

---

① 选自《李先念传（1949—1992）》上，中央文献出版社 2009 年版，第 410 页。

我们应该把劳动人民的思想感情、生活、斗争的日常现象组织起来，集中起来，典型地表现出来，不管用哪一种艺术去表现都行，总要为劳动人民所喜闻乐见的，总要能在社会上起作用——启发人民觉悟，并使人民组织起来，以推动历史的前进。

无论是小说，是诗歌，是剧本等，在原则上应是严肃的，但也是活泼的、愉快的。同时，应该是写实际的，不要歪曲现实，也不要过低估计现实，做现实的尾巴。没落的统治阶级，总是造谣，不说实话，他们是要失败的。我们革命的文化工作，要脚踏实地，不说一句假话。作品的政治性、思想性是重要的，同时又要是愉快的、活泼的。前些时，我看了一部电影，也不错，只是有几个场面，我看是不合实际的。它用花轿抬新娘，把新娘换成了一头猪，猪在轿子里哼哼，难道别人还不知道？轿门一打开，有些人就拍掌大笑——这样的表现是不实际的，是庸俗的。这就是制片子的文艺工作者没有注意到现实生活，不够实际，也不够严肃。我们劳动人民是实际的、朴素的，我们的文艺也就应该是实际的、朴素的，不要过于夸张，不要庸俗①。

写战史和回忆录，当然不是一回事，但是目的是一个，为了研究历史和总结历史经验，指导当前和以后的工作，教育后代继承和发扬光荣革命传统。因此，一定要按照历史的本来面貌写。这样，才有价值。许多回忆录就写得很好，给人以启发、教育、鼓舞，使没有经历过激烈阶级斗争的同志，知道了革命创业的艰难，党和红军的伟大，激励大家自觉地向革命前辈学习，做好工作。但据说有的回忆录就不那么实事求是，别人看了产生怀疑，这就失去了意义；有的甚至造成了混乱，起了相反的作用。即使在一些小事情上，也要尽量做到符合历史事实，否则别人会怀疑你其他事情是否也讲了假话？这样的文章，即使文字写得再漂亮也起不到应有的作用。个人回忆，是很有限的，这不仅由于当时每个人的工作岗位不同，还因为人的记忆不可能完全准确，要求搞回忆录像写历史那样全面系统，不应该，但要求反映的一个侧面，一件事要符合历史实际，要真实，则是可以做到的。

红四方面军的历史很丰富，大大小小的事情很多，而且曲曲折折，极其错综复杂。不能什么都写。如果什么事情都要写上，不但篇幅长得不得了，而且也写不清楚。我们讲要实事求是，不仅是要符合历史事实，把主流写清楚，把

---

① 以上内容选自李先念在湖北省第一届文代会上的报告，1950年9月22日。参见《建国以来李先念文稿》第一册，中央文献出版社2011年版，第110—111页。

主要历史进程和基本经验教训写清楚，更重要的是要阐明历史发展的规律。许多事情，在当时是在实践中，是对是错还看不清楚的。在激烈的战争环境中，也没有那么多时间去仔细思考。现在回过头来看，又有充裕的时间可以冷静分析研究，就可以看得比较清楚了。可以从历史发展的正确和错误、顺利和挫折、胜利和失败中，把带规律性的东西总结出来，作为历史的借鉴，给人以启发，使人读了以后能受到教育和鼓舞。

写好这段历史一方面要收集大量历史资料，掌握第一手材料，分析研究，去粗存精，去伪存真；另一方面请一些老同志回忆当时历史情况，挖掘活材料、并把这两个方面很好地结合起来。光凭记忆不可靠，人云亦云靠传闻更会出偏差。军事斗争保密性很强，当时许多事情的来龙去脉，知道的人就不多。即使是同时期的人，没有亲身经历，也不清楚。历史上有些大事，在当时我就不清楚，后来才慢慢弄清楚。后人来写，有好写的一面，就是比较超脱，可以更客观些，不好写的一面是历史不熟悉，这就要认真收集各方面的史料，反复研究，有疑难的地方更要深入钻研，这样才能把它搞准确，才能写出有较高水平的著作。对历史上的一些问题有不同看法，这是正常的，不仅是允许的，而且应该鼓励和引导进行正常的争论，这样有好处，可以推动大家进一步去收集材料，深入思考，充分论证，弄清是非，统一认识，作出符合历史实际的结论来。写历史是一项很严肃的工作，要对历史负责，对人民负责。不但要对前人负责，而且也要对后人负责。要有高度的责任感。总之，要严肃认真，实事求是。

历史上有些问题是错综复杂的，大家在看法上不一致也不奇怪。但是一定要顾全大局，要有利于党内、军内的团结，有利于军政、军民的团结，尤其是公开发表文章更要特别注意这个问题。在曲曲折折的斗争中，有过这样或那样的问题，在写到这些问题的时候，要把党的利益和人民的利益，放在第一位，特别是写回忆录，绝不可去计较个人恩怨。有些问题由于历史条件的限制，一时搞不清，或者认识不一致，可以留给后人去继续研究，相信后人能够根据历史资料作出恰如其分的结论。当然，如果对一些严重违背历史事实的作品有意见，在党的会议上讲一讲，或者向中央反映，也是允许的[①]。

---

① 以上内容选自《李先念同志关于编写红四方面军战史和革命回忆录问题的谈话要点》，《中共党史研究》2009 年第四期。

一九八八年六月，李先念在北京接见出席红四方面军战史
修改领导小组会议的红四方面军老战士。

做人难呐，湖北人骂我，说我不帮湖北上项目、拨资金，湖北吃了亏，所以湖北的国民生产总值往下掉，干部的工资低。我说，我不是湖北的副总理，更不是红安的副总理，我要考虑全国的大局；周边省的人说我李先念巴家，好项目专门往湖北放，如武钢"一米七"轧机、二汽、葛洲坝、三峡工程。我里外不是人。他们是瞎猜，上这些项目是要经过反复论证的，是要根据全国生产力的布局，交通资源等多方面的条件，经集体研究才能决定的，并不是因为我是湖北人就安排在湖北。把三峡工程定在上海行吗？上海有三峡吗？ ①

三、坚强党性　联系群众

长征中，什么危险的战斗也敢打，有时一个团打到只剩下一个连；只要一补充，马上又可以成为一个主力团，要不了多久，照样能打硬仗。为什么？就是因为有理想、有经验、经过锻炼②。

中国共产党在几十年中做了几件大事，打倒了三大政治敌人，胜利之后进入新的时期。但是帝国主义与国内阶级敌人还存在，即使将来阶级消灭了，他

---

① 选自漆林：《难忘的教诲 深切的怀念》，《李先念生平与思想研究》，中央文献出版社 2011 年版，第 197—198 页。

② 选自黄正夏：《打开国门，建设国际一流企业——缅怀李先念 1978 年视察二汽》，《李先念生平与思想研究》，中央文献出版社 2011 年版，第 697 页。

们的思想还不能一下子消除。同时，党内可能因胜利而产生骄傲自满情绪。二中全会上毛主席讲到警惕糖衣炮弹问题时还不理解，甚至感到还有点笑话的意思，实际上经过"三反""五反"，挽救了一大批人，才有所理解了。不仅防备资产阶级捧场，也还要经受得起党内同志的称赞。这对没有犯过比较重大错误的同志来说，尤应警惕①。

战争年代，谁要名利就是耻辱。现在有的党员以权谋私，这就是忘本，就是变质。党风不正，民风也就不正；党风正了，就可以带动整个社会风气好转。共产党人要当老实人，说老实话，办老实事，这样的人是不会吃亏的；不老实，说假话，投机取巧的人终究是要吃亏的②。

在"五反"运动中我们要提高认识，不要认为多吃三斤肉，多占一条凳子，钱不多是小事，就马马虎虎。我们这一代不反好，谁能保证下一代不产生修正主义？资产阶级的生活方式是很容易引诱人的，学舒服容易，学不劳而食容易，学艰苦奋斗不容易，我们一定要严肃对待此事③。

你④这次来采访，没有多的意见，希望你能深入群众，多写群众。我知道，现在有许多记者只注意写首长，不注意写老百姓，这是不对的。你要多参加群众活动，多写老百姓⑤。

作为党的高级干部，尤其要正确对待成绩，正确对待自己。如果一旦工作有了成绩，不能够把自己与党的利益摆正，贪功骄傲，就会跌得很重⑥。

只要不闹个人主义，一心为党工作，丢了乌纱帽也不怕，掉了还可以捡起来。不坚持党的原则，戴那样的乌纱帽也没啥味道。毛主席提倡"六不怕"⑦，提倡共产主义风格，我们应当按毛主席的指示办事⑧。

① 选自李先念在中南局常委会上的发言，1954年1月23日。参见《建国以来李先念文稿》第一册，中央文献出版社2011年版，第507页。
② 选自《故乡人民深切悼念李先念主席》，《人民日报》1992年6月29日。
③ 选自李先念在全国棉、药、麻加工企业工作会议上的讲话，1963年7月18日。参见《李先念年谱》第三卷，中央文献出版社2011年版，第608页。
④ 你，指1953年12月李先念视察麻城大坳水库期间的随同记者。
⑤ 选自《李先念年谱》第二卷，中央文献出版社2011年版，第494页。
⑥ 选自《李先念年谱》第二卷，中央文献出版社2011年版，第502页。
⑦ 1958年3月22日，毛泽东在成都会议上，提出"六不怕"："不敢讲话无非是：一怕为机会主义，二怕撤职，三怕开除党籍，四怕老婆离婚，五怕坐班房，六怕杀头。"他说：我看只要准备好这几条，看破红尘，什么都不怕了。难道可以牺牲真理封住我们的嘴巴吗？我们应当造成一种环境，使人敢于说话。
⑧ 选自李先念在中国人民银行分行行长会议上的讲话，1962年4月20日。参见《建国以来李先念文稿》第二册，中央文献出版社2011年版，第174—175页。

我认为，依靠党委，教育干部和群众自觉地遵守制度、遵守纪律，这才是真正的政治挂帅[1]。

搞经济工作绝对不能吹牛，我最讨厌这个，说空话、假话都不顶用。我们不能说假话，说假话不是共产党[2]。

党内问题要宽大为怀，对错误提起来可能有千斤重，放下去也不过四两。不要因为人有了错误就疑心，疑心太重没法活[3]。

你们不要以为我做了大官，当着我的面不敢讲[4]。我一没有买田地，二没有盖房子，只跟党做事，跟人民办事。也不要看专员在这里，县长在这里，区委书记在这里，不好讲。共产党的官，不论大小，都是为人民服务的，你们有什么讲什么，对现在的政策有什么意见，对政府工作有什么意见，都可以讲嘛！[5]

最近我看了些材料，也有人在我这里发牢骚，说干群关系紧张，干部拿着扁担打群众，或与群众对打。不是经常讲我们是人民的公仆、儿子，人民是主人、是老子吗？哪有仆人打主人、儿子打老子的道理？这不是屁股撒尿搞反了吗？现在有少数干部工作简单粗暴，不善于做群众工作，老百姓意见很大，批评干部只做两件事——"收款子、割卵子"[6]，还不如封建家族的族长，不如教会工作做得细致，一旦村里有人生病，教会还派人问候，找医师治病，送点生活补助，我看这是在与我们争夺群众啊！[7]

下决心彻底清除腐败现象。首先从高级干部做起，从我们这些老家伙做起。对于群众强烈不满的以权谋私行为和种种奢侈靡费现象，要一个一个地加以解决。干部子女绝大多数是好的，但也确有少数领导干部子女参与倒买倒卖。要吸收党外人士、群众代表参加清查，是什么问题就按什么问题处理，违

---

① 选自《李先念论财政金融贸易》上卷，中国财政经济出版社 1992 年版，第 436—437 页。

② 选自李先念在江苏视察时的谈话，1985 年 12 月 26 日。参见《李先念传（1949—1992）》下，中央文献出版社 2009 年版，第 1338 页。

③ 选自李先念谈话记录，1984 年 5 月 26 日。参见《李先念传（1909—1949）》，中央文献出版社 2009 年版，第 404 页。

④ 指 1963 年冬李先念回故乡红安视察，在李家大屋，李先念看到乡亲们有些拘束，便鼓动大家说说心里话。

⑤ 选自新四军研究会等编：《李先念传奇之旅：从乡村木匠到国家主席》，红旗出版社 2009 年版，第 259 页。

⑥ "收款子、割卵子"，指计划生育。

⑦ 选自漆林：《难忘的教诲 深切的怀念》，《李先念生平与思想研究》，中央文献出版社 2011 年版，第 194 页。

法的必须依法处理，绝不姑息。为了我们的党和国家，所有老同志都要下这个决心，带这个头①。

我们这些人所剩时间不多了，要在有生之年多为老百姓做点事。人生短暂，不能光想自己，要多为别人着想②。

四、爱护青年　保护干部

我去保他③，到师部找到政治部主任甘济时。我说：我们团里有个人，叫程世才④，被抓起来关在这里，大家都保他，说他不是改组派。甘说：那就很难说了，还有人说你是改组派呢！我说：我要是的话，就先供你出来。说完我们哈哈大笑。我就在那里等着他放人，放出来后我把程世才带回团里继续工作⑤。

老同志在战争年代有功劳，这不错，党知道嘛，人民知道嘛！但不能把功劳挂在自己的嘴巴上，成天当喇叭吹呀！年轻干部怎么不好，人家有文化，精力充沛，工作起来有朝气。当然，年轻人经验要少些，这有什么关系，你们年长的有经验的帮一帮就是了。我二十二岁当县委书记和县政府主席，二十四岁当军政委，二十六岁成了中央候补委员，也很年轻嘛，不也干过来了。总之，不要摆老资格，要支持年轻干部，不要妨碍他们的工作⑥。

上党校学习两年是好事，理论上要搞通，不然走弯路。你们年轻，要注意这个事。干部在下面锻炼一下好。我对年轻人寄予厚望。首先要学会做人，做一个真正的人。搞吹吹拍拍，哪谈得上党性？现在党风不正，你吹我，我抬你，互相利用关系做违法生意。群众意见大得很。你⑦不要理这一套，不要怕

---

　　①　选自《李先念传（1949—1992）》下，中央文献出版社2009年版，第1358页。

　　②　选自漆林：《难忘的教诲 深切的怀念》，《李先念生平与思想研究》，中央文献出版社2011年版，第196页。

　　③　李先念任红三十三团政治委员时，正值部队集中在白雀园搞"大肃反"。在当时的恐怖气氛下，保人保不好连自己也要掉脑袋。李先念不计个人安危，敢于仗义出马，大胆保护下级干部，初步赢得了全团指战员的尊敬和信任。

　　④　程世才，时任红三十三团二营副排长兼班长。

　　⑤　选自李先念谈话记录，1990年11月21日。参见《李先念传（1909—1949）》，中央文献出版社2009年版，第54—55页。

　　⑥　选自新四军研究会等编：《李先念传奇之旅——从乡村木匠到国家主席》，红旗出版社2009年版，第254—255页。

　　⑦　你，指湖北一位老战友的儿子。

这怕那①。

我们看干部要全面的看，要历史的看，不能仅看一时一事。建勋②同志从湖北到广西，三年困难时期又调河南，他做了大量的工作，是有功劳的；"文化大革命"中他在北京、河南说了些错话，办了些错事，有的人要打倒他，开除他的党籍，我说了几句公道话，就有人批评我包庇坏人，还点名批判刘子厚、白如冰、王谦等同志，以及国务院的几位部长。我说他们脑子在发热，十一届三中全会就提出拨乱反正，批判"四人帮"的怀疑一切，打倒一切，怎么"四人帮"倒了，我们又去拣起"四人帮"的棒子到处乱打呢？红军时期，内部搞肃反，打的对象是"改组派""AB团"，很多工农干部对"AB团"是什么东西都不知道，抓起来就杀了。我的哥哥被杀了，徐帅的老婆被杀了，你③的老子也被抓去杀头，走在路上被张琴秋看见，这才救了下来的。当时错杀了很多人，他们都是党的骨干，九死一生，国民党没有抓去，却给自己人杀掉了，痛心啊！后来有人问怎么办，我说，就一个办法"拖"，等大家冷静了再讨论，那时就客观公正了。"文化大革命"是个特殊时期，江青以毛主席夫人的名义发号施令，到哪个省你敢不应酬、不接待？一些省领导对她十分反感，又不得不笑脸相迎，那是违心的，并不是他们的本意；叶帅多次讲过，投鼠忌器，道理很明白嘛④。

五、廉洁奉公　生活俭朴

湖北那么大，要去的地方太多啦，红安是我的故乡，还是先人后己吧！⑤我没有那个权⑥哟，共产党的干部是干出来的，不是我口袋里掏出来的⑦。红安县委同志们：久不通信，甚为悬念！今日⑧去信，不为别事，只为今

---

①　选自李先念接见湖北一位老战友的儿子时的谈话，1985年7月7日。参见《李先念年谱》第六卷，中央文献出版社2011年版，第314页。

②　建勋，指刘建勋，曾任中共河南省委第一书记。

③　你，指漆林，时任国务院三峡办公室副主任。

④　选自漆林：《难忘的教诲　深切的怀念》，《李先念生平与思想研究》，中央文献出版社2011年版，第200页。

⑤　选自新四军研究会等编：《李先念传奇之旅——从乡村木匠到国家主席》，红旗出版社2009年版，第250页。

⑥　指在20世纪五六十年代，有的亲属、乡亲想通过李先念介绍到城里去安排工作。

⑦　选自《故乡人民深切悼念李先念主席》，《人民日报》1992年6月29日。

⑧　今日，指1984年10月26日。

后县里来人不要给我带任何东西。买东西是要付钱的，如果不付钱，那是占有别人劳动。这在党内是有规定的。请以后严格注意一下①。

你们②谁要经商，打断你们的腿！③

附一：陈高耀④的回忆

一九四一年秋，京山小花岭到了一批从后方大城市来的青年学生。李先念和首长们在当时十分困难的情况下，仍杀猪款待这批远道而来，投奔革命的青年。进餐时，有的学生不吃肉皮，把肉皮丢在地上。先念同志见了，一声不响，把肉皮捡起来弄干净，自己吃了。这件事对青年学生的教育很大。学生们展开讨论，有的学生说："领导着千军万马的李师长，吃我们丢下的肉皮，这对我们是无声的教育啊！"有的学生在检讨时痛哭流涕，表示一定要改掉阔少爷习气，养成艰苦奋斗的作风。先念同志以身示范的好作风无声地教育影响了周围的人们⑤。

附二：黄正夏⑥的回忆

我多次到先念同志家中请示工作，有时遇到他正在吃饭。他早饭常是一碗粥、一个馒头、一碟腐乳、一碟咸菜；中晚餐也不过是一荤一素一个汤，顶多再加个小碟子。留客人吃饭，也不加菜，只是数量多一点。一次，我曾当面说他生活苦了点，还比不上省委机关的伙食，要他注意保养身体。他毫不客气地说，苦什么，比起过去的生活，已经是天堂了。现在贫农、下中农生活都还很苦，大山区还是吃红苕，过着糠菜半年粮的生活，国民经济根本好转还得一段时间，个人生活太奢侈了，会丧失贫下中农感情的。

进城后，先念同志一直是军装不离身，从老解放区穿来的军棉衣、

---

① 选自李先念给中共湖北省红安县委的信，1984 年 10 月 26 日。参见《建国以来李先念文稿》第四册，中央文献出版社 2011 年版，第 254 页。

② 你们，指李先念子女。

③ 选自李小林：《大爱》，《人民日报》2009 年 6 月 25 日。

④ 陈高耀，曾为鄂豫边区保安司令部工作人员。

⑤ 选自李甫清：《大洪山的怀念》，《伟大的人民公仆——怀念李先念同志》，中央文献出版社1993 年版，第 543 页。

⑥ 黄正夏，早年曾参与第二汽车制造厂的筹建，并先后担任第二汽车制造厂厂长、二汽集团董事长、湖北省人大常委会副主任等职。

军大衣也穿了好多年。为了接待外宾，接见民主人士，才做了一套中山装。先念同志的宿舍、会客室，也没有什么豪华的摆设。除了毛主席肖像外，就是有一些书籍，一台电子管的收音机和接收时统一分配的两套旧沙发。进城快一年了，经过同志们的劝说，才添置了一套台球设备，实际上这是省委领导常来谈工作时的一种"工间操活动"，也是先念同志唯一的文娱活动。当时，我们曾建议购置一台收录机，录放一些唱片，并准备在重要会议时领导同志即席讲话后整理材料用，他听说要从香港进口，始终没有同意。

先念同志这种艰苦朴素的作风，到北京工作后还一直保持着，只不过房间大了些，多了几套沙发。我们去汇报，时间晚了，招待我们吃饭，但也只是四菜一汤，粗茶淡饭，根本不喝酒。在湖北时，出差外地，从不接受地方的招待，只是自己回到住地，仍然是一荤一素一汤的饭食。先念同志这种时刻想到人民疾苦，不因位高而脱离人民的作风，永远值得我们学习[1]。

附三：胡奇才的回忆

我向先念同志汇报了故乡的情况。我说，虽然解放多年了，但家乡人民的生活还是艰苦，温饱也没有解决，用电没有钱，烧柴也困难，你管扶贫工作，能不能给家乡一点照顾？他说："中央不是已经拨了些款，专门救济贫困县吗？"我说，那点钱不够哇。他又说："我是国家主席，不是红安县的主席，怎么好对红安搞特殊照顾呢？"前不久，国家决定修建"京九铁路"，计划中有一条从干线至武汉的联络线，对这条联络线的走向有三个方案，其中有一个方案是路过大别山腹地麻城、红安，这样麻城、红安以及周围的几个山区县的农副产品就可以通畅地运出去，外面的东西也可以运进来，这对大别山老区的建设具有重大作用。红安的领导同志来京找李主席，他听了反映后觉得合情合理，就与铁道部和湖北省的同志商量，建议确定这个方案，并建议在红安的八里湾设站。红安人民知道后高兴得放鞭炮。如果说这也算为家乡谋"私"

---

[1] 选自黄正夏：《永不磨灭的印象》，《伟大的人民公仆——怀念李先念同志》，中央文献出版社1993年版，第441—442页。

的话，那么，在我的印象中，这是先念同志一生中唯一的一次①。

六、革命友谊　大情大爱

我就喜欢穿中山装，别人一看，就知道我是中国人②。

我参加过不少宴会，在国外也尝到过不少美味佳肴，但印象都不深。在我的记忆里，还是我家乡的炸臭干子、炸绿豆巴最好吃③。

我是农民大学的，校长是毛泽东。我还没有毕业，我还要好好学习④。

恩来同志是我的老战友、老领导，素来为我所敬重。恩来同志在长期革命斗争中，同党内党外的广大干部和人民群众建立了亲密的感情。尤其在十年动乱时期，环境复杂而又艰险，他如同在荆棘中潜行，在泥泞中苦战，几乎耗尽了所有精力，做了一切力所能及的工作：减少政治损失，维持经济生活，保护广大干部，支持正义群众，改善对外关系，等等。恩来同志这种为人民的事业和共产主义理想无私无畏的献身精神，在广大干部和群众中，以至在国际人士中，树立了忠诚、亲切、勤奋、坚毅、无私、无畏的崇高形象。当他逝世的消息传出以后，数以亿计的人痛哭失声，在北京天安门广场连续几天自发出现前所未有的悼念人潮。一九七六年一月十五日，首都百万以上的青年和老幼妇孺伫立在凛冽的寒风中几个小时，向他们最敬爱的人的灵车最后告别。有这么多的人民群众，自动走向街头，以最深沉的悲痛，来悼念一位共产党和国家的领导人，这是没有先例的。这不禁使我想到，对于一个政党来说，人民群众的信任和爱戴，才是远比钢铁还坚固的基座。有无这样的基座，确实关系着党的兴衰存亡⑤。

他⑥是我们尊敬的领导人，也是我们尊敬的老师⑦。

---

①　选自胡奇才：《不尽的哀思——深切怀念李先念主席》，《解放军报》1992 年 8 月 18 日。

②　选自新四军研究会等编：《李先念传奇之旅：从乡村木匠到国家主席》，红旗出版社 2009 年版，第 230 页。

③　选自张文健、程振声、陈双文：《李先念主席永远活在我们心中》，《人民政协报》1992 年 8 月 14 日。

④　选自李先念在湖北人民革命大学一部第二期开学典礼上的讲话，1950 年 3 月 8 日。参见《李先念年谱》第二卷，中央文献出版社 2011 年版，第 85 页。

⑤　选自《李先念文选》，人民出版社 1989 年版，第 491—492 页。

⑥　他，指董必武。

⑦　选自《李先念年谱》第二卷，中央文献出版社 2011 年版，第 557 页。

　　徐向前同志是中国人民的一颗帅星，也是我的知己、导师和战友。他的逝世，在全国人民和全军将士中引起巨大的震动和悲哀。我的沉重、悲痛和梦魂萦绕之情，更是难以抑止。一个具有坚定共产主义信念、百折不挠、战斗不息的忠诚的马克思主义者，一个大智大勇、缜思断行、擘画军事、驾驭战争的能手，一个坦荡无私、刚毅木讷、顾全大局、谦虚谨慎、廉洁奉公的人民公仆——这就是我在半个多世纪的斗争岁月里，深切了解的向前同志①。

　　叶帅文武双全。我和他共事多年，得益颇深，尤其是在"文化大革命"期间，由于我们的处境、心情、观点和信念相同，互相了解更加深刻。他同林彪、江青反革命集团的斗争艺术非常高明，我们都很钦佩。他重病后，我曾多次去探望，他对党和国家的大政方针，仍然十分关心②。

　　我好久没有给你③写信了，很对不住，请原谅。现在你的身体如何？东屏④和孩子都好否？今年⑤湖北为百年以来大水灾。据情况反映，湖北今年工作任务很艰苦。我在今年五月份已到北京，深感任务繁重，特别是感觉能力不够，难以胜任。现在的财政经济工作极其复杂，我将想尽办法克服工作中的困难，并请你将所听到的有关财政经济情况的一些反映，随时来信见告，以引起我们注意。希望你好好休息，并告知近来身体如何？⑥

　　我与王任重相识，是在一九四九年的春夏之交。那时大军正南下作战，他带领着晋冀鲁豫地区的一批干部随军到中南工作，于湖北省孝感县的花园镇见到了我。从接触和多次交谈中，他给我的鲜明印象是：坦荡诚恳，深思好学，严于律己，充满活力，有丰富的地方工作经验和相当强的组织领导能力，是个难得的人才。此后，我在湖北省委、武汉市委与他共事五年多，更加深了对他的了解。他在思想上、政治上、领导经验上，也随着工作实践日益趋于全面和成熟。一九五四年我调来北京工作，他相继任武汉市委第一书记，湖北省委第一书记，中南局第二书记、第一书记等职，工作搞得有声有色，政绩显著，深得党中央、毛泽东的器重和广大人民群众的拥戴。在此期间，我们仍经常保持

---

　　① 选自李先念：《沉痛悼念徐向前元帅》，《人民日报》1990 年 9 月 24 日。

　　② 选自李先念给叶剑英亲属的信，1986 年 10 月 22 日。参见《李先念年谱》第六卷，中央文献出版社 2011 年版，第 366 页。

　　③ 你，指徐海东。

　　④ 东屏，即徐海东的妻子周东屏。

　　⑤ 今年，指 1954 年。

　　⑥ 选自李先念给徐海东的信，1954 年 12 月 23 日。参见《李先念年谱》第二卷，中央文献出版社 2011 年版，第 552—553 页。

联系。一九八八年三月，他被选为政协第七届全国委员会副主席，又和我共事整整四年。我们在四十多年的社会主义革命和建设进程中，风雨同舟，同甘共苦，相互信任，一直保持着深厚的革命情谊[①]。

陈少敏同志是位好大姐[②]。

巩德芳[③]同志是陕南游击队的主要领导人，是中国共产党的优秀党员。我和他相处的时间不长，可是他给我留下的印象却非常深刻。每当我想起一九四六年中原突围的艰难岁月，就想到他。他的崇高革命精神和高尚风格，给我们转战到陕南的中原军区部队很大的鼓舞和教育，为我们树立了很好的学习榜样[④]。

读了你[⑤]的来信，甚喜，并使我回忆起我们一起在豫鄂边区的情景。在战争年代，在斗争环境十分艰苦的岁月里，我们同生死、共患难，结下了深厚的友谊。你的工作精神，你对医疗卫生事业作出的贡献，应该受到大家的称赞。

一九七九年五月，李先念在湖北红安农村。

① 选自李先念：《痛悼王任重同志》，《人民日报》1992年4月16日。
② 选自《李先念年谱》第六卷，中央文献出版社2011年版，第425页。
③ 巩德芳，1905年生，陕西商县人，1938年4月加入中国共产党。曾任陕南游击队指挥、豫鄂陕军区第二军分区司令员、豫鄂陕军区陕南指挥部司令员等职。1947年3月23日，巩德芳因积劳成疾，病逝于商县东之姜岭。
④ 李先念：《纪念巩德芳同志》，《革命英烈》1983年第4期。
⑤ 你，指钟华，时任中共江西省顾问委员会委员。曾任新四军豫鄂挺进纵队司令部医务处处长。

我们多年没见面了，本应请你来京，可是想到你已是古稀之年了，这么热的天气，专程来京看我，于心不忍。请你以后有机会再来，那时我一定和你面叙。祝你健康长寿[①]。

西路军老战士，是经过长征的，对革命事业做出过贡献。他们是在特殊的历史环境下，流落到农村的，而且人数不多，因此在生活待遇上，应同办理退伍还乡手续的老红军战士一视同仁比较合理[②]。

一九八八年四月十八日，李先念（左一）在湖北大悟视察时，看望当年在大别山战斗时的老房东段氏（左四）、陈新家（左二）及当年的村长田志海（左三）。

将来我的后事要节俭，一切按照中央规定办。我只有一个请求，把我的骨灰撒到我曾经战斗过的地方——大别山、大巴山、祁连山。那里是我成千上万的战友流血牺牲的地方，我舍不得牺牲了的战友，我想和他们在一起[③]。

附一：李先念女儿李紫阳的回忆

小时候，我们和爸爸待在一起的时间并不多，我们都是解放后出生的，都很小。到"文化大革命"时，我才上初三，李小林才小学毕业。那个时候，我父亲主管经济工作，他每天早晨五点半六点钟，就到办公室上班了，我们起来见不到他，中午我们上学也回不来。晚上他很少在家里吃饭，一般

---

① 选自李先念给钟华的复信，1984 年 7 月 4 日。参见《李先念年谱》第六卷，中央文献出版社 2011 年版，第 255 页。

② 选自李先念对国务院办公室《每日情况》刊载的《关于西路军老战士生活困难》的批语，1988 年 3 月 4 日。参见《李先念年谱》第六卷，中央文献出版社 2011 年版，第 435 页。

③ 选自邹爱国等：《情满青山——李先念同志骨灰撒放记》，《人民日报》1992 年 7 月 8 日。

都是毛主席、周伯伯开会什么的，宴会也比较多，很少在家里吃。等我们晚上八点多钟做完作业休息了，他还没回家。所以很少见到他①。

一九八一年，李先念与家人合影。

附二：李先念女儿李小林的回忆

爸爸是个有大爱的人

作为亲人，我当然更能感受到他的爱。我们这一代和我们的下一代，都是在他的深切关爱中成长起来的。他对我们寄托了无限希望。他给外孙女取名为"依"，当是贤惠之意；他给孙子取名为"威"，为勇猛之意；他给外孙取名为"智"，则是睿智聪慧之意。而"威"字，还是爸爸在抗日战争中使用过的化名。他的生命在后一代身上得到了延续。

爱之愈甚，教之愈严。我们几个孩子今天能小有所成，全是爸爸言传身教的结果。爸爸生活极为简朴。走进他的卧室，空空如也。最值钱的东西就是放在床头那台收音机。他走了之后，打扫房间的清洁人员竟不相信这是国家主席的卧室。爸爸当了几十年副总理，长期分管财政、外贸方面的工作，可是他绝不允许我们任何一个孩子染指这方面的事

---

① 选自新四军研究会等编：《李先念传奇之旅——从乡村木匠到国家主席》，红旗出版社2009年版，第278页。

一九八四年，李先念与孙子在一起。

务。改革开放之后，他有一次在饭桌上对我们严厉地说："你们谁要经商，打断你们的腿！"因此，孩子中没有一个人从事商业活动。

在爸爸弥留之际，一天早晨，他对我说："昨天夜里，我梦见妈妈了。"听了这话，我眼睛模糊了。爸爸一生坚强，视死如归，却在最后的时光里流露出了最真切的柔情。红四方面军撤离鄂豫皖苏区前，奶奶来看他，偷偷朝他的口袋里塞了两块银元。爸爸是事后才发现这两块银元的。从那以后，他再也没有见到过母亲。可母亲的形象肯定陪伴了他一生。

爸爸爱亲人，但他更爱人民。国风先生在给爸爸写的歌词中有这么一句："为什么他眼里常含着泪水，因为他心系着人民的安危。"确是爸爸一生写照。一九六一年，全国大灾。爸爸从河南省调研回京后，激愤地向毛主席上书。毛主席见了爸爸，说："李先念，你是杞国人。"又问："你知道这意思吗？"爸爸说："知道。开封西边有个杞县。"毛主席说："看来你读了不少书。"爸爸沉着脸说："太原只够三天粮食了。"毛主席问："送救济粮了吗？"爸爸说："送了，可运粮车到阳泉又掉头开往济南了，因为济南只剩一天的粮了。"毛主席沉默良久。后来，毛主席听取了爸爸的意见，全国的浮夸风有所收敛。

爸爸深爱着他的战友。那也是他的人民。西路军失败后，沙窝分兵，他后来屡次对我们说："从山上朝下望去，密密麻麻的，全是红军的尸体。"他不能读西路军的书籍，不能看关于西路军的影视作品，甚至不能听西路军的故事。爸爸嘱咐一定要把他的骨灰的一部分撒在祁连山。他和他的战友们永远长眠在一起了。

爸爸对党和党的事业爱得最深沉。他当之无愧是伟大的无产阶级革命家、政治家、军事家，坚定的马克思主义者。他是在革命最低潮的一九二七年参加革命的。从此，他把一生都献给了党。无论经历怎样的风浪，他都丝毫没有动摇过对党的信念。西路军失败后，他率领七百多残余的火种经过星星峡来到了新疆迪化，组织派人询问他们："是愿意去苏联还是去延安？"苏联那时是天堂的代称。很多人选择了去苏联，可爸爸毅然决定回延安。回到延安后，由于受到了张国焘分裂路线的牵连，爸爸被连降六级，从军政委降到营长。即使在这种艰辛时刻，爸爸对党还是忠诚无比，勇敢地接受残酷的现实。毛主席后来知道了这件事，说："这样对待李先念是不公正的。"让刘少奇找爸爸谈话，派他回鄂豫皖苏区给高敬亭当参谋长。爸爸回到大别山，一片新天地又开创出来。

李先念曾战斗过的大别山。

"文化大革命"末期，毛主席病危，"四人帮"肆虐。爸爸也基本靠边站了。周总理逝世后，全国一片昏暗，很多人看不到前途。但爸爸不仅是清醒的，而且是坚定的。清醒不难，坚定不易。那些日子，我和哥哥姐姐常常违背禁令,偷偷到天安门广场察看民情。爸爸不仅不责怪我们,还向我们询问情况。毛主席逝世后,华国锋决心对"四人帮"采取行动,第一个就找爸爸商量。三十多年来我一直在想,为什么华国锋不找别人,独独找爸爸第一个商量此事?必是他深知爸爸对党有大爱,对国家有大爱。只有这种人才可以托付大事。华国锋问爸爸:"对那几个人,你看怎么办?"爸爸说:"你的看法呢?"华国锋说:"我现在想问你的看法。"爸爸试探了一句:"开会吧?"华国锋说:"不能开会,要抓人!"爸爸说:"你说到我心里去了!"华国锋让爸爸去找叶剑英元帅商议具体行动方案。叶帅当时也靠边站了,负责军队全面工作的是爸爸的老部下陈锡联。叶帅对陈锡联不了解,在陈锡联的名字后面写了一个问号,爸爸遂写了四个字:"绝对可靠。""四人帮"被粉碎,历史翻开了新的一页。邓小平复出,改革的列车隆隆向前,天地为之一变。

李先念在人民中间。

今天,可以告慰爸爸的是,您的大爱,正代代相传,开花结果,您对我们的教导,我们一刻都没有忘记;您生于斯、长于斯的伟大祖国在党中央领导下,变得更为昌盛、和谐、富强。

爸爸爱我们,爱人民,爱党,爱国家。我爱爸爸[1]。

---

[1] 选自李小林:《大爱》,《人民日报》2009年6月25日。

编　后　记

　　李先念是伟大的无产阶级革命家、政治家、军事家，坚定的马克思主义者，党和国家的卓越领导人。在60多年的革命生涯中，李先念以"先天下之忧而忧，念人间之乐而乐"的情怀，矢志为信仰奋斗探索，为民族独立、人民解放和国家富强、人民幸福作出了不可磨灭的贡献，赢得了全党全军全国各族人民的崇敬和爱戴。

　　李先念没有写过完整的自传，但是他对自己的经历、信念、爱好和重要思想都有所述及和评价，这些内容大多散见于他与家人、战友、身边工作人员、外国友人、访问者等的谈话中以及他所写的在一定程度上反映他的生平经历或心境的文章、通信中，还有一些散见于他在一些会议上的讲话和即席发言之中。我们从《李先念文选》《李先念年谱》《建国以来李先念文稿》《李先念论财政金融贸易》和李先念的有关档案材料中把这些内容集纳起来，大体按作者生平经历的历史顺序编辑了这本《李先念自述》。本书内容基本反映了李先念一生的经历和重要思想，是奉献给读者的一本研究李先念和学习李先念的重要读物。

　　通过本书，我们可以看到李先念的心路历程，了解他充满艰难险阻、曲折坎坷、暴风骤雨的斗争道路，触摸到他在火与血洗礼中铸就的伟大人格、重要思想和崇高风范。一个人的一生，可以折射出一个时代。从李先念波澜壮阔的一生中，我们可以看到中华民族伟大复兴征程中已经走过的脚步，体会到李先念一生为之奋斗的伟大事业和美好理想正一步步变为现实，感悟到把个人命运和国家民族的命运熔铸在一起所焕发出的生命之光是多么绚丽。我们要学习弘扬李先念等老一辈革命家的革命精神和崇高风范，紧密团结在以习近平同志为核心的党中央周围，为奋进新征程凝心聚力，踔厉奋发、勇毅前行，为以中国式现代化全面推进强国建设、民族复兴伟业而奋勇前进！这就是我们编辑这本自述的初衷。

　　作为党的历史和理论研究专门机构的中央党史和文献研究院，把党的领袖人物宣传好、维护好，是党中央赋予的重要职责之一。对李先念的研究和宣传，既是职责所在，也是使命所系。中央党史和文献研究院信息资料馆，致力于加强文献资料的保管和利用，建设马克思主义、党的历史和党的重要文献馆藏体系，为研究院建设党中央可靠的文献库、思想库、智囊团贡献力量。近年来，信息资料馆全体同志紧紧围绕研究院中心工作，突出主责主业，积极开展资料征集整理和学术研究工作。在研究院领导的关心、支持下，信息资料馆统筹部署，把之前立项的《李先念自述》纳入"先辈丛书·回忆录卷"系列，适时推进，并全程予以指导规划和审阅把关。由史全伟同志承担全书具体章节设计、资料梳理和文字编辑工作。

本书的编辑工作，得到李先念家人的大力支持，我们还征求过曾担任李先念同志秘书的黄达、程振声同志的意见，院内外的许多领导、党史专家给予了悉心指导。在此，特向这些同志致以崇高的敬意和由衷的感谢！还要感谢中共党史出版社的支持，特别是为此书付出心血的领导和编辑同志。

本书的编写出版，参考了相关的图书、报刊等资料，借鉴和吸收了其中的研究成果，引用了一些相关回忆、口述文献和历史照片，在此一并致谢。

因水平所限，书中难免有疏误或不当之处，敬请广大读者批评指正。

编　者
2024 年 5 月 31 日